JN114993

米中「新冷戦」と経済覇権

奥村皓一

新日本出版社

はじめに

新型コロナウイルスが世界中で猛威をふるう中、世界秩序の中心ともいえる米中関係が最悪の事態を招き、世界の地政学的混乱を深めている。本来なら米中両大国も世界全体と一体となって「人類共通の敵」ウイルスに対決し、感染防止、医療・救済に取り組み、経済金融市場の動揺を制する策を打ち出す時なのに、両国は軍事力さえちらつかせつつ、醜い国際政治対決劇を演じている。

中国の習近平主席は、ウイルス発生初期の対応の遅れにより感染が世界中に拡大する事態を招いた。トランプ大統領も感染症の脅威を軽視し対応に遅れ、ベトナム戦争時の二倍近い死者（二〇二〇年六月一日現在）を出した。同大統領は、五月の新型コロナウイルス治療薬・ワクチン開発国際会議（オンライン、四〇ヵ国の首脳・閣僚出席）にも欠席。六月にはＷＨＯ（世界保健機関）脱退すら表明した。両国首脳はかつてないほどの内外からの反発を招き、世界的指導性を失った。

だが、米中両国の果たす役割と力量は長期的には拡大する。両首脳、またはいずれかが交代した後の協調（技術的、経済的）への期待も高まる。すでに米欧国際医薬資本一〇社は、米生物医学先端研究開発局（ＢＡＲＤＡ）の巨額資金援助でワクチン、治療薬開発・量産で先行し、中国では米国帰りの科学者（海亀族）のワクチン・ベンチャーが躍進し、米欧医薬大手（ビッグファーマ）と量産提携へ進む可能性もなくはない。

目下、米中両国は貿易・経済戦争の真っ只中にあって、感染拡大に伴う「世界の工場」中国とのサプライチェーン（供給網）の寸断は、関係諸国の経済成長の打撃となる。米中間の貿易・ハイテク摩擦の深まりのなか、多国籍企業の中国依存モデルの脆弱（ぜいじゃく）性が明らかになり、その変革の時期が迫っており、米国経済と中国経済のディカップリング（分断）が、トランプ政権下で叫ばれてきていた。新型ウイルスをめぐる対立でディカップリングは加速しよう。

ディカップリングの当面の狙いは、米国経済を上回ろうとする中国経済の成長を阻止することである。二〇二〇年内には、世界五〇〇大企業に占める中国企業の社数が米国の社数を上回る。5G（第五世代移動通信システム）のトップ企業ファーウェイは、売り上げと研究開発費で、米国のライバル企業シスコシステムズの三倍を誇り、英独仏伊とロシア市場へ進出。圧倒的差をつけている。トランプ政権が、中国経済の成長を力づくで抑えるには政治、外交、軍事力による以外にはない。軍産複合体がトランプ政策を主導し、対中覇権戦略を展開している。

中国は二〇一五年に、米中の「新超大国関係」による「一帯一路」の新経済圏計画を打ち出し、南シナ海と「アフリカの角」（ジブチ）に軍事拠点建設を終え、アフロ・ユーラシア・スーパー大陸を包み込む「中国の秩序」の構築にとりかかった。米国は「インド太平洋圏構想」の下に中国包囲を目指し、トランプ大統領はアジア太平洋諸国への中距離核戦力の配備をめざしている。

ところが、ディカップリングで多国籍企業が米本土に引き揚げても、米国は金権者（レンティア）資本主義の国となっており、製造業は国際競争力を失っており、経済再生が叫ばれている。中国マネー、中国人技術者の引き揚げた米国ハイテク企業は活力を失う。ウォール街は中国政府の金融自由化にこたえ進出を開始する。国際医薬資本、グーグルをはじめとする「ビッグ・テック」も続こうとしている。

米欧はじめ世界から、米中は醜い経済覇権抗争を超えて、新型コロナウイルス、気候変動、再生エネルギー、宇宙開発の人類・地球救済の課題に挑戦し、ハイレベルの協力関係に戻れとの内外からの圧力が強まっている。本書はこうした現下の経済情勢、覇権的国際関係とその背景を考察することをめざした。大国が核軍拡競争や軍事衝突を含む方向に走るのをおしとどめるために必要なことは何か――まずは現状を構造的に把握することが大切だと考える。

本書では、相互依存を深めてきた米中関係が「新冷戦」といわれる対立関係に転化した背景をまず第1章、第2章で探る。米国の多国籍企業、金融資本、軍産複合体などの思惑、そして覇権を目指す中国の現状を概観する。続いて、グローバル展開の収益性に陰りが見えてきた多国籍企業の実態と矛盾（第3章）、米・中・ロの新たな核軍拡競争の背景にある米国軍産複合体の野望と危険性（第4章）、多国籍企業のビジネスモデルを支えてきたタックスヘイブンをめぐる矛盾（第5章）を検討する。今日の米中関係には、第二次世界大戦後、アメリカが主導してきた世界政治・経済の矛盾が抜き差しならない形で現れている。本書は現状への危機感からその分析を試みるものである。

刊行にあたり才気煥発たる編集者・角田真己氏の助けを得たことを深謝したい。

二〇二〇年六月

著者

目次

第3章　多国籍企業の再編成

――「内向き資本主義」と新型グローバル統合体　125

初出一覧

第1章　米中相互依存経済から「新冷戦」へ　『経済』二〇一九年九・一〇月号
第2章　書き下ろし
第3章　多国籍企業の再編成　『経済』二〇一七年一二月・二〇一八年一月号
第4章　勢いづく軍産複合体　『経済』二〇一八年一〇・一一月号
第5章　多国籍企業とタックスヘイブン　『経済』二〇一七年一・二月号

第1章　米中相互依存経済から「新冷戦」化へ

第1節　トランプ政権における中国制裁の特性

（1）「チャイメリカ」から新型の冷戦関係へ

「米国と中国との関係は二一世紀を形成する」とオバマ前大統領が、第一回米中戦略・経済対話の開催（〇九年七月）で称賛したのは、冷戦後二〇年を経て、唯一超大国となった米国が、中国を自国のグローバル秩序に、新型の「巨大資本主義国」として引き込み、米中相互依存体制＝チャイメリカ（Chimerica）を建設しようという確信に基づくものだった。

中国は、「冷戦」後のアメリカ秩序を活用しつつ急膨張し、二〇一〇年には貿易額において米国を追い越し、「中華民族の偉大な興隆」「平和的台頭」の国家スローガンの下、一四年七月の米中戦略・経済対話では、習近平国家主席が「米中の新型関係」を唱え、「大国同士が対抗をくり返してきた伝統を破る、大国関係の新しいモデル」と強調した。

一五年には、中国は、「米国と経済で対等以上」のスローガンを前面にたて、半導体、テレコミユニケーション、量子コンピュータ、月・火星探査にいたる全戦略部門でも米国と対抗する姿勢を明らかにし、南シナ海からインド・太平洋に向けた高度軍事力展開も活発化し始めた。

そして現在、イギリスの『エコノミスト』誌論説は、チャイメリカが「新しい型の冷戦」（A new kind of cold war）関係に変質したとして、「旧ソ連の没落から三〇年を経て、唯一超大国の時代は終わった。中国は、米国に対し広範なライバル闘争を経てナンバーワンになろうと必死である。米中間を固めていたビジネス関係と相互利益は激戦（決戦）の場となった。米中は超大国間の急展開を操作できるルールを必死で創設しなければならない」[★1]と警鐘を鳴らしている。

★1 Editor, "A new kind of cold war : How to manage the growing rivalry between America and arising China", *The Economist*, May 18th 2019, p7.

かくして、オバマ政権第二期目の一五年から早急に硬化し始めた米国政府の対中国姿勢だが、トランプ政権が一七年一二月に発足したのと時を同じくして「国家安全保障戦略」（NSS）を発動したのを契機に、対中政策は対話と協議を基盤とした「関与」から、戦略的競争者へと切り替えられた。

米国政府はいま一体となった巻き返し（Whole-of-government push back）に出ている。トランプ支持基盤のラスト・ベルトのビジネス代表でもあるライトハイザー氏が代表を務める米国通商代表部（USTR）は、一九七四年通商法三〇一条に係る調査権限に基づいて、中国は技術移転、知的財産、イノベーションに係る分野で不公正な慣行を持つ国家と認定、一連の関税引き上げの根拠と判断を下した。

財務省は、国防総省、国務省、商務省の協力のもとに、新たに制定された「外国投資リスク審査近代化法（FIRRMA）」（国家リスク管理の多省庁共同機関＝外国投資委員会〔CFIUS〕の権限強化拡大法）の主管庁として、投資規制の強化を進め、商務省は、「輸出管理改革法（ECRA）」でAIなど新興・基盤技術の流出規制強化を進める。司法省は「中国イニシアティブ」として中国の産業スパイ摘発、不正技術移転への対策に取り組んでいる。

国防総省は核戦略態勢やミサイル防衛についても、中国を第一の戦略的競争者（adversary）と位置づけ、宇宙軍事化についても中国を最大最強の対象として、米空軍配下の統合宇宙軍（U.S. Space Command）を高度化し、二〇二〇年までに、宇宙軍（Space Force）創設を取り決めた。シリコンバレー拠点の先端技術の軍事利用を精力的に模索する。国務省と協力してインド太平洋戦略を推進し、中国の南シナ海での軍事インフラの拡大や海洋大国家化に対抗する。

連邦議会は、⑴「二〇一九年度国防権限法（NADA）」の一部として上記のFIRRMAとECRAを成立させ、⑵国防予算を増額し、⑶インド太平洋海域中心の「米国インフラ投資体制を強化する法（BUILD）」（一八年一〇月）を可決し、米国国際開発金融公社（USIDFC）を設立した。また、インド太平洋地域への米国政府の関与を強化すべく、「アジア安定化供与イニシアティブ法（ARIA）」をも制定した。

トランプ政権の国家安全保障戦略（NSS）は一七年一二月に中国、ロシアを、米国世界秩序に挑む「修正主義勢力」と断定、翌年一月には、中国を「略奪的敵手」で「最大の脅威」（top danger）と決めつけた。

そして、一八年一〇月のハドソン研究所でのペンス副大統領の演説は、中国との争点を安全保障・経済・政治外交にわたって、ワシントン・コンセンサスによる新たな冷戦の開始を宣言した。

（2）ジョージ・ケナンの教訓を無視する

焦るトランプ政権の対中国戦略は、もはやウィン‐ウィンの両勝ち追求の政策ではなく、中国を米国主導のグローバル網から「分離し」（decouple）、封じ込めて、米国の覇権を維持しようというものである。

一九年四月末にワシントンのシンクタンク「ニューアメリカ」主催のフォーラムにおける米国務省のキロン・スキナー政策企画局長の発言は、中国を米国秩序から排除し封じ込める方向での政策転換を表している。彼女によれば、「中国との対立はまったく異なる文明、異なるイデオロギーとのたたかいであり、米国が過去に経験したことのないたたかいだ」という。さらに「白人国家でない大国と競う初めての経験になる」と、米中の経済摩擦・対立を文明間、人種間のたたかいと位置づけ、解決不能な対立としている。

つまり、「カール・マルクスの思想を根底に持つ旧ソ連との競争は、西側世界の民族ファミリーにルーツを持つものであったが、中国はコーカシアンでない巨大帝国の競争者を競い手とする初めてのたたかいの対象である」[★2]というのである。

★2　Editors, "Special report China and America：A new kind of cold war", *The Economist*, May 18th 2019, p6.

スキナー氏は、米国と日本との戦争や一九八〇年代に日本経済がドイツ経済とともに米国経済に挑戦した歴史的事実の知識すら欠いているようだが、それでも同氏は米国国務省企画局長の重責（かつては、ジョージ・ケナン氏が、米国エスタブリッシュメントを代弁してソ連封じ込め、続いて中国封じ込め政策へと発展させた重要政策立案ポスト）を占めている。

その直後のビルダーバーク会議（西側諸国の最有力者が毎年集まる非公開の会議）で、米国側からキッシンジャー元国務長官とともに出席したポンペオ国務長官も、中国との関係は、米国にとってパートナーやライバルの領域を越えて「東西文化の対決」となったと述べたといわれる。

これについて、マーチン・ウルフ氏（「ファイナンシャル・タイムズ」のチーフ・エコノミスト・コメンテーター）は、「いまや中国との全面対決」が米国の経済・外交・安全保障（軍事）政策の中心的関心事になっている」、「つまり、目指すところは米国の覇権維持である。（アメリカ・ファーストの野心に基づいて）中国を支配するか、中国と関係をすべて断つかである。現在のルールに基づく多国間の秩序やグローバル化した経済、あるいは各国が協力し合う関係が、現在の米中対立を乗り越えて存続しうると見る人々がいるとしたら、それは大間違いである」と述べている。このまま見過ごせば、米中両大国間は「一〇〇年の戦いの愚策に進む」というわけである。[★3]

★3　By Martin Wolf, “The 100-year fight facing the US and China”, *Financial Times*, June 5, 2019.

冷戦後三〇年を経て、ジョージ・F・ケナン氏が、九二年一〇月六日の「ニューヨーク・タイムズ」紙上の有名な論文で世界に向けて述べた「冷戦には、いずれの国家、政党、個人にも勝者はなかった」(The G. O. P. Won the Cold War ? Ridiculous.) という教訓は、その根本から捨て去られようとしている。

（3）戦後世界で最も危険な地政学的分裂

米中貿易戦争に関して世界中が不安を抱くのは、これが単なる始まりにすぎないどころか、相互に依存関係を深めたままで、どこまでこの勝者なきたたかいを進め、日本を含め世界中を破壊に巻き込むのではという恐怖のためである。

米国の政治・地政学者エドワード・ルットウォーク・ハーバード大学教授は、「米国と中国の貿易戦争は一九四五年以来最大の世界地政学的分裂であり、すぐには終わらず、長期間続こう」という。彼は、一九八〇年代の日本とドイツの米国に対する挑戦とを比較して、「今日の米中対立はさらに恐るべき状況にある。なぜなら、両国は敵対者であって競争者でもある。米中には、共同基盤のような効果的に収まるべき機関・機構のアーキテクチャーを欠いているからだ」という。

図1-1　米国政府のファーウェイ排除強化要請で世界のサプライチェーンを寸断破壊

（ファーウェイの主要取引先92社の地域別内訳、年間取引670億ドル）

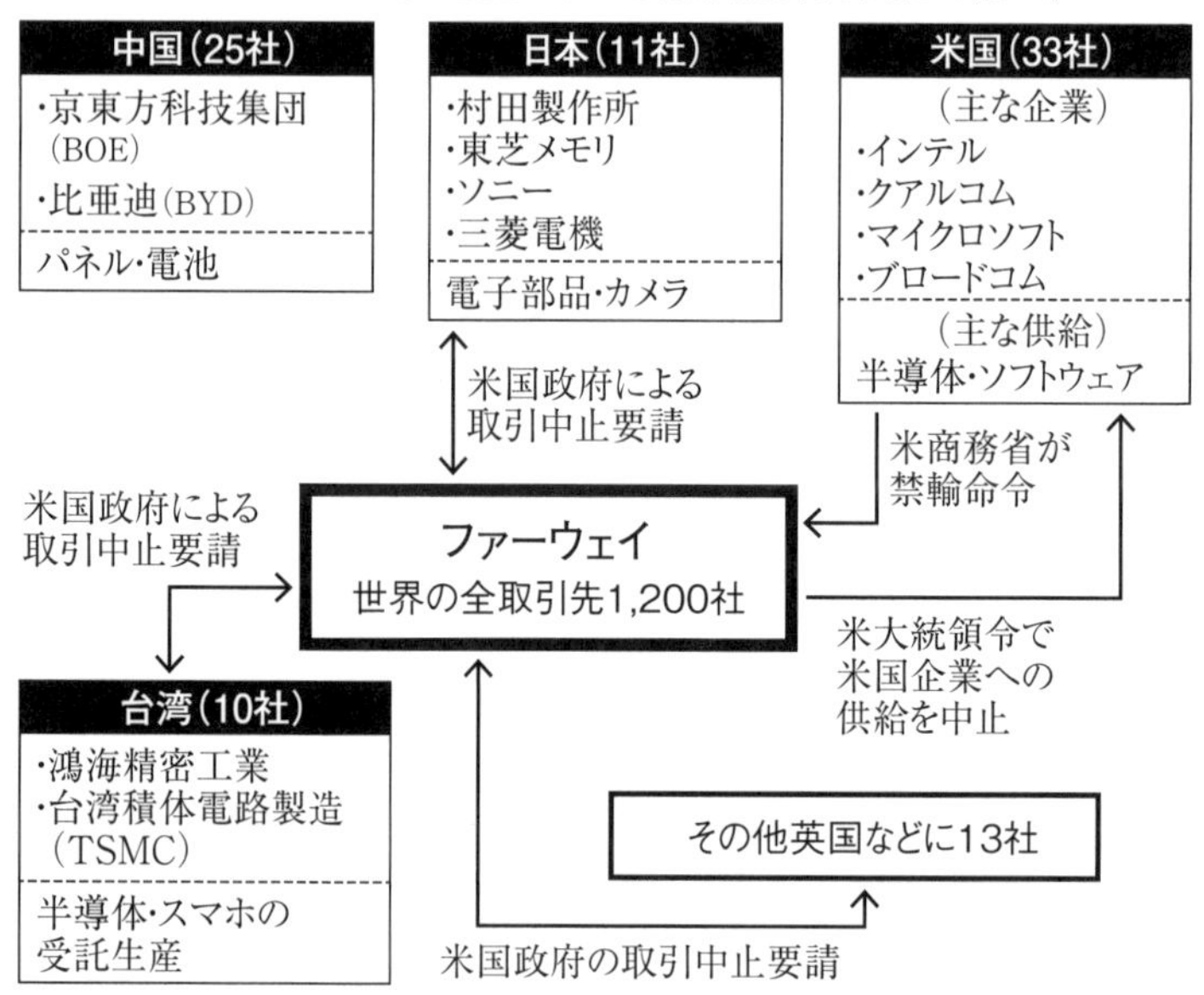

（注）ファーウェイ発表の資料と日米英報道をもとに筆者作成

トランプ大統領は、「米中関係の立て直し」（a reset of US-China retaliation）を示唆する発言をし、中国の最高指導者・習近平国家主席も「新時代に向かおう」（for a new era）を指示しているようだが、どこへ向かって進み、どこに落ち着くかのビジョンやステーツマン・シップ（政治家精神）をともに欠いているというのである。★4

★4　George Magnus, "China and US are too interwined to keep up the trade war", *Financial Times*, June 9,2019.

旧冷戦時代には、米国はソ連を「封じ込め政策」で西側世界経済から締め出すことはできたが、アメリカ世界秩序に広く浸透している中国にはそれができない。ＩＢＭに学び米国のＩＴ企業三三社をはじめ、日・英・台湾、その他の国々に九二社におよぶサプライチェーン（供給網）を持ち、中国国内にも高度技術の取引先（二五〜三〇社）を持つファーウェイ（華為技術、Huawei Technologies）一

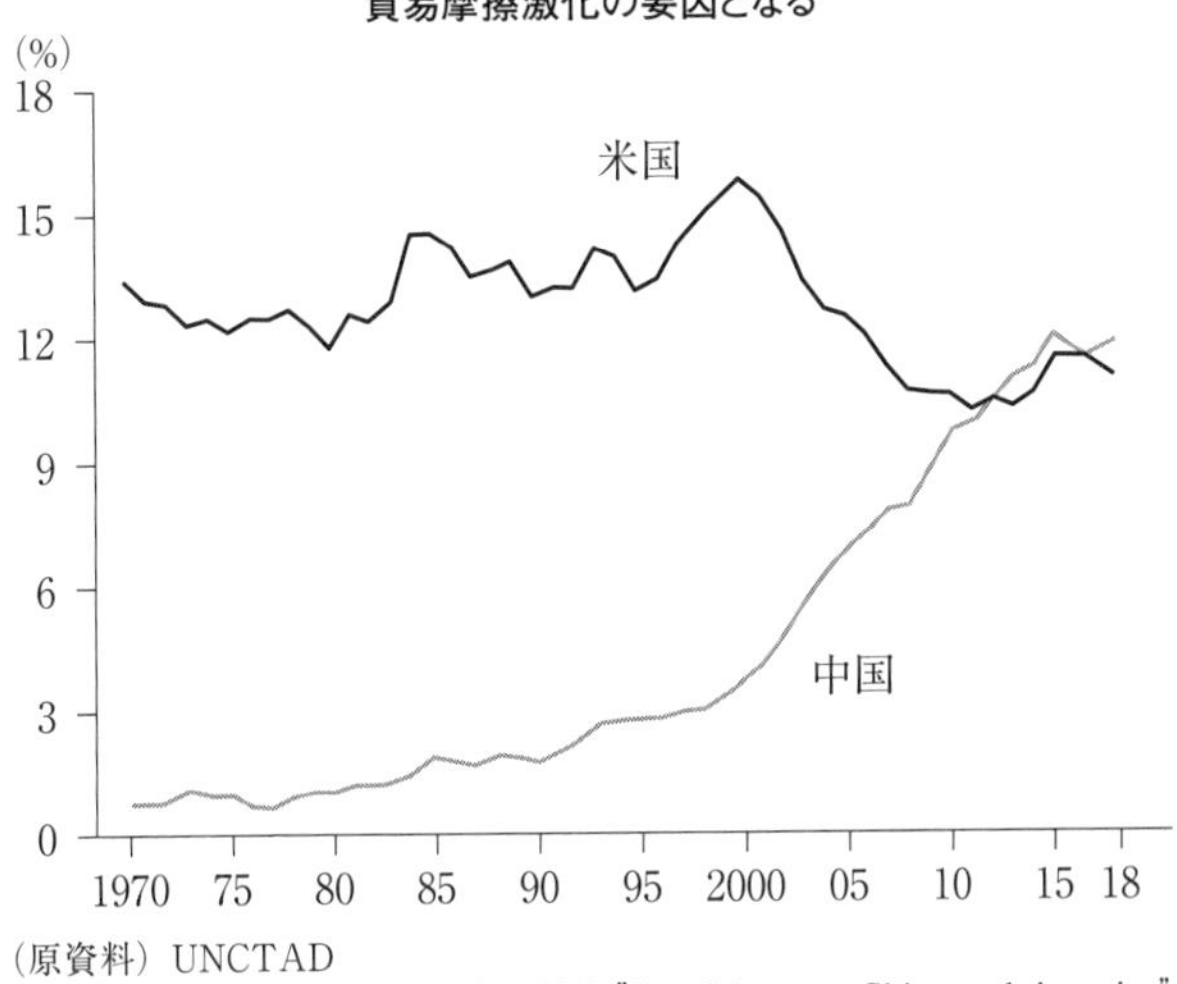

図1-2　GDPに占める商品貿易額の比率で米中両国が接近 貿易摩擦激化の要因となる

（原資料）UNCTAD
（出所）*The Economist* May 18th 2019 "Special report China and America"

社でも、締め出そうとしても到底実現不可能である（図1―1参照）。ファーウェイとの取引の停止というトランプ政権の要求に即答したのは、欧州・アジアの同盟国・地域三五のうち、三ヵ国にすぎなかった。スイス、英国はじめ欧州諸国は５Ｇ（第五世代移動通信システム）通信網採用の方針を決定。英国とスイスには５Ｇ研究拠点、フランスには通信機器工場、ドイツにはＩＴ関連研究拠点をファーウェイが建設することになった。

のみならず、ファーウェイと連結する企業が三三社と世界で最も多い米国内のエスタブリッシュメント（支配階級）から、「アメリカはファーウェイを必要とする」（America needs

Huawei）という声が出ている。ファーウェイを締め出すことは、米国をして世界の国々とともに5G（第五世代）ネットワーク社会へ進むことを妨害し、米国の世界コミュニケーションをハッカー攻撃に脆弱なまま放置することにより、ひいては米国経済を弱体化するというのである。★5

★5　Catherine Chen, "America needs Huawei", *The New York Times*, May 20, 2019.

中国をバイパスしたサプライチェーンの構築には膨大なコストと時間がかかる。旧ソ連と米国との一九八〇年代の貿易額は年間で二〇億ドルに過ぎなかったが、現在の米中貿易は一日で二〇億ドルを超えている。米国のみならず、欧州とアジアの同盟諸国も中国との貿易に大きく依存（中国頼み）している。ファーウェイは世界基盤を確立。中国の商品貿易額は米国を上回り、その対GDP比率も米国と拮抗する。（図1―2）。

あからさまな「威嚇」のみが中国との貿易経済関係を「一定の期間」断ち切らせることができるとトランプ政府の通商代表たちは見ている。二〇一九年五月中旬に米中閣僚会議が物別れに終わったあと、マイク・ポンペオ米国務長官は、テリーザ・メイ首相およびボリス・ジョンソン首相下の英国政府に対し、英国が構築する5G通信ネットワークに、ファーウェイが関与するようなら、米国は英国との特別な関係に終止符を打つとの脅迫的なメッセージを届けたという。

この時期は、南シナ海で、米海軍が日本、フィリピン、インドの艦船からなる小型艦隊の先頭で「航行の自由」作戦を展開し、周辺海域の領有権を主張する中国を抑止しようとしていた。中国は5Gと人工知能の技術を軍事的野心の実現に活用するのでは、というのがその理由である。

5Gをめぐる競争は、実は三つのレースに分けて進みつつある。①5G関連機器開発生産、②その第五世代移動通信システムのネットワーク整備・建設、③そして5Gの超高速通信を活用したビジネス・アーキテクチャーやソフトウェア開発で5G社会構築を担う——の三つの競争ゲームが展開する。①と②はファーウェイやエリクソン、ノキアなどのメーカーに米国企業は対抗できないが、③ソフト開発分野では圧倒的優位を占め、最終的に米国が勝者となるとも考えられる。前述の「ファーウェイはアメリカに必要」との声は、米国内の関連メーカーからだけでなく、5Gを活用できるIBM、ATT、ベライゾンはじめニューヨークやシリコンバレーの大手企業・金融エスタブリッシュメントからも起こっている。

しかし、米国政局研究のグローバル政治学者、フィリップ・ステファン氏によれば、トランプ政権にとっては、「経済は地政学と不可分なものとなっている。中国は単に経済面における危険な競争相手ではなく、迫り来る現実的な脅威に変容した」。そして「中国は旧ソ連のようなイデオロギー面での野心を持っていないが、唯一無二の超大国としての米国の地位を脅かす。この試練に立ち向かうには貿易不均衡を是正するだけでは不十分である」というのである。[★6]

★6　By Philip Stephens, "Shot in a US spat with China", *Financial Times*, May 17, 2019.

トランプ大統領は、IT産業発展の長期見通しもなく、次世代通信規格「5G」で先行し、特許の国際出願件数は世界一位の中国ハイテク企業の代表にして、中国ハイテク産業育成国家プロジェクト「中国製造2025」の最重要企業ファーウェイを制裁の対象とし、同盟諸国に「おどし」をかけつつ、そのサプライチェーンの封じ込め、ひいては企業の抹殺を図っている。

その政治的背景には、反中国の政治姿勢を表明するロビー団体「現在の危機に関する委員会・中国」（旧米ソ冷戦期に結成された委員会と同名で、発起人は「トランプ大統領の分身」といわれた元首席戦略補佐官のスティーブ・バノン氏、中国分離＝ディカップリングを主張）に結集するテキサス州選出のテッド・クルーズ上院議員、同フロリダ州選出のマルコ・ルビオ上院議員（いずれも共和党）らがおり、「中国の新たな軍拡競争」を警告している。

そして、米国防総省は、中国の現在の目標を「短期的にインド、太平洋で覇権を確立すること、将来的には米国を排除してグローバルな優越国家を創ること」（一九年度国防報告）と述べる（Annual Report to Congress-Military and Security Development involving the People's Republic of China 2019, Office of The Secretary of Defence）。

前述のフィリップ・ステファン氏は「中国にも非難されるべき点はないわけではないが（米欧諸国軍隊や重要インフラへのサイバー攻撃など）、中国がすることとなすことすべてを悪く決めつければ、現在の貿易戦争はより深刻な事態を招き、軍事的性格を帯びたものへと悪化させるだけである。米中両国が何よりも必要とするのは、事態をエスカレートするのを避けるための共通のルールである」と述べている。[★7]

★7　By Philip Stephens, *ibid*.

これには、旧冷戦期にも重視された「戦略的安定」が再定義され、北朝鮮問題やイラン核問題、さらにはＩＳ、海賊対策でも一定の米中関係が保たれるという「戦略的曖昧性」がひそかに維持されている。急展開する米中経済対立には、ウォール街や多国籍企業も非常事態への危機管理を怠ることはできない。特に米中間の金融リンケージは重要で、ゴールドマン・サックスやブラックストーン・グループの上級エグゼクティブ（管理職）は、中国の金融当局幹部と会い、相互交流協議（act as go-between counseling）を行いつつ、ウォール街主導の超大国相互依存関係の戦略的転換に着手している★8（後述）。

★8 By Keith Brasher and Ana Swanson, "Wall St. barrier for China business", *The New York Times*, May 30,2019.

第2節　ウォール街と多国籍企業の新中国戦略

（1）米中経済の「脱グローバル化」の試み

トランプ大統領が時には暴言や脅迫をまじえて行っている対中制裁（第一弾～第三弾）や、中国最大の通信機メーカーで最重要企業ファーウェイのサプライチェーン（米・欧・日本・アジアに九二社）を封じ込めるという強硬政策も、ホワイトハウス内部だけで決めた政治経済戦術ではない。「貿易戦争」は「新しい型の冷戦」「新種の冷戦」に近づこうとしている国家戦略の始まりである。

中国との関係をリセット（根本的に立て直す）というのは、リスクの伴う方向転換であり、米国大統領の権限だけで決定できるものではない。トランプ氏が政権の座を追われても政権中枢にその座を占めるハイテクノクラートやウォール街や多国籍企業とワシントンを常に往復しているフィナンシャル・ポリティシャン（政治的発言力を行使できるビッグビジネス最高指導者）のなし得る国家戦略の根本的政策転換である。

トランプ氏は、対中貿易赤字の削減に政治生命をかけているが、同氏の政治的背景を知っている中国の指導者が態度を和らげる提案を持ち出せば、取引に応じよう。

だが、トランプ政権の経済強硬策の主張者といわれるピーター・ナバロ大統領補佐官（国家通商会議議長）は、米国西部の「ガン・ベルト」（兵器・航空宇宙製造地帯）や、米国南部の伝統的・保守的な「バイブル・ベルト」（石油・航空宇宙軍事・新興鉄鋼産業）のビジネスを代表し、ライトハイザー米通商代表部代表は、中西部の「ラスト・ベルト」のビジネス代表でもあり、エスタブリッシュメント主流ではないが、トランプ大統領よりは、広範かつ長期の戦略を打ち出すことができる。

彼らは米中間のサプライチェーンをはじめ経済的・政治的な関係をいったんは断ち切り、リセットすることが、長期的な国家利益につながると、まじめに考えている。脱グローバリズムにつながるこのリセット論は、民主党右派にもあり、対中関係の大幅見直し論を形成している。

図1-3　米国企業による中国への直接投資(1990−2018)

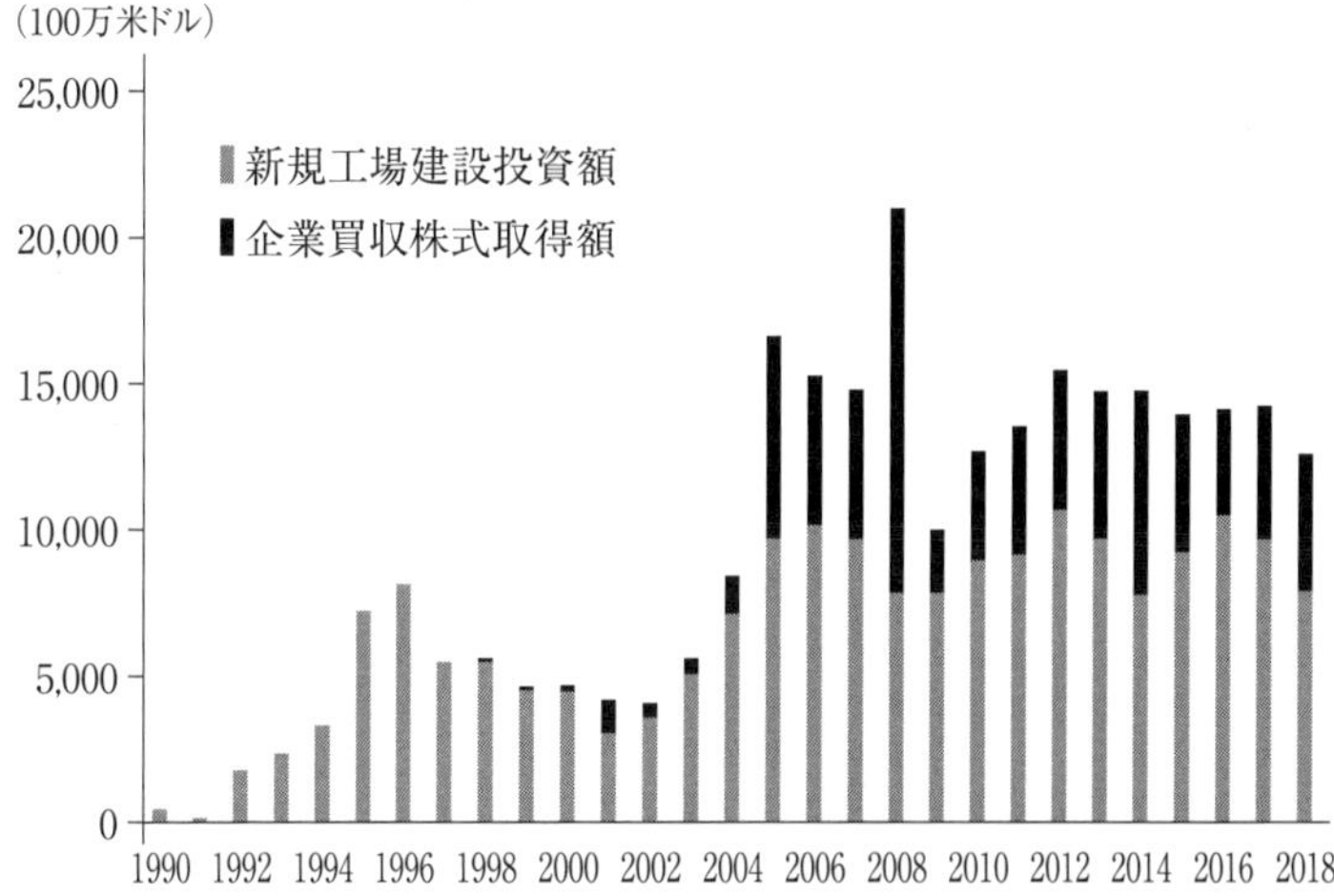

（出所）Rhodium Group. Two-way Street:2019 Update-US-China Investment Trend.

同じ戦略思想は、トランプ政権下で発言力を増す国防総省—軍産複合体にも存在する。ロッキード・マーチンは、国防総省に国防産業政策・調達担当の国防次官として、経営最高指導者の一人を送り込み、二〇一九年六月には、ユナイテッド・テクノロジーズ（UT）とレイセオンが合併（米国第二の軍事コンツェルンの形成）を発表すると同時に、新国防長官として、旧レイセオンの執行副社長を送り込んだ。対中国強硬策の下で軍産複合体は結合力と発言力を増しつつある。中国との戦略的ライバル関係の強まりのなか、宇宙兵器や超高速ミサイル、サイバー攻撃を用いた「新しい戦争」への準備が本格的に始まろうとしている。二〇二〇年に宇宙軍の創設もめざしている。米中のハイテク冷戦も本格的に開始されようとしている（第4章で後述）。米中は長期的に戦略的対立関係に入り、米中の貿易、資本投資、戦略技術取引と安全保障政策を別々に考えられなくなりつつある。

米中関係をこのように根本から見直すならば、中国に約二七〇〇億ドルの直接投資をしている米国多国籍企業（図1—3参照）は、サプライチェーンや企業モデルの変革など重大な戦略変更を覚悟しなければならない。外資への差別、技術移転の強要などの不満はあっても、中国で生産、欧米へ輸出販売し、富を香港、ダブリン、ケイマン諸島のタックスヘイブンへ蓄積する高収益ビジネスパターンの移転は至難である。

ウォール街の先行情報の有力コンサルタントであるルーク・グローメン氏は、トランプ政権によるファーウェイへの制裁開始（サプライチェーンの国際網封じ込め）を「グローバル化の死亡時刻」とし、脱グローバル化によって「米国企業はGDP比で軽く三〇～六〇％低下する可能性」があると算出している。それは、中国が二〇〇一年に世界貿易機関（WTO）に加盟し、国際貿易が急膨張する前の水準になるというのである。このグローメン予測を紹介したラナ・フォルーハー（FTグローバル・ビジネス・コメンテーター）は、「（米国ビジネス・金融界には）投資戦略を見直し、あらためて歴史に目を向ける時が来た」と覚醒を呼びかける。★9

★9　Rona Foroohar, "US-China conflict echoes Europe's past", *Financial Times*, February 11, 2019.

さらに、一八年七月までトランプ政権下の国務省の国務次官補代行で東アジア・太平洋のトップを務めたスーザン・ソーントン氏（イェール大学法科大学院上級研究員）は、「米国は中国を経済的に孤立させる国際的な枠組みを持っていない。両国の経済は強く絡み合っており、米国経済を中国から切り離せば、米国自身が破綻してしまう」と、朝日新聞のインタビューで述べている（同紙一八年一一月三日付)。ＧＭ、フォードのシェア低下、経済悪化をその念頭に置いている。

（２）ウォール街と多国籍企業の批判

米国と中国の経済分離は考えられないとして、エスタブリッシュメントの多国籍企業は、トランプ政権の中国制裁に真っ向から反対しており、シェブロン、ファイザー、マイクロソフト、シティグループ、ジェネラルミルズ、ダウケミカル・デュポンが幹事役を務める「米国際ビジネス・カウンシル」のピーター・ロビンソン会長は、「米中がたたかっても、誰にも勝ちめはない。反グローバリズム的な中国制裁への急速な政策転換は、取引の喪失と外交の緊張を招くことは火を見るより明らかだ」と、ライトハイザーＵＳＴＲ代表とムニューシン財務長官に対して述べた（一九年五月)。

ビジネス・リーダーたちが、トランプ政権に要求しているのは、中国市場の分離ではない。米国企業側が北京政府に対して求める事項は、技術移転強要、中国企業との差別、ハッキングのない投資、中国国内市場開放を進め、金融自由化を含む機構改革を進めてくれることであり、米中協議の見通しなき決裂を最も恐れている。ウォール街のマネーセンター銀行や巨大資本管理会社などの金

融トラストの中国展開にいたっては、やっと始まろうという段階にある。★10

★10　By James Politl, Andrew Edgecliffe-Jonson, "US-China stand-off angers big business", *Financial Times*, May 10, 2019.

中国のＷＴＯ加盟以来、中国を「巨大資本主義」経済として育ててきたのは米国のビジネス、金融界であり、「チャイメリカ」の推進と、金融資本交流を含む米中の相互経済浸透の積み上げは切り離せないとエスタブリッシュメントは主張する。

モルガン・スタンレー、連邦準備銀行を経て、イェール大学シニアフェローとなった、米中関係研究の第一人者であるスティーブ・ローチ博士は、「(米中の) 国家間の経済関係は解きほぐすのにむずかしく、建設的である一方で議論をかもし、励ましとなる一方で問題を引き起こす」とし、「(米国) 多国籍企業の急拡大に中国が果たした役割」について、「多国籍企業の活動が (世界最大の人口を擁する中国で) 爆発的に増えるなかで、米中間の利害の区別はボケて見える。米欧多国籍企業の中国子会社の膨大なネットワークは、中国の輸出機構を牽引(けんいん)するのにますます重要な役割を演じている。過去一〇年、現地法人が中国輸出の累積的な増加の六〇％以上を占めた。アップル、ＧＥ、ＧＭ、フォード、キャタピラーなど米国に本社を置く企業が低コストの海外生産組み立てラインを基盤に、米国で販売する製品の生産コスト削減の尽力に対して中国を非難することはほとんど意味がない」と述べている。★11

★11　By Steve Roach, "Unbalanced : The Codepedency of America and China", pp24-25, *Yale*

University Press, New Harven & London, 2014.

ブッシュ政権時代のマーチン・フェルドシュタイン経済諮問委員長も「米国の全てのグローバル貿易赤字は、米国自身の経済コンディション——貯蓄を上回る投資過剰の結果であり」、「もし、米国の対中赤字が減らされたとしても他の国との貿易赤字にとって代わるだろう」と述べ、対中制裁そのものがナンセンスであるという立場をとっている。[★12]

★12 Yukan Huang, "Did China break order ?", *The New York Times*, May 20, 2019.

つまり、米国は消費モデルを極端なまで推進し、貯蓄を資産と信用のバブルに浪費してしまった。中国の低コスト生産基盤と安価な余剰金融資本の供給を受けて、アメリカのこのモデルはさらに不安定化し始めた。他方、中国も輸出主導型の成長モデルを極端にまで推し進めている。そのため中国経済にはより深刻な不均衡が、経済収支には不安定化の要因となる黒字が累積した。これには米国の後押しが必要であった。米国の飽くなき中国製品に対する需要がますます不安定化する中国モデルの永続化を後押ししたのである。ローチ氏の表現を借りれば、「両国の協調が良性のものから悪性のものに変移していくにつれて、不安定で不均衡な両国協調になった」というのである。不安定で不均衡な関係の両国は、経済成長によって矛盾を解決せざるを得ない。成長を達成するために、お互いをいっそう強く必要とするようになっている。多国籍企業（ウォルマートやGMのような）とウォール街は、中国との依存関係を調整しつつも、中国消費市場の米国並みへの成長を待ちつつ、さらに強化していかねばならないのである。

（3）米中金融枢軸を維持しつつ中国企業制裁

ウォール街―ワシントン複合体がいかに金融チャイナコネクションを、二〇〇七〜〇九年の金融不況下に必要としたかは、ゴールドマン・サックス会長・CEOから財務長官に就任（〇六年）したヘンリー・ポールソン氏が、実に七〇回も北京を訪問し、当時三兆ドル強の余剰外貨を所有していた中国の金融支援を取り付けたことから明らかである。北京政府は保有する一兆ドル以上の中国財務省証券を手離すことなく、自国内の経済刺激策で米国の不況を救済した。[★13]

★13 Editor. Schumpeter /China v America The careers of Hank Paulson and Uang Qishan illustrate the Tension in superpower relations49, *The Economist*, November17 th 2018, p67.

金融不況下でのポールソン長官の北京詣では米中の「戦略・経済対話」(strategic economic dialogue) として、「チャイメリカ」金融・経済協力連携の基礎となっている。トランプ政権の対中国制裁が強化されるなかで、中国企業（国有・民営）が所有する二〇〇〇億ドルの米国株式債券や米国財務省証券一兆三〇〇〇億ドルを北京政府がどのように扱うかの不安が抱かれているが、ウォール街は米中の金融関係の安定化を切望している。

ゴールドマン・サックス、ブラックストーンやブラックロック、JPモルガン・チェース、モルガン・スタンレーの高級幹部は北京を訪問し、中国の金融担当責任幹部との対話を続けているといわれる。

米巨大金融ファンドのブラックストーンは、自社の株式を中国国有ファンドに売却し、モルガン・スタンレーは中国国有資本と合弁の証券会社（一一年発足）の過半数株式を取得しようとしている。ウォール街の新しい帝王と呼ばれるラリー・フィンク氏率いる世界最大の金融資産管理会社のブラックロック（その株式運用総額は香港証券市場の時価総額にほぼ匹敵、深圳(シンセン)証券市場の二倍強）も、中国政府の金融市場緩和策を受け、企業年金市場はじめ中国展開に着手しようと、「中国で展開するグローバル資産運用会社で最大をめざす」と株主への手紙で書き送っている。五月には、JPモルガン・チェースが、中国で初の過半数株式所有のミューチュアルファンドを発足させるべく、中国金融当局と合意した。

ニューヨークの大銀行も、中国企業の株式公開やM&A（買収・合併）、不動産取得で巨額の取扱収益を得ており、NASDAQ（米ベンチャー企業向け証券取引所）のロバート・マックウェイII世副会長も、「中国には驚愕すべき急成長の企業であふれ、上場を待ち受けている」と述べている。ただし、一八年以後、中国の証券・金融行政当局には、米国金融・証券市場に対する不信感が高まっているともいう。★14

★14 By Keith Bradsher and Ana Swanson, "Wall St. barrier for China business : Some trade experts ponder whether access to U.S. markets should be curbed", *The New York Times*, May 30, 2019.

それでも、米国は将来の金融財政危機もふまえつつ、「金融チャイメリカ」に期待し続ける。米国財務省の諮問機関・米国債発行諮問委員会（ＴＢＡＣ）が二〇一八年初めに出した試算によると、米国政府は財政赤字を埋めるため、今後一〇年間に一二兆ドルを起債する必要があるという。ウォール街の金融アナリストは、一五年頃から、中国が米国債の購入を止めた場合の影響を推計しているが、その中国に一二兆ドルの起債消化の最大手となることも期待している。

中国との金融枢軸の長期安定化に期待しつつも短期の戦略にしか目を向けることのできないトランプ政権とその政策立案ブレーンは、中国がどのような対抗策を打ち出すかを考える余地もなく、中国経済のディカップリング（切り離し）――中国企業制裁策を次々と打ち出している。

中国の戦略的高度技術企業で、ＪＰモルガンやＵＢＳ、カリフォルニア／ニューヨーク教職員年金基金も投資してきたノグピー（曠視科技）、ハイクビジョン（杭州海康威視数字技術）、ダーファ・テクノロジー（浙江大草技術）、メイヤー・ピコ（亜相科信息）、アイフライ・テック（科大訊飛）の五社を、ファーウェイおよびその関連会社六八社に続いて、米国政府の「エンティティリスト」（米国の安全保障上の利益に反する企業リスト）に挙げた（一九年五月）。米国とカナダで八割を占める民間ドローン最大手のＤＪＩ（大疆創新科技）も、米国国土安全保障省の圧力（武器化や密輸の道具化、禁止地域の監視と偵察、知的財産の盗難などの理由による）で、そのリストに加えられようとしている。

また、米連邦通信委員会（ＦＣＣ）は一九年四月に、中国国有通信器大手のチャイナモバイル

（中国移動通信）の米国内での事業申請を却下した。スパイ活動やサイバー攻撃を警戒し、政府主導で対中包囲網を築こうというものである。

（4）ペンタゴン主導の投資規制リスク

超大国である米中の戦略的対立が強まるにつれて米国の企業と投資家にも、双方二ヵ国政府からの圧力が強まっている。

米グーグルは一〇年前、同社が運営するプラットフォームに対する中国当局による検閲を拒否したため、中国から撤退せざるを得なくなった。一八年になって中国再参入の動きを示すと、トランプ大統領とダンフォード統合参謀本部議長から非難された（二〇一九年三月）。同議長は、上院議会軍事委員会公聴会で、グーグルが北京に開設した人工知能（ＡＩ）開発センターに懸念を示したのである。グーグルＣＥＯ（最高経営責任者）のスンダー・ピチャイ氏は、直ちに両氏に面会し了承を得たが、今度はグーグル社員からの抗議で、中国当局が検閲できる検索エンジン「ドラゴンフライ」の開発をあきらめねばならなかった。

また、海外事業急拡大中の監視カメラメーカーのハイクビジョンは、大量のウイグル人拘束にからむ事業を展開しているというので、同社は米国のブラックリストに載っており、モルガン・スタンレーやゴールドマン・サックスやファンド・マネージャーたちは急いでその株式を手放さなければならなかった（一九年三月、四月）。

中国による高度技術の企業買収を防ぐべく、外国投資委員会（ＣＦＩＵＳ）の権限強化拡大法案「二〇一七年外国投資リスク審査近代化法（ＦＩＲＲＭＡ）」にトランプ大統領が署名、中国企業による米国企業の買収合併、米国企業の対中投資、米中間のベンチャー・キャピタル、スタートアップ企業への投資も、ペンタゴンや国土安全保障省が前面に出て、「国家安全保障」の観点から厳重審査がなされるようになった。少数株式取得も審査対象になる。

（注）ＣＦＩＵＳ（外国投資委員会）：もともと日本企業の米国企業買収に対する警戒の高まりを背景に、「一九五〇年国防産業法」を修正する形で設置。大統領には、ＣＦＩＵＳの勧告を受けて外国企業買収を差し止める権限がある。財務長官を議長に各閣僚（商務、国務、国防、国土保全保障、エネルギー、司法の各長官）に、通商代表部代表、科学技術政策局長、それに大統領が任命するメンバーで構成される。

ＦＩＲＲＭＡ（外国投資リスク審査近代化法）：ＣＦＩＵＳの審査対象を広げ、少数出資でも対米投資の制限を受ける。安全保障上のリスクがあれば、インフラや不動産分野でも投資を差し止めることができる。中国当局は政府系基金を使ってシリコンバレー等のハイテク新興企業に投資しており、当新法では投資ファンドの対米投資も厳格審査する。

加えて、商務省のＥＣＲＡ（輸出管理改革法）は、輸出規制でカバーしきれないＡＩ、遺伝子工学、顔認証など一四分野の「新興技術」基盤技術が米国経由で流出するのを防止する仕組みである。かくして中国企業が米国の戦略的技術を取得することを事実上禁止し、締め出すことになる。米産業界の資金調達は困難となるが、戦略的なハイテク分野、軍事分野で米国優位が中国に奪われるよりはましという観点に立っている。

図1-4　米中間の直接投資額の推移(1990−2018)

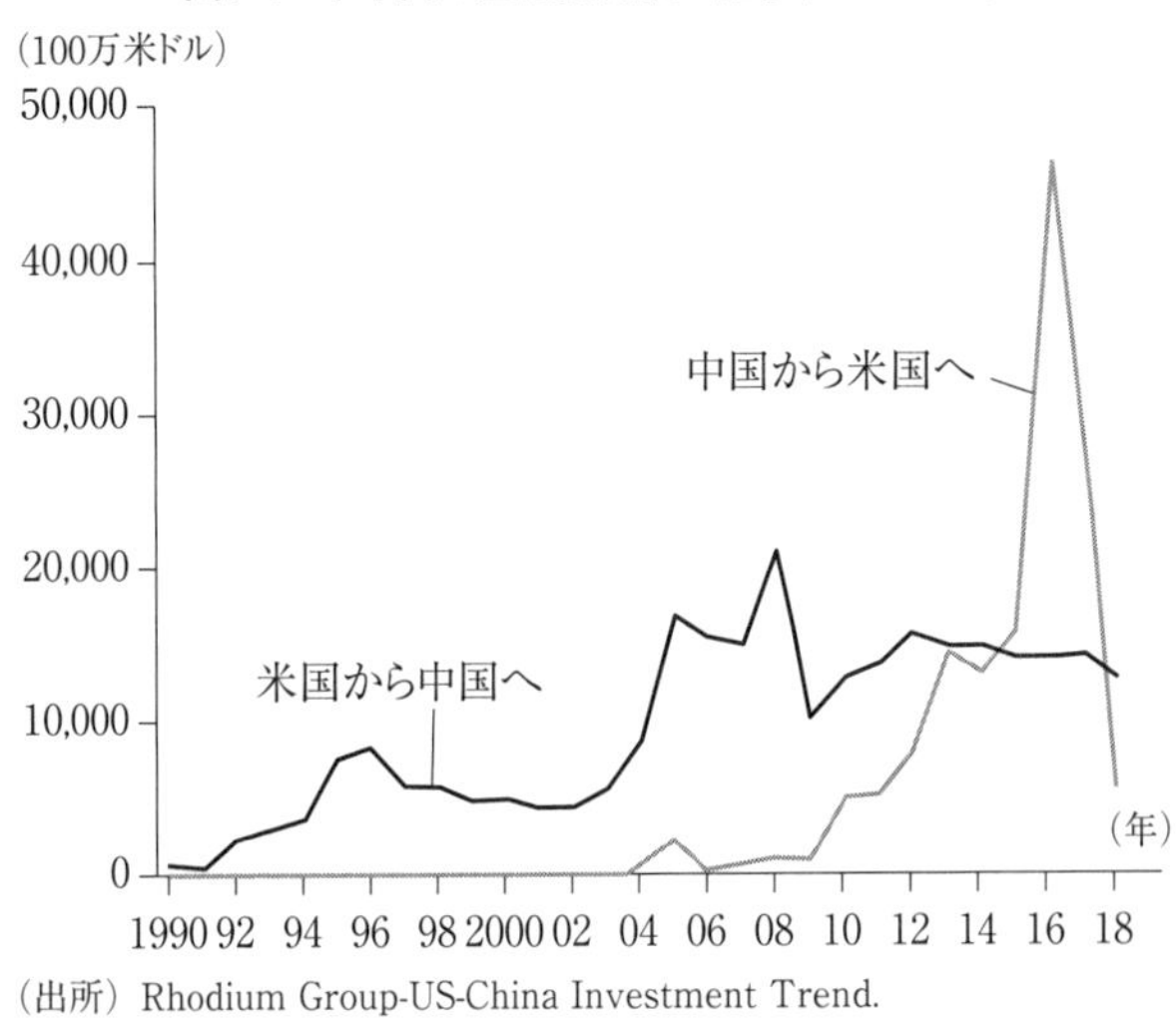

(出所) Rhodium Group-US-China Investment Trend.

これらの中国企業「切り離し」(decoupling)のための法律強化の背景には、米国南部(テキサス州、フロリダ州)共和党議員によるロビー団体「現在の危機に関する委員会・中国」があり、米国議会諮問機関の米中経済安全保障委員会(USCC)を動かして、二〇一六年の時点から、右の法律を整備してトランプ大統領を徹底して反中国姿勢に誘導した。

ロディウム・グループの調査報(Two-way Street : 2019 Update-US-China Investment Trends, A Report by the US-China Investment Project)によれば、一八年の米中双方の直接投資額合計は、一七年より六〇%少ない。また、一六年の最高記録額六〇〇億ドルよりも七〇%少ない一八〇億ドルであった(図1—4参照)。

その減少の第一要因は、中国の一八年対米直接

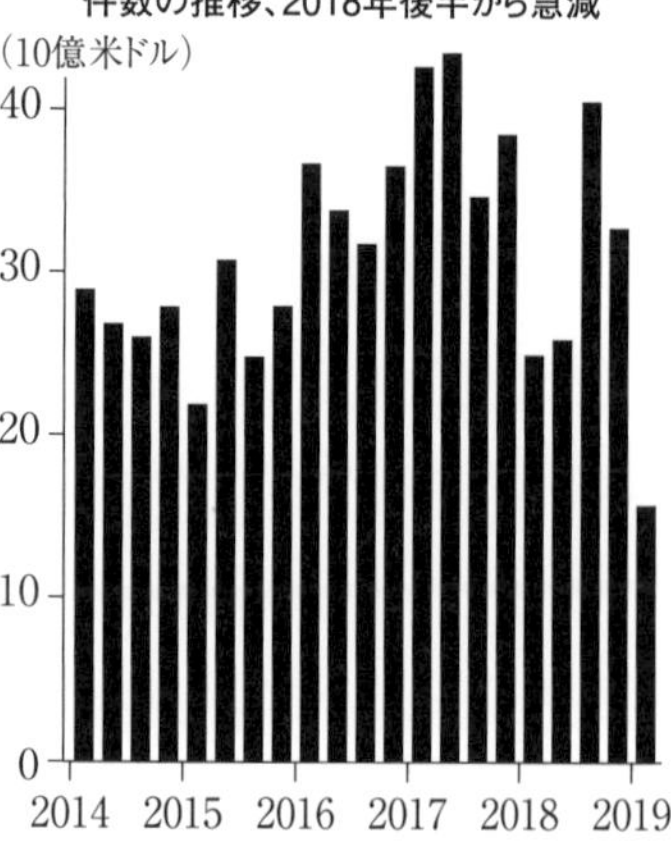

図1-5　米国における中国企業のM&A
件数の推移、2018年後半から急減

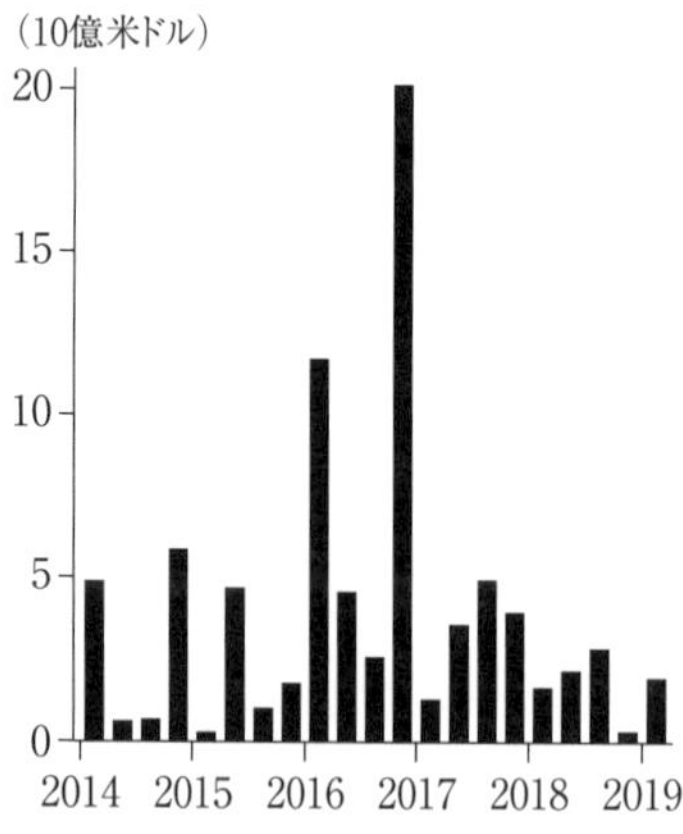

図1-6　米国における中国企業のM&A
金額の推移、2018年からの減少

（原出所）Rhodium Group
（出所）The Wall Street Journal, june 12, 2019

投資額の五〇億ドルへの減少によるもので、一七年は二九〇億ドル、一六年は四六〇億ドルであった。さらに、中国資本の企業分割（企業資産の一部売却）額は八〇億ドルに及んだ（中国保険・不動産の安邦保険、海航集団、大連万達による都市不動産売却）。一九年は、六月までの前半で一〇億ドルまで落ち込んだとみられる。

これに対して、米国企業による中国への一八年直接投資は、一三〇億ドルで、一七年の一四〇億ドルからの落ち込みは比較的少ない。一六年、一七年は、中国企業の対米投資が、米国企業の対中国投資を大きく上回ったが、一八年には逆転したことになる。一九九〇年から二〇一八年までの米国企業による対中投資額累計は二六九〇億ドルで、中国企業の対米投資額累計一四五〇億ドルを大きく上回ったことになる。さらに、中国企業の米国資産売却の状況を加味すれば、その差はさらに大きくなる。

中国の投資は、CFIUS―FIRRMAによる広範囲の審査厳格化と米中関係の緊張でICT関連企業のM&Aが不可能となり、一八年だけで二五億ドル分が否認されたとみられる（アリババの金融子会社など）（図1―5、1―6）。中国側の直接投資もヘルスケアやバイオテクノロジーなどに限られている。

これに対し米国側は、アップルはじめICT産業、JPモルガン、モルガン・スタンレーはじめ金融と銀行、メディア・エンタテイメント、自動車（テスラ）、石油および石油化学（エクソン、モービル）が展開している。「ウォール・ストリート・ジャーナル」紙は、一〇年来育ってきたチャイメリカの基本たる資本交流の不均衡性の広がりについて、「世界経済を不安定化するダウンワードスパイラル（逆スパイラル）化の危険性をはらんでいる」と述べる。[15]

★15　By Niall Fergusan and Viang Xu, "Trump and 'Chimerica' Crisis", *The Wall Street Journal*, May 7,2018.

チャイメリカのもう一方の柱であるベンチャー・キャピタル投資（non-FD Iinvestment）は、米中間では重要性を増して、戦略的新技術とスタートアップ企業を育成しているが、一八年の両国ベンチャー投資は二二〇億ドルを超えている。米国の中国におけるベンチャー投資は二〇年の歴史を持ち、両国の政治・経済的緊張のなかでも比較的弾力性を持って状況に耐えている。

米国の中国スタートアップ企業に向けたベンチャー・キャピタル（VC）投資は、一八年には記

図1-7　米国スタートアップ企業への中国系企業の投資

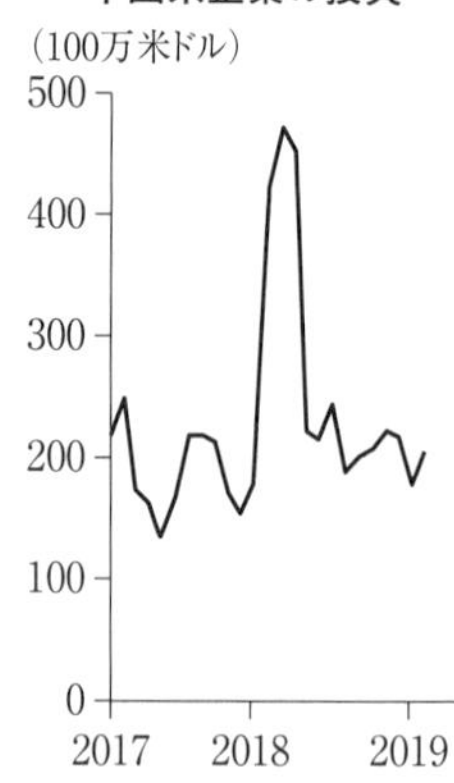

図1-8　中国系資本によるベンチャー・キャピタル買収取得件数

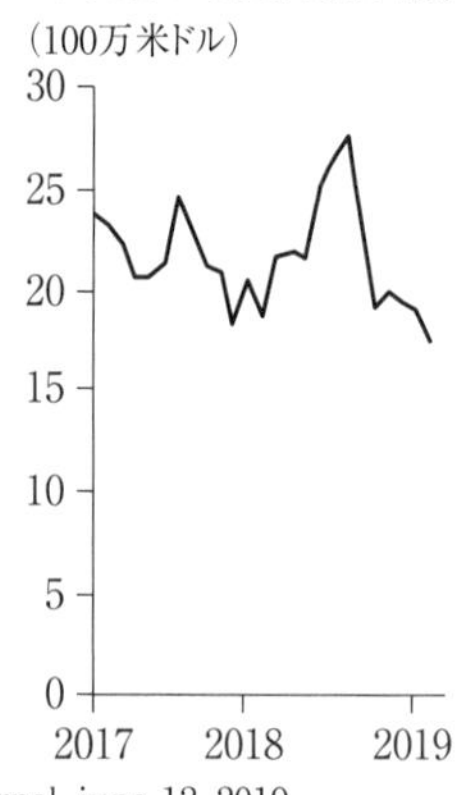

図1-9　中国国有企業によるベンチャー・キャピタルの取得件数

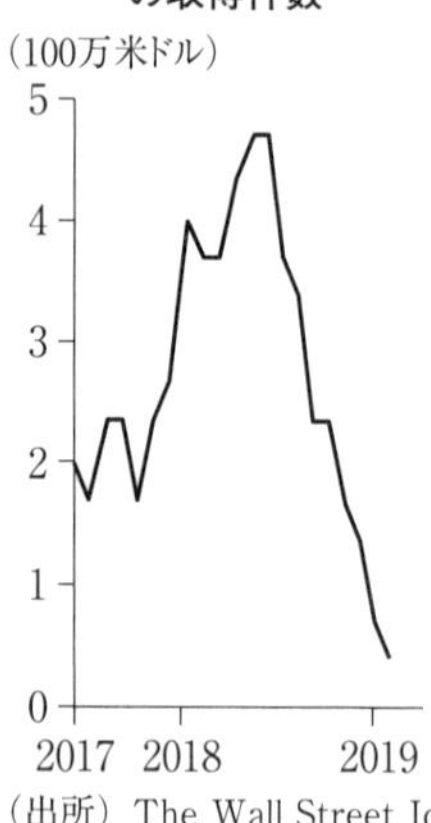

（出所） The Wall Street Journal, june 12, 2019

録的な一五〇億ドルという水準を記録している。これまでの記録が一七年の九四億ドルであったことを考慮すると、五割増の数値である。

他方、一四年から始まった政府出資の下で中国のベンチャー投資が始まって、一八年には二七〇の投資ファンドを通して三六億ドル投資している。米国における中国のベンチャー投資は注目されてはいるが、米国のベンチャー・キャピタルが中国で果たしているほどの影響力は果たしていない。シリコンバレーと深圳とが、米中双方の出資支援を受けて協調競争で共鳴し合う段階には至っていない（図1―7～1―9）。

「チャイメリカ」のもう一つの新しい柱であるベンチャー・キャピタルの相互投資が初期の段階で、FIRRMA―ECRAによって打ち砕かれれば、世界の研究開発の中心は二つに分裂する。そうなれば、自動運転などを支える人工知能の開発を米IT大手が中国拠点で行うことも困難になる。米国の対中直接投資は比較的安定していたが、テスラのイーロン・マスク氏による超々高速輸送システムやマイクロソフトのビル・ゲイツ氏の次世代原子炉開発など中国拠点拡大も行き詰まる。米国への打撃は大きい。[★16]中国マネー依存のバイオ、ヘルスケアのベンチャー共同も危うい。

★16 Editor, "US-China trade war risks global Technology Spirit", *Financial Times*, June 13,2019.

米中のベンチャー投資については、ペンタゴンが先頭に立つ審査の影響はいまのところ比較的おだやかだが、いつ、審査が強化されるかの不安も残る。むしろ今後は、FIRRMAとECRAの適用は強化されようとしている。英『エコノミスト』誌が、「世界はいまや異なる経済見通し、強まる地政学的対立、深まる相互不信で特色づけられる。貿易戦争が近く終わるか否かに関係なく、超大国間の不信と対立が変わることは考えられない」と述べている。[★17]

★17 Editor, "Deal as no deal-America and China have become strategic rivals, Their trading relationships will be fought years to come", *The Economist*, May 11th,2019,p10.

そこで、新技術開発競争が協調性を失って二つに分裂すれば、AI、宇宙開発、量子コンピュータの開発競争は、軍事技術開発競争に転じ、ハイテク冷戦が本格化する。米中ハイテク冷戦を防ぐ重責が、当事者の米中超大国、そしてその中間に深く位置する日本にも課せられている。

第3節　米中ハイテク開発競争の「冷戦」化

（1）勝利の見通しなき孤独な挑戦

米国政府は、中国を念頭に先端技術一四分野につき、安全保障上の懸念がある国外流出（輸出と投資）を国防権限法に基づき規制を大幅に強める方針を、一九年に新たに決めた。ＡＩ、バイオテクノロジー、測位技術（測位衛星など）、マイクロプロセッサー、先進コンピューティング、データ分析、量子コンピューティング、輸送関連技術、３Ｄプリンター、ロボティックス、脳とコンピュータの接続、極超音速、先端材料、先進セキュリティー技術の戦略一四分野である。一九年八月には新世代原発も追加した。

「ニューヨークタイムズ」紙のリー論文は、「もし、米国と中国がテクノロジーの冷戦を開始したとすれば、ファーウェイ制裁は、デジタル『鉄のカーテン』構築の始まりと呼ぶにふさわしい」と述べている。そして「中国人はこれを新興の競争者に対する米国のあからさまな策略とみなしている」という。[★18]

★18　By Li Yuan, "A wall to contain China Tech", *The New York Times*, May 22, 2019.

米中の「貿易経済戦争」はファーウェイへの制裁開始を契機に、ハイテク技術覇権さらには軍事覇権へと広がる懸念が強まってきた。米国は、台頭する中国を封じ込めようと、米中相互依存経済のシンボル企業のファーウェイを追い詰め、そのグローバル・サプライチェーンを破壊しようという、同調者も、勝者となる見通しもない冒険的挑戦に乗り出している。

ファーウェイは、国家戦略「中国製造２０２５」の中核企業として5Gネットワークを提供し、ＺＴＥ（中興通訊）やアリババ（阿里巴巴）集団、中国聯合通信とともに、世界の第四次産業革命の最先端に立つ。「デジタル一帯一路」――ユーラシア大陸に鉄道や港湾、発電所などのインフラを建設して、通信衛星や海底ケーブルでつなぎＩｏＴや次世代通信の5Gをはじめとするデジタル技術でつなぐ国家戦略のリーダーである。

この世界最大の5G関連世界メーカー、ファーウェイに対して、トランプ大統領が先頭に立ち、「中国脅威論」で勢力拡張をはかる軍産複合体や米議会上下軍事委員会と政府機関（国防総省、財務省、商務省など）が、世界市場で中国に決定的勝利を得させまいと各々の立場からいっせいに攻撃を仕掛けている。世界で七二位（一八年売上高）の多国籍企業（ファーウェイ）のグローバル・サプライチェーンを徹底的に封じ込めようとしているが、いまや米国にその力はない。しかし、デジタル革命の方向性を正しく理解して進めば、米国は十分に勝者たりうる。

(1)5G関連機器をめぐる競争では米国企業はすでに敗退している（表1―1参照）。

表1-1　5Gの標準必須特許（SEP）の保有件数ランキング

Huawei Technologies（中国）	2.160
Nokia（incl. Alcatel-Lucent）（フィンランド）	1.516
ZTE Corporation（中国）	1.424
LG Electronics（韓国）	1.359
Samsung Electronics（韓国）	1.353
Ericsson（スウェーデン）	1.058
QUALCOMM（米国）	921
Sharp Corporation（日本）	660
Intel Corporation（米国）	618
China Aca. Of Telec.Tech. - CATT（中国）	552
Guangdong Oppo M. Telec.（中国）	222
InterDigital Technology（米国）	48

（出所）Iplytics, "Who is leading The 5G palentrace? A patent landscape analysis on declared SEPs and standards contributions". July 2019

（2）５Ｇネット建設と整備をめぐる競争では、米国内のキャリア（米国通信一位のＡＴＴと二位のベライゾンなど）が二一年までに全米カバーの５Ｇネットワークを構築する可能性はない。

（3）５Ｇネットが完成すればビッグデータ活用の革新的な手法を編み出すソフトウェア・アーキテクチャーの創出にかけては、米国は圧倒的な優位を保ち続けている。５Ｇ時代の到来で大量のデータが遠隔地のサーバーに瞬時に送られる社会が激変するとき、新サービスがもたらす経済効果は５Ｇ機器製造やネットワーク整備をはるかに上回る（図１―10）。

『ニューズウィーク』誌において、プライスウォーターハウスクーパース中国（香港）のウィルソン・チョウ氏によれば、５Ｇを活用したビジネスから生まれる収益は二一年からの二年間だけで、全世界で四兆ドルと試算する。他方、５Ｇネットワークの整備は同じく四年間で五七〇億ドルと予

測する。経済効果とともに米国はテクノロジー関連の影響力を堅持することができる。最後に笑うのは米国のはずである。★19

図1-10　米中テクノロジー企業の収益比較

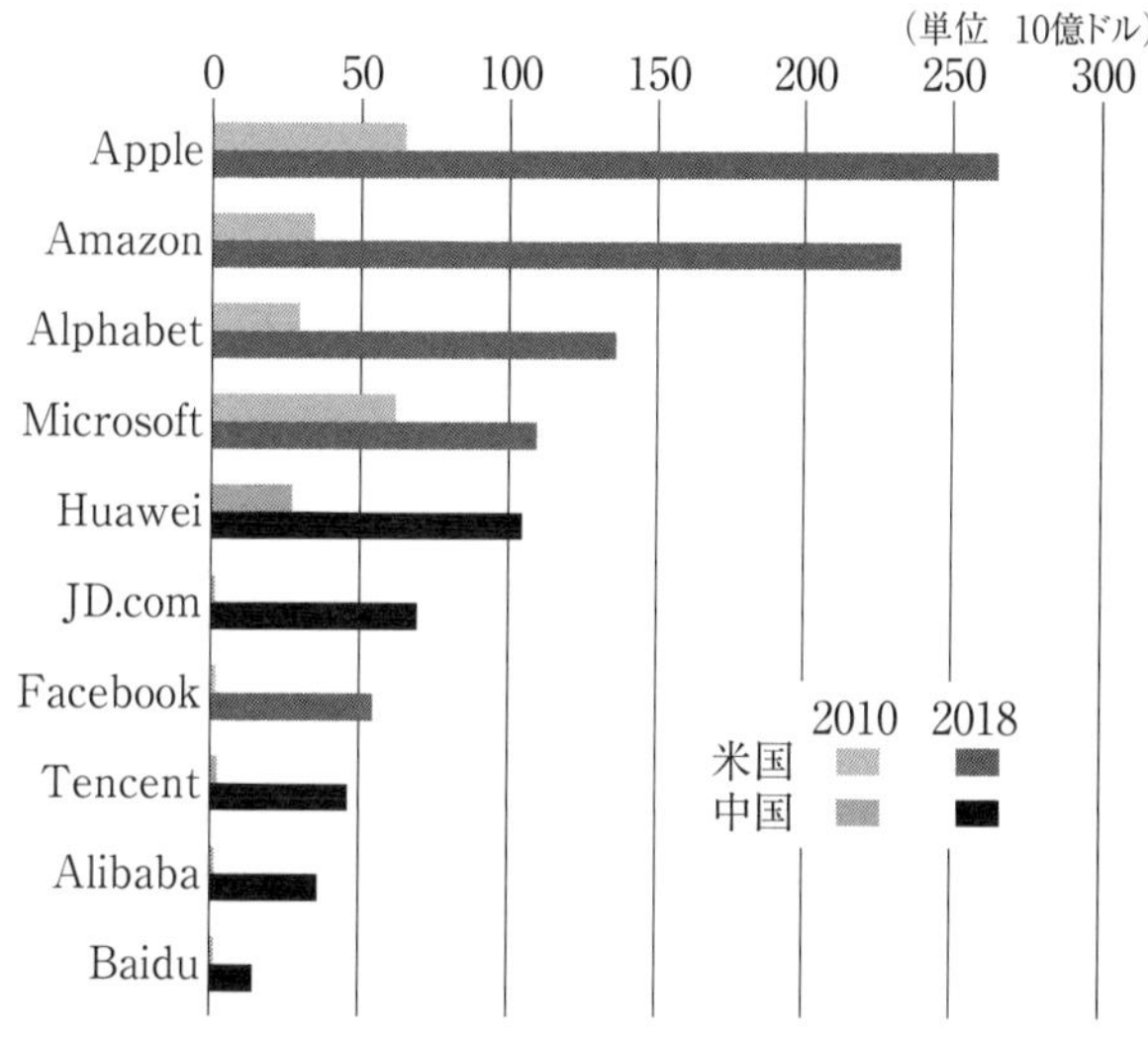

（原資料）Bloomberg
（出所）*The Economist*, May 18th 2019, P10

★19　デイビッド・H・フリードマン "The real 5G race"――「それでもアメリカが5Gレースに勝つ理由」『ニューズウイーク』（日本版）二〇一九年五月二一日号、三二ページ。

ファーウェイは、中国内のライバル企業ZTEと異なり、いわゆる中国政府と直結した国有企業ではなく、IBMやアクセンチュア等に巨額指導コンサルタント料を十数年にわたって払い、欧米流のIT革命に倣った「フラット型世界企業」のマネジメントを採りいれてきた。特にIBMとの経営指導契約は九七年から一五年近く続いた。その間、多国籍銀行・HS／BC（香港上海銀行）などとの金融関係も広げてきた。

米中貿易戦争を受けて中国国内には、米国企業を非難する声が圧倒的ななかで、二〇一九年三月にファーウェイを訪問した学術視察団（筆者も参加）に対して、グローバルコミュニケーション担当執行役員の李楠（Nancy Li）氏は、次のように述べた。

「我々は米国企業に学んでフラットかつオープンな国際企業に生まれ変わり、パートナー企業との協調姿勢を保っており、米日欧をはじめとするサプライヤー企業との関係を保ちたい。国連のルールをベースに世界中のどの国とも商業ベースでの取引・販売をこれからも続ける。米国政府による取引禁止措置でグーグルのファーウェイ製品へのAndroid提供停止に対して、独自のOSやチップの実用化をはかっているが、グーグルとも、パートナー関係を回復し、維持したい」。

また李氏は、ファーウェイは世界各国で一八年の一年間だけで三〇件以上の5G関連の契約を結び、欧州全域、中東諸国、アフリカでは四割のシェアを占めている。ライバルのエリクソン、ノキア（アルカテル・ルーセント）、サムスンとの競争と共同の関係も大切にしたい――とグローバルなビジネス秩序を守り抜く意向を表明している。

米国政府の制裁開始宣言で、ファーウェイ本社にはある種の緊張が見られたが、一九年前半の売上高は前年同期を二三％上回り、「ウォール・ストリート・ジャーナル」紙をはじめ全米に大きく報道された（図1―11）。

一九年七月二二日には、トランプ大統領もファーウェイへの制裁緩和をめぐる声明を出し、これを受けて、グーグル、インテル、クアルコムやソフト、半導体の大手七社の最高経営責任者たちがそろってワシントンを訪れ、ホワイトハウスや議会に、制裁緩和・撤廃を要求した。

「ニューヨーク・タイムズ」紙は、米国内ではイースタン・オレゴン・テレコム、ユニオン・ワイセレス・ワイオミングなど、地方テレコム企業は、ファーウェイの4Gを導入しており、5Gネットワークで同社を外すことは、5G時代に欧州・アジア諸国に遅れをとり、より安全なネットワークの確立ができなくなる、ファーウェイは米国企業を中心とする高技術でコスト安のグローバル・サプライチェーンをもっており、テレコムへのスパイ攻撃を完全に防止するとくり返し述べている――というのである[★20]（図1―12参照）。

★20 Catherin Chen, "America needs Huawei" *The New York Times*, May 22. 2019.

図1-11　米国の制裁開始下のファーウェイ・テクノロジーズは23%の増収

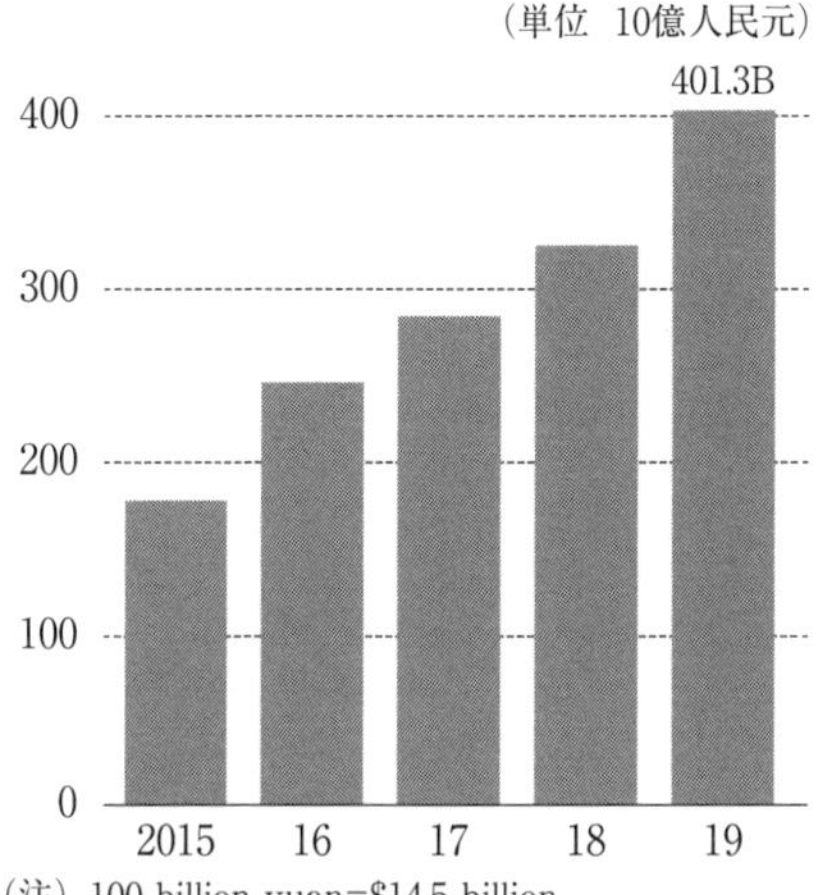

（注）100 billion yuan=$14.5 billion
（原資料）the comdanv発表数字
（出所）*The Wall Street Journal*, July. 21. 2019.

米国のエスタブリッシュメント企業やシリコンバレーはファーウェイへの制裁撤廃を要求するが、軍産複合体―国防総省・商務省、上下両院の軍事委員会の反対体制は強力であ

図1-12　ファーウェイへの制裁に苦しむ米国の主なサプライヤ企業

ファーウェイは米国の先進コンポーネンツ企業に依存し、シリコンバレー大企業は収益の多くを中国市場に依存する

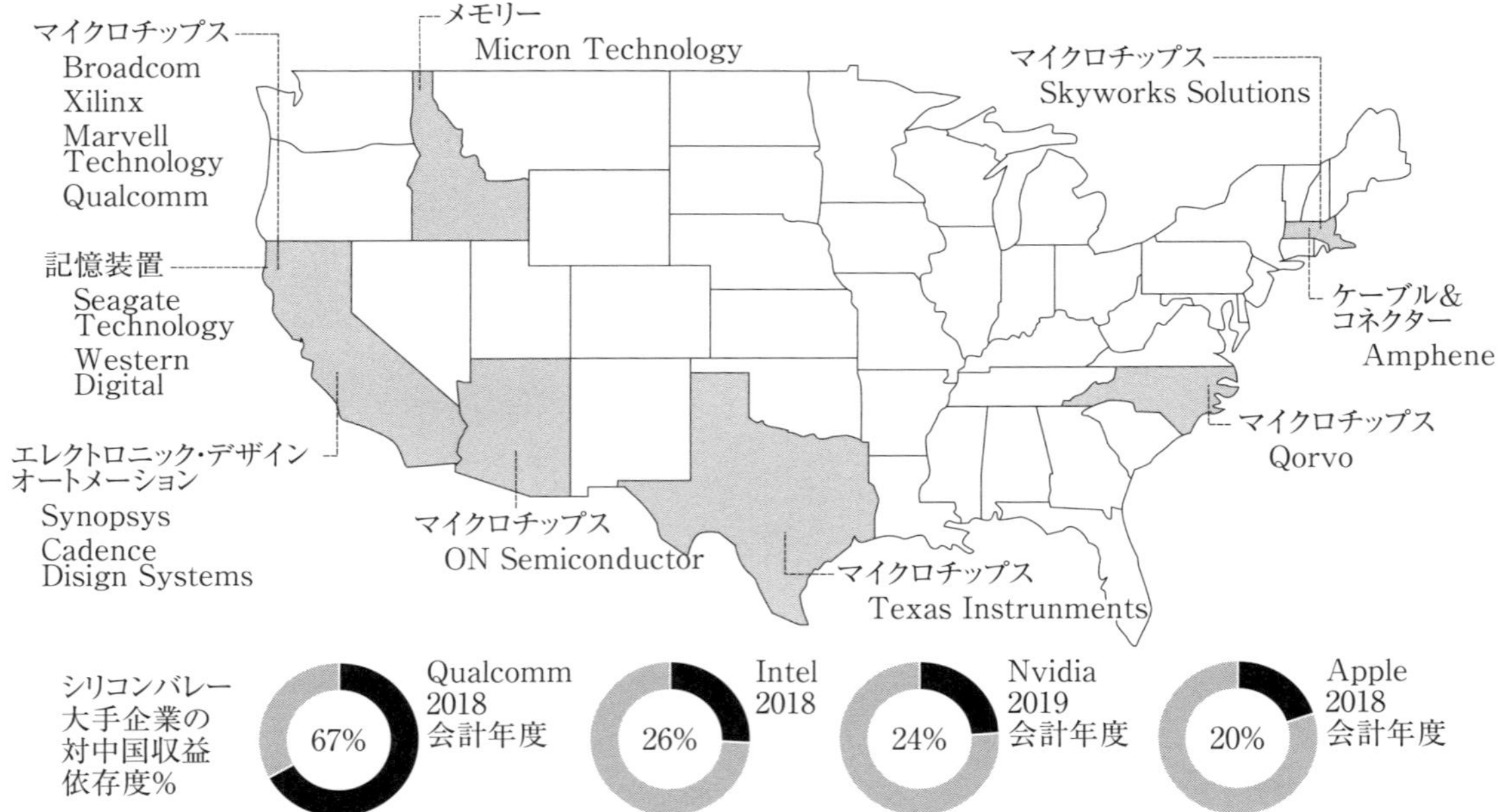

（出所）*The Wall Street Journal*, May 17. 2019

る。トランプ大統領自ら前面に立ち、ファーウェイ5G導入阻止を要求するが、二〇年二月現在、英国はその反対を押しのけて制限付きで導入を決め、独・仏・スペイン・スイスも自国通信企業の5G採用を決断。ロシア、ブラジル、インドネシア、南アフリカ、サウジ、エジプト、韓国、タイ、フィリピンも合流して八〇ヵ国。事実上、排除ないし不採用は、日本、豪州、ベトナムだけとなった。

（2）「米国防革新戦略」と「中国脅威論」

米国政府は、軍事費増大、財政危機進行のなかで、科学研究費支出を減少させ、GDP比〇・六％にまで落ち込んでいる。それを二八年度までにさらに四八％削るとしている。★21 逆に中国政府は軍民共同（軍民融合策）で科学研究費の増大をはかっている。中国は数十億ドルを投じて三〇年までにAI分野で世界をリードすることを目指す。中国は優秀なAI研究者を集め、米IT企業の買収にも力を入れてきた。

★21 Editor, "The battle for digital supremacy", *The Economist*, March 17th, 2018, p11.

ロシアで開発中の次世代戦闘機ミグ41は、AIを搭載した極超音速機で、最高時速は七二〇〇キロを超える設計である。ハイテク起業家のイーロン・マスク氏は、AIの開発競争が「第三次世界大戦の引き金になる」とまで指摘している。

米国政府・ペンタゴンは一五年に開始、三〇年完了を目途に、「国防革新イニシアティブ」（Defense Innovation Initiative）に従って、「第三次オフセット戦略」（third offset strategy）を開始している。中国やロシアの「戦略的競争者」（adversaries）に対して、米国が軍事的優位性を確保する能力を開発・保持するための国家戦略プロジェクトである。

二〇一四年に軍産複合体からオバマ政権下の国防副長官として送り込まれたロバート・O・カーク氏の発案に基づいてチャック・ヘーゲル長官の下で完成した国防革新計画（一四〜三〇年）――通常戦力によって有効な核報復能力を持つ「大国」（中国とロシア）を二一世紀通常兵器システムで抑止することに主眼を置くこととした。

冷戦終了後、米国がアフガニスタンやイラクでの武力介入に軍事力を投入している間に、中国は精密誘導兵器やステルス戦闘機など、「第二次オフセット戦略」で米軍が優位に立った分野（カーター政権で電子工学を用いた技術的優位―精密誘導システム）の能力を獲得してしまった。そこでオバマ―トランプ政権の「第三次オフセット戦略」では、軍事技術で中国を引き離すべく、AIやロボット技術、量子コンピュータをはじめとする最先端技術やシステムを駆使した米軍戦闘ネットワークのイノベーションを遂行しようとしている。陸軍・海軍・空軍に加えて宇宙・サイバー空間の多次元で戦力を統合化して運用し、中国軍より迅速な意思決定を実現する新たな作戦構図に基づく国防組織を構築しようというものである。

AIを活用した無人の戦闘機や潜水艦、戦車、高精度の長射程ミサイル・対艦ミサイル・空対空ミサイル・宇宙・サイバー・電子戦兵器の開発は、オバマ政権下でヘーゲル長官、カーク副長官の下で戦略立案時に策定されていた。★22

★22 David Ignatius, "America is no longer guaranteed military victory. These weapons could change that", *The Washington Post*, August 16, 2016.

けだし、現代世界において、これら先端技術は、政府部門より民間セクターでその多くが開発される軍民両用技術（dual use technology）であり、研究開発費は、主として民間部門から支出される。現代兵器システムに活用される先端技術業界で流通している。

ＡＩ・機械学習、量子コンピュータ技術、自律型無人システムや頭脳ロボット、レーザー技術など指向性エネルギー、極超音速ロケット推進システムといった最先端技術は、米国のみならず中国でも軍事用に活用することができる。

中国では、これら先端技術に国家が民間に先駆けて莫大な資金を投じ、民生技術ベースで米国に追いつくだけでなく、軍事利用でも米国に対抗して追いつこうとしている。米国には、先端技術の軍事利用で中国を引き離すことが次第に困難となりはじめている。

ジョン・アレン米退役大将（スパークコグニション取締役）は、『ニューズウイーク』誌に「ディープラーニング（機械学習の一種）の研究論文の数は中国が世界で最も多く、スーパーコンピュータでも米国は遅れている、現政権の予算案はＡＩ関連を（国の重要課題に含まれないため）削減され、移民の制限はあらゆる分野の競争力を損っている」と、ペンタゴン側の不満を述べている。★23

★23　John Allen, "The Next Space Race is AI", *Newsweek*, January 30, 2018, p30.

そこで、新技術をいかに活用し、たとえばシリコンバレー大手企業をも動員して、必要人材をどう育成するかが重視されるようになった。米国担当者たちは、宇宙サイバー空間や磁気スペクトラムなど新たな戦闘領域の拡大を進めており、武力紛争開始以前（未満）の争いにおける作戦オペレーションが複雑化し高度化している。そこにＡＩや量子コンピュータの活用が国防の必須となる。

目下、国防総省主導の下で先端技術の保全・管理を徹底強化し、次世代の軍事力構築にとりかかっている。ところが、ＡＩ、ロボット兵士のソフト設計開発や試作は米国でできるが、量産は中国に依存しなければならないのが現実だ。中国との競争での優位性を高める取り組みに、財務・商務・国務そして国防総省を中心に、ワシントン政府上げて、中国排除による強力行政メカニズムをめざしている。

（３）中国ハイテク急成長と米国防総省の焦り

「中国脅威論」の高まりのなかで、ペンタゴンの第三次オフセット戦略は、二〇一四年にスタートしたが、時期を同じくして、「米日独に追いつき追い越す」べく「中国製造２０２５」が二〇一五年からスタートした。中国側の成長スピードが米国側の予想をはるかに上回っている。[★24]

★24　「中国製造業は米日独を超えるのに何が必要か」「人民日報海外版」（日本月刊）二〇一五年

七月二三日、一三〜一四ページ。

中国は、世界所有権機関（WIPO）による一七年の特許申請件数で、日本を抜いて世界一の米国に迫った。一九年には米国を追い抜いて初めて世界トップになった（企業別ではファーウェイは三年連続で一位）。また、米CBインサイツ調査会社によれば、一七年の末に企業価値が一〇億ドルを超す新興未上場企業（ユニコーン）は、世界で二三二社あり、そのうち五九社が中国企業で技術革新センター・深圳立地の企業である。顔認証ソフト開発の曠視科技（メグビー）、ドローンで世界シェア七〇％以上のDJI、声アシストのアイフライテック（iFlytek、科大訊飛）、監視用三六〇度カメラのハイクビジョンの時価総額は、それぞれの産業領域で世界一である。

一八年末現在で、世界水準の中国人AI研究者の数は、米国の六％にすぎないが、米国在住の中国系人数を含めると一六％に達する。グーグルをはじめ米国企業のAI研究者の中で、中国系人材は最も優れた業績を上げているという。中国人科学者によるAI関連論文の引用数は米国人研究者の八九％に達しているという。

中国に対する〝恐怖心高揚〟のなかでZTEとファーウェイに対する制裁が開始された。米国防総省は、一七年に右二社の製品調達を禁ずる法律を成立させ、一八年四月には米連邦通信委員会（FCC）も、安全保障上の理由から二社の製品を調達しないよう通告している。ペンタゴンはまた一八年五月に米国基地内での中国製携帯電話の販売も禁止した。

これに対し、IBM型の研究開発グローバル企業のファーウェイは、社員の四五％をしめる八万人の研究者たち（七〇〇人強の数学者、八〇〇人強の物理学者、一二六人の化学者等）の社内陣容と、世界中に三六の国際共同イノベーションセンターと一四の研究開発拠点、毎年一〇％のR＆A（研究開発）費用の計上の体制で対応する。FCCの最高技術責任者ヘニング・シュルリンネは、「ファーウェイは研究成果を製品に結びつける能力でも米国ハイテク企業に匹敵する」と述べている。★25

★25　Keeth Jonson & Eliath Glowl, "Improbable rise of HUAWEI", *Newsweek*, 日本語版二〇一九年五月二一日号。

加えて、中国政府も自力開発と同時に開放政策の両建てで対応する。ソフトバンクの半導体設計会社、英アーム・ホールディングスが現地合弁企業への技術提供に乗り出す。米インテル、韓国サムスン電子、同ハイニックス、台湾のTSMCも同じ意向を示す。

さらに中国は、数百の政府系ファンドを通じて、米国のスタート・アップ企業と資本関係をもっている。シリコンバレーでは、中国系ベンチャー・キャピタル（VC）二〇社が戦略分野のスタート・アップ企業に出資している。米国運輸省も出資するドローン企業のフラーティ社をはじめ、AI、自動運転関連のベンチャー企業にも出資している（その出資者リストと金額は公表の必要がなく、米国政府もこれを把握できていない）。

一九年の国防総省報告（Annual Report Congress-Military and Security Developments involving the people's Republic of China 2019）では、「中国VCは、米国技術革新の最高機密部門と接点を保ち、いまや、米国はスパイ天国となっている」と報告し、米国議会内の「中国脅威論」を強めた。トランプ政権内には、中国人技術者、科学者、研究者を米国内の研究開発機関のすべてから締め出す法的措置が検討されている。これに対して、「ニューヨーク・タイムズ」「ワシントン・ポスト」「ウォールストリート・ジャーナル」の各紙はいっせいに、「米国内で技術革新に貢献した中国人技術者、研究者がその貴重な高度技術を『祖国中国』へ持ち帰ることを意味する」と、指摘している（中国人留学生、技術者二三二万人が一二～一八年の間に帰国）。

ペンタゴンの恐怖は、中国が一九年に入って、ファーウェイが自社設計のチップセット・デバイスを発表し、世界中で5Gネットワークを構築する契約を四〇件ほど締結し、数十ヵ国が契約を検討しているという事実である。かつて、IBMが握っていた空港、発電電力系統の運用、再生エネルギー管理の巨大IT統合システムやスマートシティ運用に代表される社会インフラシステムは、いまやファーウェイがその実力で世界のトップに立ち始めた。

中国企業が電話、電子メール、商取引などの膨大な量のデータを世界中に流すネットワークを中国の国家戦略として、通商分野でのリーダーシップを示し始めている。「シルクロード経済ベルトと二一世紀海上シルクロードの共同建設推進ビジョン」（一五年三月のダボス会議での李克強首相の発言）と、一九年四月の「一帯一路フォーラム」での習近平国家主席の「デジタル一帯一路」声明を受けての、国際通信レベルをあげるため、陸上での国境を越えた光ファイバー網の構築、衛星通信活用の環境完備、アジア海域・インド洋・アラビア海・ペルシャ湾・地中海・欧州大陸間の海底ケーブルの構築である。

世界最大の携帯電話事業者＝中国移動通信（チャイナモバイル）は、七七万基の携帯電話（国際通信規格）基地局を構築（世界の四〇％、ボーダフォンに次ぐ携帯キャリア）し、中国通信衛星通信集団は、一帯一路全体をカバーしている。海底ケーブルは、ファーウェイと中国聯合通信、中国移動通信、中国電信（チャイナテレコム）によって、ベトナム、マレーシア、ミャンマーなどに接続しながら、インド洋を横断し、インド・カタール・UAEに支線を延ばし、中東・アフリカと欧州を結ぶ紅海の底を延長した。さらにスエズ運河を越えて地中海に達した光ケーブルはギリシャ、イタリア、フランスに及ぶ。この二万五〇〇〇キロの海底ケーブルは、一七年から運用開始されている（ケーブル敷設工事の中核的敷設技術の提供者は、日本のNECであり、さらに欧州数社も加わっている）。

ファーウェイは二〇〇九年に英国に合弁会社を設立し、業界参入し、一八年にはブラジルとカメルーンを結ぶ六〇〇〇キロの海底ケーブルを完成させている。ファーウェイは、海底ケーブル業界では、世界シェアは数％の新参入者ではあるが、その技術力は欧米企業が驚くほどといわれ、米国通信最大手のベライゾンにも技術使用料を要求している。★26 東アフリカ、ジブチの中国唯一の海外基地の隣接地にクラウド・データ・センター建設の主契約者となった。同社はさらに、エジプトで、モバイル、光ファイバー設備を受注、アルジェリア、アンゴラでもネットワーク機器の大半を受注しており、同社のネットワークはアフリカ全土に張り巡らされようとしている。

★26　Sarah Krouse, "Huawei pushes Verizon to pay for patents", *The Wall Street Journal*, June 12, 2019.

中国の通信インフラが、次に述べるＧＰＳ（全地球測位システム）の世界ネットワーク開通も含めて、グローバル展開を開始すると、米政府・議会内の一部の恐怖は高まり、「宇宙のパールハーバーのリスクは日々高まりつつある。……我々は誰から攻撃されているかも知ることができない」（米国議会の海外宇宙プログラム小委員会での民主党議員〔テネシー州選出〕、ジム・クーパー氏）と述べている。米国の場合は、ソフトには強くても、４Ｇ、５Ｇインフラ構築の技術とコストでは中国に対抗できない。ＩＢＭ、ＧＥ、アップルなど米国製造業の優良企業は、モノづくりから、顧客囲い込みによるサービス産業化をはかり、脱一貫生産体制（ディスインテグレーション）をとり、その結果として中国依存強化をはかってきた。

中国の通信技術の急発展と米国の相対的遅れは、米国内に極端な反中国感を成長させる。『エコノミスト』誌は、軍事対立を引き起こす前に、米中間に新たなルールを設ける必要性を力説する。[★27]すでに「米中経済戦争」の枠組みからはみ出してしまっているトランプ政権にはそれは期待できない。

★27　By Editor, "Special report China and America - The military relationship needs new rules", *The Economist*, May 18th 2019, p12.

第4節　「新冷戦」化阻止の新たなルールを

（1）「中国脅威論」と米宇宙産業の拡張

「私の政権は宇宙を戦闘領域と認識しており、『宇宙軍』創設は国家安全保障の優先課題」と、トランプ大統領は、一九年二月に米国防総省に宇宙軍創設に向けた法案を用意するよう指示し、その準備予算も成立させた。旧冷戦時代には、米ソ超大国とも核軍拡競争下でも宇宙空間は聖域としていた（レーガン政権のＳＤＩ＝戦略防衛イニシアティブを別にすれば）。

宇宙空間の軍事活用は、冷戦後、バルカン半島、湾岸戦争、イラク戦争、アフガニスタンで米軍によって導入され、いま「中国脅威論」に基づき、宇宙は戦闘領域として米軍事体制の革新強化＝「第三次オフセット戦略」・国防革新イニシアティブのなかに構築されようとしている。米国の国際宇宙開発事業からは、中国は完全に締め出された。

中国側はこれに対抗して、習近平指導部は、「五〇年までに世界をリードする宇宙強国」の目標を掲げ、二二年完成予定の宇宙ステーションを進め、二三年ごろを目途とする欧州宇宙機構（ＥＳ

図1-13　米中露と各国の軌道打ち上げ成功件数の推移

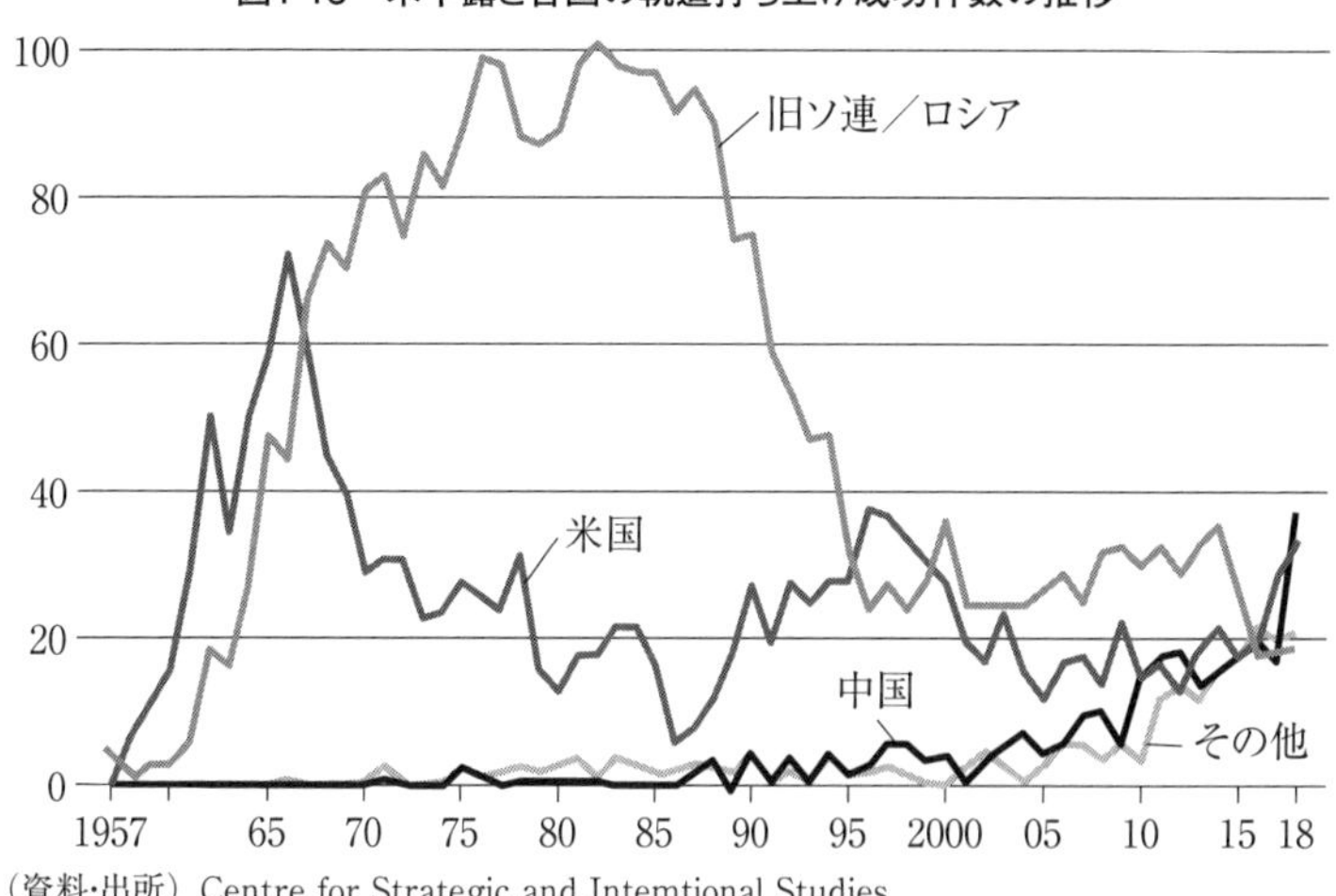

（資料・出所）Centre for Strategic and Intemtional Studies

A）とロシアの月探査・着陸計画にも参加の可能性を秘めている。[★28]

★28　Editor, "It's Easier To Love Appoll11, If You Were Around To See It Happen", *TIME*, July 29, 2019, p27.

中国は、米国（NASA）が冷戦終了後、ロシアと手を取り、欧州、カナダ、日本を組み込んで進めている国際宇宙ステーション建設（二〇一一年完成）からも外されてきた。米国政府は、一一年のフランク・ウォルフ修正案によって、NASAと中国国営宇宙企業との協力を全面禁止し、米国の第二国際宇宙ステーション、月探査計画からも中国だけが除外された。

宇宙覇権の競争は、次世代通信規格「5G」をめぐる米中の覇権競争とも関連する低軌道の小型通信衛星システムの世界でも激化している。

米中宇宙ハイテク覇権競争は、低軌道の小型衛星打ち上げに関しては、中国のほうが米国を上回っているかに見える。二〇一八年の中国衛生の打ち上げ回数は、一七年比で二・五倍の四一回となり、米国の三四回を上回り、世界一を記録している（他に、ロシアは九回、欧州連合は八回、インド七回、日本六回）。一八年一二月には、中国版の全地球測位システム（GPS）を司る衛星「北斗」の精度を上げる「鴻雁星座計画」初の試験衛星を、運搬ロケット「長征二号D」で打ち上げた（図1—13）。

（注）「北斗」は一九九〇年代から中国が独自に開発して二〇一二年にアジア太平洋地域での運用を開始。その精度を米国防総省のGPS並みに引き上げる「鴻雁星座計画」は、中国の自主開発の低軌道小型衛星三〇〇基で構成され、全世界で死角のないGPSネットワークを構築しようというものである。二〇二〇年までに九基によるモデルシステムを完成させて、二三年までに米ペンタゴンのGPSと並ぶ精度を達成しようというものである。

同衛星初のテストの結果は、世界の九五％以上の地域で、測位精度を米GPS基準の誤差一〇メートルの範囲に入っている。これによって、高速インターネットが衛星放送、そして航空域、船舶の自動識別などにも利用可能となる。その衛星打ち上げは、二〇二〇年までに三五基で、米ペンタゴンのGPSファミリーの衛星数を上回る。精度も一センチ単位を実現する。二〇年までには世界各国は米国か中国かの、いずれを選ぶかを強いられ、タイ、ラオス、ブルネイ、パキスタンが中国からGPS提供を受け、同時にファーウェイはじめ中国企業による地上局建設も認めたという。

加えて、一八年以内には、「一帯一路」の諸国と地域、海域のユーザーへ基本サービスを提供する能力を確立したとみられる。一八年現在、八〇以上の国と地域に気象衛星による情報を提供している。加えて、中国の量子衛星「墨子号」は世界量子通信ネットワークの構築をめざす。

（２）「脅威論」を超えた宇宙共同開発を

中国の衛星打ち上げ受託、衛星輸出は一八年末現在で二六ヵ国・地域に二三基の実績をもつ。中国移動の一五年の「ラオス一号衛星」打ち上げは、ラオス国内の通信、テレビ放送網統合化と現代化を実現した。ペンス副大統領や米宇宙企業会議が注目するのは、「北斗」を採用する国は、中国が経済力を用いて相手国の国家政策を自由にする「エコノミック・ステイツクラフト」の傘下に陥るのではないか、という点である。

全世界海上コンテナ輸送量の六七％は中国が所有ないし出資・管理する港湾を経由する。中国公安当局は犯罪者追跡システムの「天網」を運用する。二〇〇〇万台以上の監視カメラが顔認証で発見した犯人の国際逃亡を予測し、「北斗」と連携したカメラが追跡し続ける機能を付加しつつある。顔認証技術において中国は、世界の技術水準を達成している。「北斗」活用を前提として高度デジタル化したインフラ輸出が進めば、中国は当該国の治安まで踏み込むことになるというのである。

さらに軍民共用のＧＰＳ「北斗」の利用が、「一帯一路」諸国での軍事作戦に利用されれば安全保障にとってリスクになるというのが、ペンタゴンの懸念である。

しかし、宇宙の軍事利用を先導してきたのは米国であり、トランプ政権は、ペンス副大統領の中国との「新冷戦」布告に基づき史上初の宇宙軍創設を公言している。軍産複合体企業も超大型合併（ノースロップ・グラマンのオービタルＡＴＫ買収、レイセオンによるユナイテッド・テクノロジーズの一〇〇〇億ドル級の買収、空母・潜水艦のハリス・コープのＬ３テクノロジーズ買収）で宇宙軍拡を進めている。そのＭ＆Ａ先導役のレイセオン社は、国防長官に執行副社長のマーク・エスパー氏を、同じく兵器調達購入最高責任者のフランク・ケンドール氏を国防副長官に送り込んだ。レイセオン出身でオバマ政権の国防政策副長官ロバート・カーク氏とともに第三次オフセット戦略を推進することになる。★29

★29 By Nancy A. Youssef, "Pentagon Nominee Fields Questions", *The Wall Street Journal*, July 17,2019. / By Doug Cameron and Ben Kesling, "Defense Firms Face Shifting Priorities".

加えて、米、英、豪州、カナダ、ニュージーランドの「ファイブ・アイズ」（軍事防諜共有）に日本を加えた各種衛星兵器を活用した、図上宇宙作戦演習（南シナ海での米中軍事衝突を想定）も、一八年一一月に行われた。

北京政府もまた、「米ソの旧冷戦時代の如くに、宇宙への野心をもとに強力な拡張主義思想のもとで、ステートクラフトの作戦手法を仕上げていく」と『タイムズ』誌は論じている。ロシアを含め、米中の軍産複合体は、時速七二〇〇キロ以上の極超音速の新兵器開発・軍拡競争の〝ミサイル・ルネッサンス〟を展開している。★30

★30　Editor, "It's Easier To Love Appollo 11, If You Were Around To See It Happen", *TIME*, July 29, 2019, p18.

（3）「米中は敵でなく同盟者となれ！」

米中の宇宙開発競争は、月探査・資源開発・基地・コロニー建設から火星探査へと広がり、一方ではその商業化も進み、イーロン・マスク氏のスペースX、ジェフ・ベゾス氏のブルー・オリジン、リチャード・ブランソン氏のバージン・ギャラクテックも新規参入している。モルガン・スタンレー調査によれば、世界の宇宙事業売上高は一八年で三五〇〇億ドル、二〇四〇年予測は一兆四〇〇〇億ドルに達するとみられるが、利益の見通しは立っていない。

米中の宇宙開発覇権争いが軍事的様相を強めるにしたがって政府の介入が大型化し、レーガン政権下のＳＤＩと同じく財政危機に中国を含めて米欧露は行き着こうとしている。人類の共有財産である宇宙産業は米中両巨人が対立し宇宙軍拡となれば行き詰まり地球破滅へ体のリスクは進む。

そこで、世界中にわきおこる要求は「中国と米国は宇宙開発において敵ではなく同盟者であるべきだ」（「フィナンシャル・タイムズ」社説）という声である。「中国が（米露欧州との）大競争に加われば、米ソが旧冷戦期に隠し立てしながら競争していた時よりは、他の宇宙開発国にとってもはるかに望ましい事態になる」と同紙は述べている[★31]（日本は米国傘下の同盟者として取り扱われている）。

★31　Editor, “China and US should be allies not faes, in space”, *Financial Times*, January 7, 2019.

中国習近平政権も二〇一四年から民間企業が政府資金に支援されて米欧日の宇宙企業とも協力することを認めるようになった。コロラド・スプリングスの宇宙基金センターによると、北京の宇宙ベンチャー企業「北京藍箭空間技術公司」(Landspace Tecnology Corp.)は八〇億ドルのベンチャー資金(政府出資)を用意しているという。同社の張昌武ＣＥＯは「現在ほど商用ロケット打ち上げ事業に適した時期はない」と述べている。[★32] 一〇年間に一〇〇社強の民営企業を設立、一五〇〇基の小型衛星を打ち上げる計画である。ただし、中国・人民解放軍は、一四年から民間企業に対して次世代技術の軍事調達を開始し、顔認証やバッテリーの分野で、スタートアップ企業の最先端技術提供を期待するという。

★32　James E. Ellis, “Space China's Final Frontier”, *Bloomberg Businessweek*, October 22, 2018, p14.

米中ハイテク覇権が軍事覇権に昇華しようとしている今だからこそ、「戦略的発想の転換が必要」と主張するのは、米国エスタブリッシュメントを代表する『ハーパーズ・マガジン』誌である。「もし、アメリカが、中国に対する戦略的発想を最終的に変革すれば、中国はこだわりを捨て戦略を前向きに進め、それがアメリカの国益を増進させるだろう」というのである。つまり、中国は、新興の超大国として、東シナ海で国連の裁定にしたがわねばならない点はあるが、習近平政府は米国秩序の下での多国間協定(ＷＴＯ、ＩＭＦ、世界銀行)を守り、米国が手を引く分をカバーする形で国連停戦監視団にも最も多くの人員を派遣している。

「これこそ米国の〝中国脅威産業〟がよく考えて前へ進まなければならないシナリオなのだ」と結んでいる。[★33] それが、5Gの商業発展で中国が独り勝ちするとは限らないことを読み込んでいるウォール街—多国籍企業の描く新戦略構図のビジョンでもある。

★33 By Kishore Mahbubani, "What China Threat ? - How the states and China can avoid war", *HARPER'S MAGAZINE*, February 2019, p44.

グローバル資本主義の既成勢力は、新興台頭勢力を容易に受け入れることはできない。一九七〇~八〇年代の日本の台頭がそうであり、二一世紀の「中国巨大資本主義」の参入は、既成秩序破壊勢力として恐怖されている。「中国脅威論産業」の先頭に立つ軍産複合体の戦略的破局が、財政破綻も伴い見え始めている。「中国脅威論」を超え、中国に「真の友人を再発見する」戦略への転換を米国エスタブリッシュメントも望み始めた。二一世紀に入ってからの世界経済成長の推進エンジンは中国経済の成長力であり、米国のマネーゲーム型「カジノ資本主義」下の金融システムの崩壊によるリーマン・ショックから、米国はじめ世界経済を救ったのは中国経済の内需拡大による超高度成長（〇九年は一四％の伸び率）であった。米国エスタブリッシュメント企業の中国ビジネスによる高収益の企業モデルはこの時期に形成された。だが、「米中相互依存」を「strategic competitor（平時の大国間軍拡競争関係）」に変える恐怖の新冷戦シナリオは生き続けている。[★34] 米中対立が深まれば、米国は、同盟国としての日本や豪州を自己陣営にいっそう引き込もうとするようになる。

★34 Nail Ferguson And Xiang Xu, "Trump and the 'Chimerca' Crisis", *The Wall Street Journal*, May 7, 2018.

二〇世紀後半の台頭期に「ジャパンバッシング」を米欧世界から受けた体験を持ち、米中経済と深く結びつくと同時に、米中経済関係にも中軸的なサプライチェーン結合をもつ日本は、国民的批判の下でトランプ政権の経済・軍事外交圧力に屈せず、自主外交を貫けば、不毛な米中覇権の解消と関係正常化に大いなる貢献を果たし、国益を増進できよう。

第2章　米中覇権競争と多国籍企業

第1節　中国企業が米国企業を超える日

(1)「二一世紀は中国の時代」に米国の怒り

現代グローバル資本主義におけるる最大のダイナミズムは、唯一の超大国アメリカの秩序のなかに対等を求める中国の台頭である。新型コロナウイルス・パンデミックに襲われた二〇二〇年には「二一世紀は中国の時代」という米誌『フォーチュン』の提起を現実のものとして受け容れるか否かを迫られる。新型コロナウイルスの世界的パンデミックとその後の世界不況からの回復には、リーマン・ショック後の時代と同じく、中国経済の成長エンジンが欠かせないことは明らかとなっている。ドイツや日本はじめ、欧州、アジア・太平洋・インド洋諸国はそれを受け容れるが（中国の軍事的台頭を恐れつつ）、米国の立場は逆である。

中国政府とのつながりの深い閻学通・清華大学教授は、ジュニア・スーパーパワーとして「中国は、米国と二極支配秩序を形成し、それは旧冷戦のような強固なイデオロギー対立を伴うことなく、柔軟で問題解決型の同盟関係となり、戦争の可能性はほとんどないものとなるだろう」と、米国最

高の外交専門誌『フォーリン・アフェアーズ』で論じている。[★1]

★1　Yan Xuetong（閻学通），"The Age of Uneasy Peace : Chinese Power in a Divided World", *Foreign Affairs* January/February 2019, p46.

これに対し、トランプ政権のシナリオライターであり中国産業経済の現代化・再編成に参加した実績のある有力シンクタンク＝ハドソン研究所のマイケル・ピルズベリー氏は、その著書に、かつての親中派（パンダハガー）の立場から一転して、「中国は覇権国としての地位を米国から奪取し、現在とは異なる世界を創り出そうとしている。だが、結果は必ずしもそうなるとは限らない」と新超大国化阻止の宣言をしている。[★2]

★2　Michael Pillsbury, "*The Hundred - Year Marathon*", 2015, p124.Henry Holt and Company, LLC, New York.

彼の先輩でトランプ大統領の当選以前からの影の政策最高顧問、元ＣＩＡ長官のＲ・ジェームス・ウールジ氏は同書を絶賛し、「中国は米国のアキレス腱を射抜く手法を探し続ける聡明な敵だ。我々は早急に強い行動を取らなければならない」と述べる。両氏は大統領に最も強力な影響力を行使しているといわれ、「米中対立は貿易摩擦から安全保障の領域まで拡大している。台頭を阻止するには『米国の経済を武器に変えて』（by weaponizng the U.S. economy）〝たたかう〟しかない」と述べている。それには、関税、経済制裁、金融・通貨戦争に加えて、中国を世界経済から切り離して孤立化させる「経済分断政策」も含まれる。[★3]

図2-1　米中関税貿易戦争のインパクト――ブームの後の分断化現象

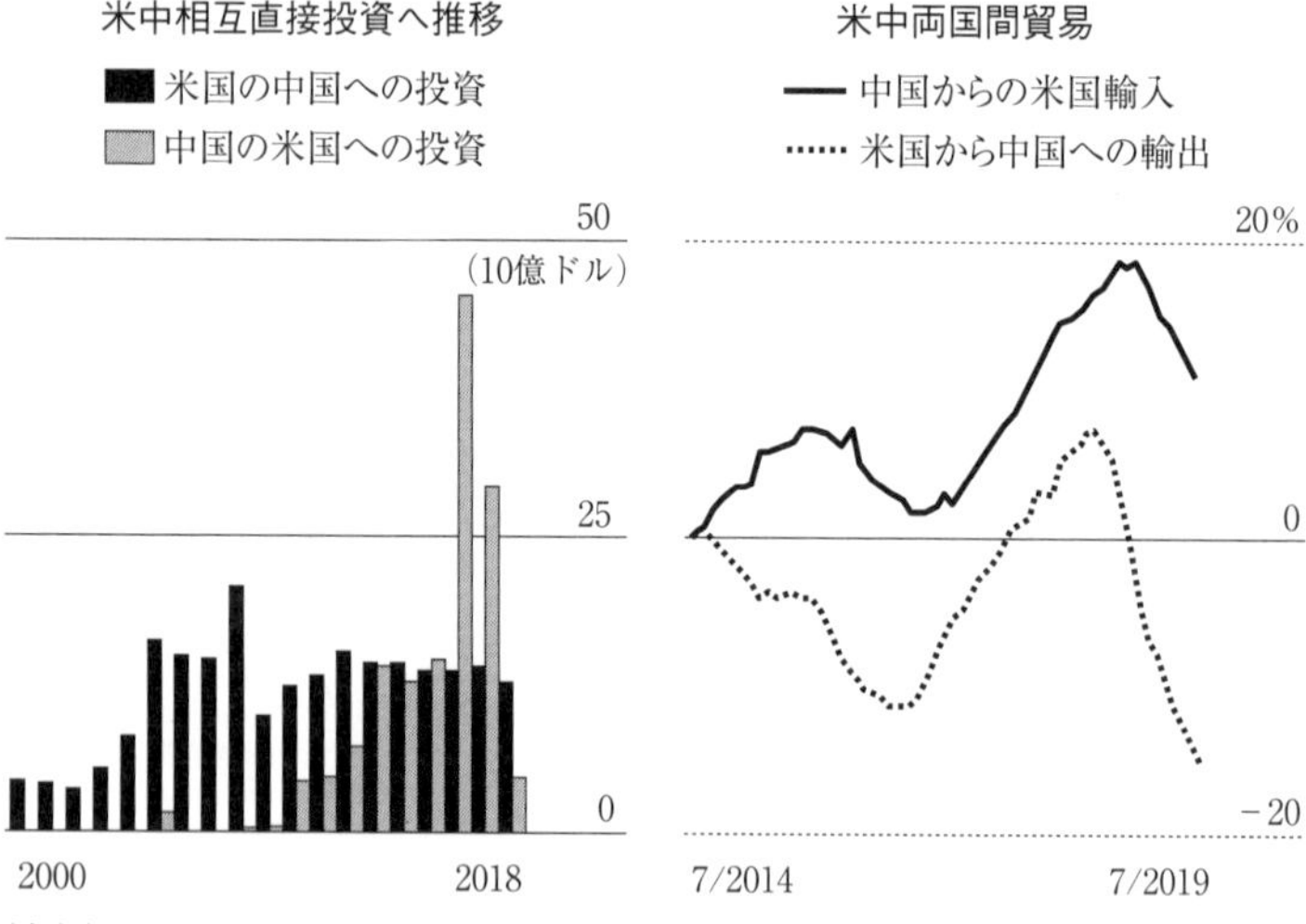

（資料）Rhodium Group, Federal Reserve Bank of St.Louis
（出所）Bloomberg Businessweek, September 16, 2019, p10.

★3　Ben Holland, "Trump, unlike his predecessors, hasn't started wars, but he has sown disraption weoponizing the U. S. economy", *Bloomberg Businesweek*, January 10, 2019, p12.

　そこで米中貿易経済のワクをはみ出して、大統領自らが身を乗り出して、IBMが一五年をかけて「グローバル・ビジネスの経営の自営ノウハウ」を供与してきた中国初の多国籍企業・ファーウェイ（華為技術）を、全政権を挙げて攻撃し5G（次世代通信技術）世界市場での〝企業抹殺〟を試みたが、最大の市場・欧州で完敗、米国内からも反撃を受けた。

　米国にはファーウェイに対抗できる活力ある企業が育っていない。米国経済は「レンティア資本主義（rentier capitalism　特権的金融

図2-2　中国のワールドワイド直接投資と建設投資（単位:10億ドル）

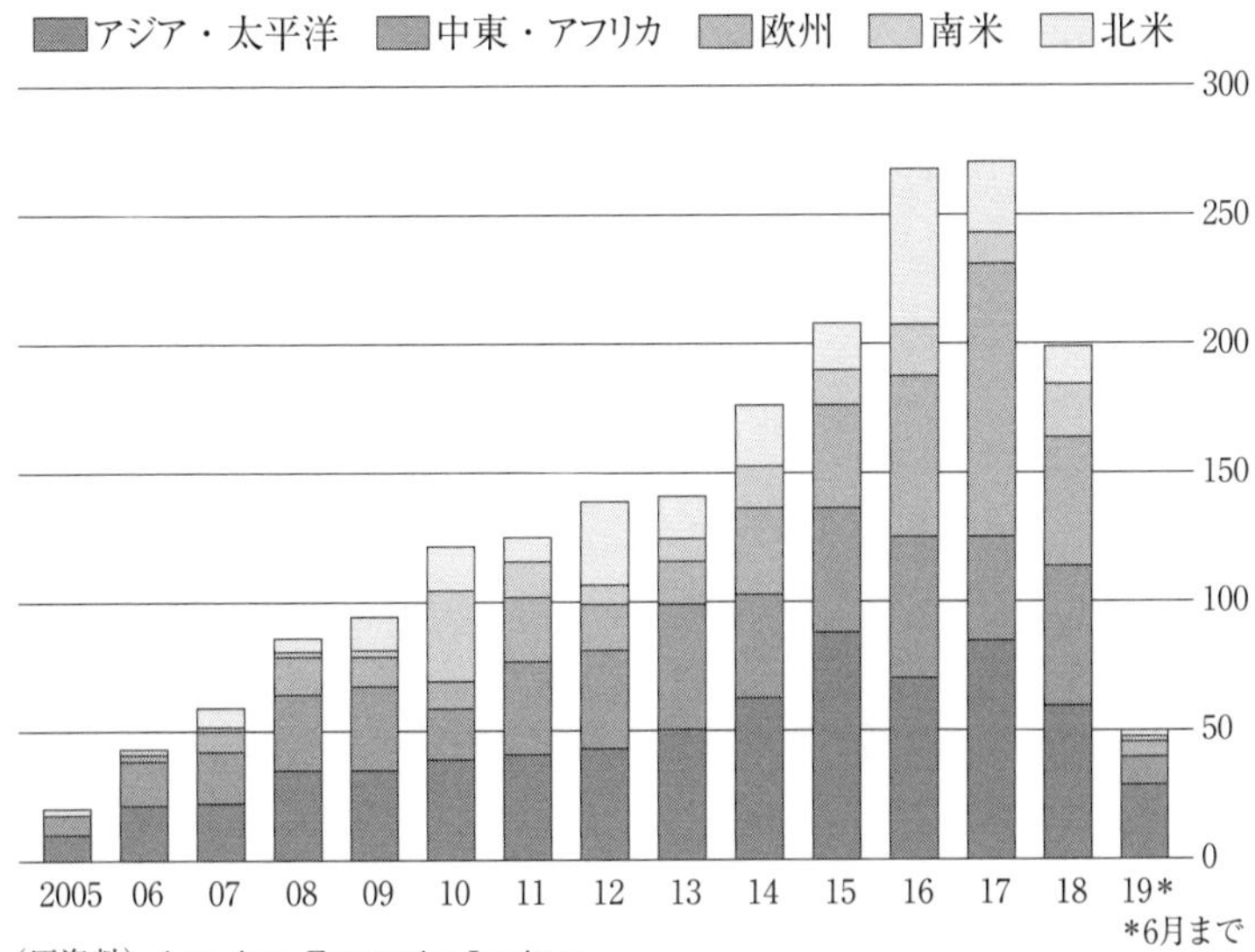

（原資料） American Enterprise Institute
（出所） "Special report China's Belt and Road", The Economist February 8th 2020, p6.

図2-3　中国は米国よりも米国の同盟地域諸国に多くを輸出している
（GDPに対する輸出の割合 %）

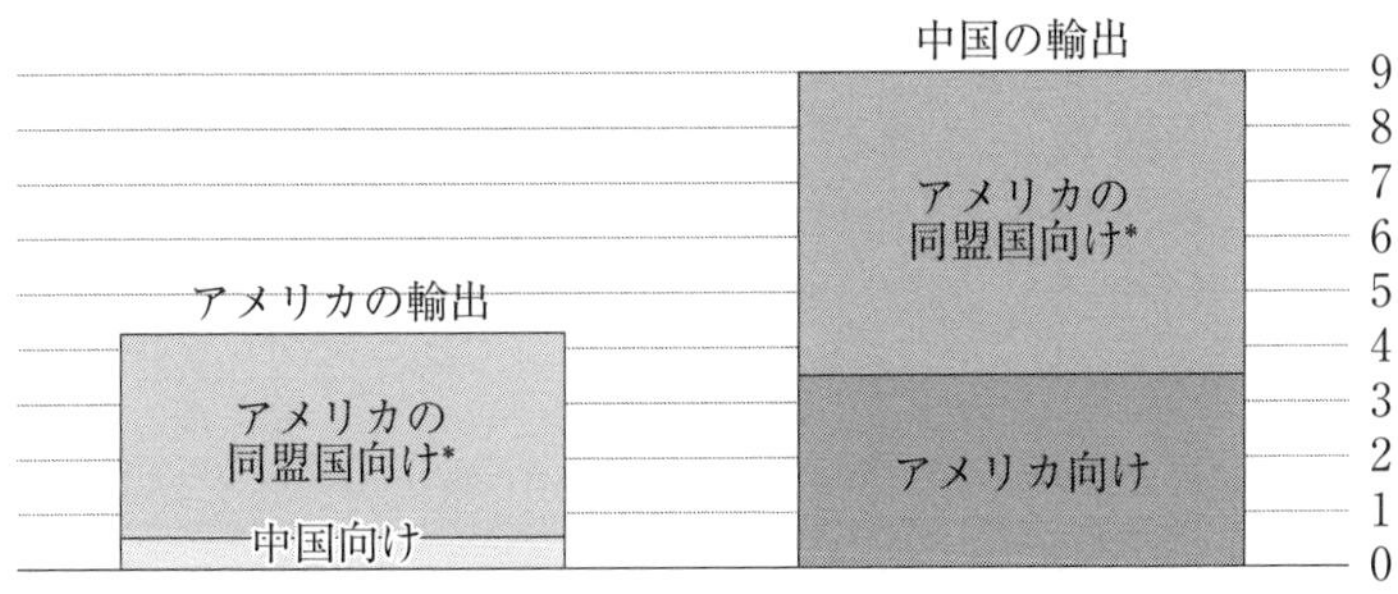

＊Europian Union, South Korea, Japan, Canada, Australia and New Zealand
（原資料） Refinitiv : FT calculations
（出所） Financial Times, November 13, 2019.

資本や巨大企業・株主のみが略奪的利益を吸い上げる経済装置）へと老化・変質しており、「米国株式会社」の主柱、名門製造業企業のボーイング、ＧＥ（ゼネラル・エレクトリック）、ＩＢＭ、ＧＭ（ゼネラル・モーターズ）、フォード、ダウ、デュポンなどが次第に国際競争力、技術革新力を失っている。ファーウェイは、米ＩＢＭがグローバル経営のノウハウを一五年にわたり供与した中国初の多国籍企業だが、本社社員の約半数が高級技術者・科学者で占められ、中国政府からは六五〇億ドルの補助金も得ている。製品の価格競争力と技術力の高さで、ライバルのノキア、エリクソンを圧倒しているといわれる。ファーウェイの年間研究開発費は米国のライバル、シスコシステムズの三倍に達するといわれている。同社は、中国が世界一になるという国家戦略「中国製造２０２５」をＢＡＴＨ（百度）、アリババ、テンセント（騰訊控股）とともに牽引（けんいん）している。習近平国家主席の（強い中国になるという）「中国の夢」（強中国的夢）を掲げ、「中華民族の偉大なる復興」の国家目標で清朝全盛期の最大版図（東南アジアのほぼ全域）を超えてアフロ・ユーラシア・スーパー大陸を包み込む「一帯一路」による中国の世界秩序へと展開しようとしている中国の国際競争力は、商品輸出で一八年に米国を抜き、対米輸出黒字急増に加え、日欧豪の同盟諸国への輸出も米国向けを上回る。国際金融市場でも台頭する中国の直接投資は、米国、欧州、アジア・太平洋、中東、アフリカ、中南米へと全世界に展開、「中国包囲」や制裁は困難である（図２―１、２、３も参照）。

台頭する中国を欧米の「先進」諸国が受容する前に、中国経済は世界一をうかがい始めている。

（2）世界一に躍進する中国企業群

世界企業売上ランキング＝「フォーチュン・グローバル500」の五〇〇社に占める米国企業が、二〇一九年実績で一二一社であるのに対して、中国企業は一一九社であり、その成長性からして二〇二〇年のランキングでは、中国企業が、米国企業を抜いて一位になることは確実である。

『フォーチュン』誌を一九二〇年代に創立したヘンリー・ルース社主が「二〇世紀はアメリカの世紀」と宣言したのは一九四七年のこと。それはビッグ・ビジネスが世界一のスケールを持っているというだけでなく、文化的にも、自由民主の思想的にも、人権やヒューマニズムの高揚を含めての世界一を表していたが、それはともかく、巨大企業林立の点では「二一世紀は中国の世紀」になろうとしていると『フォーチュン』誌の主筆、ジョフ・コルヴィンは同誌上に述べている。★4

★4　Geoff Colvin "China's World : China is now close to parity with the U.S. on the Global 500", *Fortune*, August, 2019, p40.

世界一のビジネス国家である米国のような既存の超大国が、新興超大国台頭の挑発を受けると必ず戦争に至るという古代ギリシャの歴史家ツキジデスの訓話＝「ツキジデスの罠」のエピソードを紹介したことで有名なグレアム・アリソン教授は、中国の長期戦略は「明確に世界一になることであり、あらゆる敵をも打ち破ることのできる軍事力を伴ってそれを達成すること」と『フォーチュン』誌に述べている。[★5] 習近平国家主席は、建国一〇〇年の二〇四九年に「十分に発展し豊かで強力」(fully developed, rich and powerful) に中国がなるには、時には激しいたたかいも経験しなければならないと決意しているというのである。

★5 *ibid.* p40.

その〝たたかい〟への決意を世界に示すためか、習近平主席は、二〇一九年一月四日、中央軍事委員会での演説で「わが国は発展の重要なチャンスを迎えているが、同時に予想困難なリスクも増えている。危機意識を高め新時代の軍事思想と戦略方針にそった軍事闘争の準備を着実に進めなければならない」と述べ、中国が世界一に近づくにつれて米中対立が貿易摩擦から安全保障の領域まで広がっている。軍事戦略には、「新時代の思考や戦術戦略が必要であり、各分野の力量や資源を全て軍闘争の準備に集中させるべき」と主張している。[★6]

★6 李剛摂〝習近平：在新起点上做好軍事闘争准略工作〟、人民日報二〇一九年一月五日付。

アリソン教授によれば、世界一となる手段は軍事的影響力ではなく経済的影響力である。同教授は、リー・クアン・ユー元シンガポール首相と長年協議のうえで中国の長期国家戦略を研究してきた。両者の合意点は、軍事力での対決では中国は自滅を招くし、強力な金融力・技術力を持つ米国に正面から挑戦すれば「中国の平和的台頭はたちまち破綻する。当分四〇年までは姿勢を低くなお頭を垂れながら着実にかつ自在に進路を変えつつはい上がって行く（崛起）作戦を北京政府は続け、西側企業の名誉会員としてでなく正会員＝中国として受け容れられる事である」[★7]。

★7　Graham Allison, Robert O. Blackwill and Ali Wyne "Lee Kuan Yew: The Grand Master's Insight on China, The United States and the World", *MIT Press*, 2013 pp3, 14, 15.

そこでウォール街やワシントンの金融機関の指導を受けつつ、米国・フォーチュン五〇〇社に倣って、中国企業トップ五〇〇社の育成を経済戦略の中軸に置いてきた。五〇〇社の規模は安定的に成長し、売上高や資産総額の増進ペースは九％以上の年間成長率を維持している。一九年の中国企業トップ五〇〇社の売上高は、米国企業上位五〇〇社の八七・一％、資産総額は八九・五％で二〇年は新型コロナウイルスの影響で年率成長率が落ち込んでも、停滞気味の米国企業を上回ろう。

中国企業トップ五〇〇社の上位五社は、中国石油化工集団有限公司、上海汽車集団股份有限公司、華為投資控股有限公司、東風汽車集団有限公司、汽車集団有限公司などで、世界の企業上位一〇〇社のメンバーとしてランクされている。これらの中国ビッグビジネスは、研究開発への投資を重視しており、一九年の五〇〇社の研究開発費は前年同期比八・六三％増の七一一〇億八七〇〇万元（約一〇兆七八四二億円、一一〇〇億ドル）である。

戦略的新興産業のリーディング企業一〇〇社は中国の長期経済成長をリードする企業群とされ、研究開発支出は、前年比二二％増の四三八四億元（六兆六七〇〇億円、六五〇億ドル）で華為投資控股有限公司、中国移動集団有限公司、北京京東世和貿易有限公司を先頭に「新世代情報技術産業」として三〇社が「知財強国」を目指す国家技術戦略企業に指定されている。

一〇年後の技術覇権を競う人工知能（ＡＩ）や量子コンピュータ、再生医療、自動運転など先端技術一〇分野の特許出願数では、九分野で中国が首位に立ち、米国は一分野（量子コンピュータ）のみが一位。二位は米国七分野、日本二分野、中国一分野となっている。（「覇権競う米中、置き去りの日本」知財データベース運営会社アスタミューゼと日本経済新聞による二〇年二月の分析）。また、オランダ学術情報大手エルゼビアの先端技術三〇テーマの論文数（二〇一三〜一八年）集計では、中国が二三分野、米国が七分野でトップ、二位は米国が二三分野、中国が七分野を占めて、日本やドイツは三位以下の地位に甘んじている。

中国企業連合会、中国企業家協会の王忠禹会長は、「現在の世界は一〇〇年に一度の大きな変化を経験している。国際ルールは再編成され不確定・不安定要素が明らかに増加している。そのような背景の下で、中国企業は危機をチャンスとみなし、国難にめげず前進し、戦略的な展開力、積極的な行動力を保持し続けねばならない。明確な戦略を保持し、それを牽引役として優位性を構築しなければならない。改造と革新を実施し、新たな原動力を育成し発展させ、世界におけるレイアウトを最適化し国際的経営能力を向上させなければならない」と主張している。★8

★8　王忠禹、人民日報海外版日本月刊、二〇一九年一〇月二五日付。

新型コロナウイルス肺炎の特効薬やワクチン開発をめぐって中国政府と企業は、米国を超え世界一を目指し、先端企業のハイテク軍事装備開発への参入も続く。資本主義の金融化、レンティア化で技術革新力に相対的遅れを感じ始めた米国政府・企業の焦りも倍増している。トランプ大統領が現代世界の彗星企業＝ファーウェイを〝抹殺〟しようと身を乗り出し敗北した事実も納得できるというものだ。「ハイテク冷戦」が、軍事技術開発競争を伴って暴走する可能性もある。

第2節　米国、世界銀行が設計した中国の産業・企業再編成

（1）中国主力企業育成の米国国際金融機関

中国企業（主として国有企業）が、米国企業を部分的に上回る国際企業になったのは、米中和解以後、世界銀行やウォール街の投資銀行（ゴールドマン・サックスやモルガン・スタンレー）の導きを受けてのことであった。米国金融資本と米国国際金融機関は、将来、中国が健全な資本主義に変化してくれると期待して援助を引き受けた。

鄧小平は、「改革開放」の祖といわれているが、実は、一九九七年に亡くなるまで「中国は包括的な経済戦略を持っていない」と内外の信頼する要人たちに語っていたといわれる。それに応えるかのように、一九八三年に、世界銀行総裁のA・W・クラウゼン総裁が中国を訪れて、鄧小平国家主席に会った際、「世界銀行のエコノミスト・チームが二〇年先を見据えて中国の経済について研究し、どうすれば中国が米国に追いつけるかを助言しよう」と約束したといわれる。[★9] 鄧小平氏が一

九七九年に事実上の中国の最高指導者となった時、毛沢東時代に中国が遅れを取ったことに鑑み、異なる経済路線を進もうと誓っていた。中国が競争力を備えた大国になるような大々的改革を行い、「四つの近代化」と呼ばれる彼の改革は、農業、工業、科学技術開発に重点を置いていた。マルクス・レーニン主義の原則から離れた「中国式社会主義」のために、市場の力と国家計画とを統合することをめざし、その戦略のもとに米国の助言を受け容れた。

★9 Michael Pillsbury, *"The Hundred-Year Marathon : China's secret strategy to replace America as the global superpower"*, 2015, p165. Henry Holt and Company, LLC, New York.

世界銀行チームは、中国が「自由経済に向かう必要性」を確信しつつ助言することになっていた。だが、国有企業はそのままにしても、いかにして米国に追いつくかを追求する過程で、中国経済を米国型資本主義へと変革でき、かつ、経済規模は米国経済を上回ることはないと考えていた。

同チームは、中国が二〇五〇年までに先進国に追いつけることに気付き、そのためには一九八五年から五・五％の年間成長率を維持する必要があると助言していた。世銀の最初の中国政府への提言は、⑴一九八五年から二〇年間に輸出構成を変え、ハイテク製品を主力とすること、⑵外国から過剰な借金をしないこと、⑶外国からの直接投資は、先進技術と近代的経営手法だけに限ること、⑷海外からの投資や合弁企業設立は経済特区だけに限らず広域に拡大すること、⑸貿易専門会社を段階的に減らし国有企業が独自に外国と貿易すること、⑹国家経済の長期的枠組みを構築すること――であった。

一九九〇年に世界銀行の最大の代表団が北京を訪れ、中国政府はそのアドバイスを全面的に受け容れることを表明した。同時に、そのまま自由市場経済に進むのではなく、政府がコントロールできるチャンピオン企業を育成して技術導入や情報収集力を強化することを表明した。

世界銀行はアドバイスを進め、ミューチュアルファンドのようなポートフォリオを保有することを勧め、国有企業の株式を売却するための証券取引所の設立を提案した（部分的民営化）。日米欧が天安門事件（一九八九年）で中国に何らかの制裁を加えている時期にも、世銀は中国の新自由主義経済化のアドバイスを続け、中国政府は、米連邦準備制度に相当する中央銀行制度を編成した。

二〇〇三年から中国政府は、「フォーチュン５００」に倣ってナショナル・チャンピオン企業を育成する計画に着手した。二〇一〇年までに中国の五〇社を『フォーチュン』の世界五〇〇社のリストにのせようというもので、その目的を達成した。そのナショナル・チャンピオン企業は、軍事企業、電力、石油エネルギー、情報通信、民間航空、海運事業などから構成されている。

（２）中国チャンピオン企業とウォール街

現在、中国の国有（民営）チャンピオン企業が繁栄しているのは、米欧日企業と銀行の支援があったからである。ゴールドマン・サックスやモルガン・スタンレーなどの米国投資銀行は、中国の国有企業を再編成し、その経営幹部たちに国際金融や経理上の必要を満たす手法を教えた。

米中経済対立の範囲を超えて大統領自らが先頭に立って〝抹殺〟を試みようとしているファーウェイ・テクノロジーズ（華為技術）も、二一世紀初頭から一五年間にわたって、ＩＢＭから多国籍ネットワーク経営手法を学んで、中国初の民間型多国籍企業へと昇華したものである。

世銀はじめ米国金融機関の指導の結果として、中国国有企業は、ロンドン、ニューヨークはじめ諸外国の証券市場で株式の新規公開を行い、上海、深圳（シンセン）、香港でセカンダリー上場をするようになった。現在、傑出している国有企業のいくつかは、欧米の投資銀行のアドバイスで編成された。

その代表例が中国移動通信で、経営が行き詰まった地方の電気通信事業体を一つにして外国のファンドマネジャーに売却したところから始まった。一九九七年にニューヨーク証券取引所と香港証券取引所に同時上場し、四五億ドルを集め、やがて世界最大の携帯電話会社となった。アップルがその通信巨人、中国移動を通じてアイフォンを販売すると発表すると即、株価上昇を見た。★10

★10　*ibid.* p172.

加えて中国は欧米のビジネススクールの最高権威者を招いて中国独自のＭＢＡ制度をつくった。ロンドン・ビジネススクール、ロッテルダム・スクール・オブ・マネジメントの学長らを招いて上海にビジネススクールを設立し、米国のデューク大学やハーバード大学のビジネススクールでは中国人ビジネスマンの教育を請け負っている。

その過程で、米欧多国籍企業は中国の経済と安全保障に必要な主力産業分野（ただし、国有企業と正面対決しない高技術分野を選び）に進出し、中国で生産し、それを米欧市場で販売し、その利益

図2-4　中国における米国企業のライバルは何か

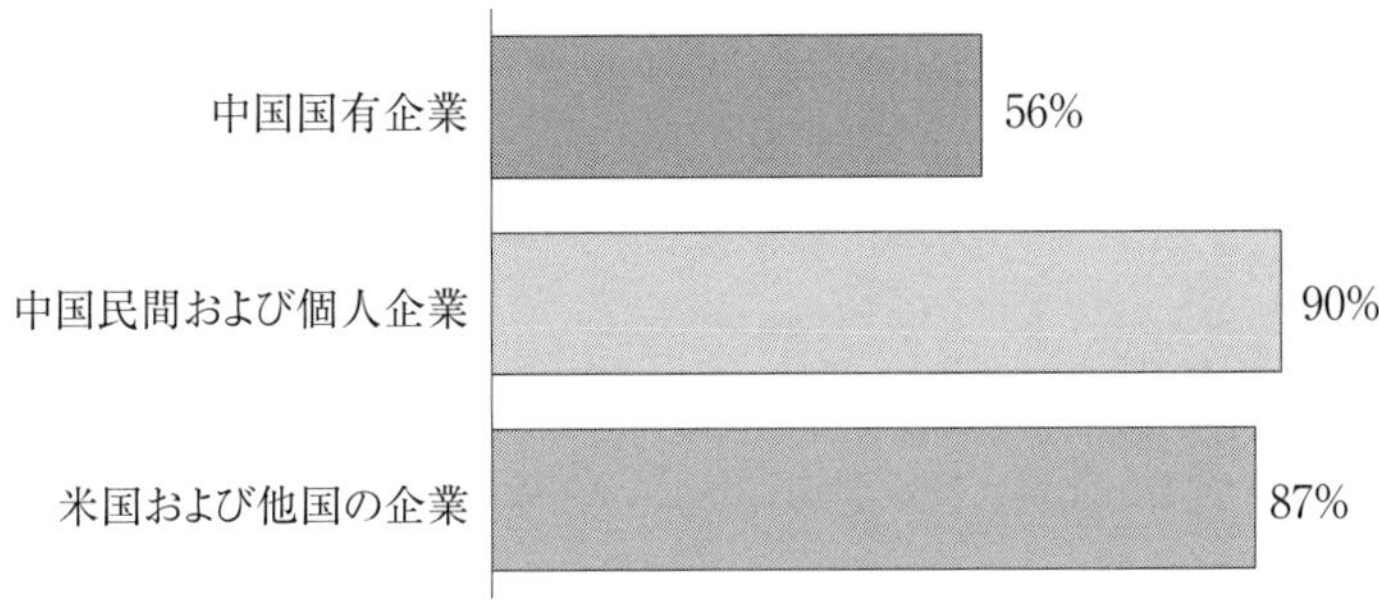

（出所）US-China Business Council, 2019 Member Survey, p5.

図2-5　北米企業の中国での利益の割合
（2019年、全利益に占める比率）

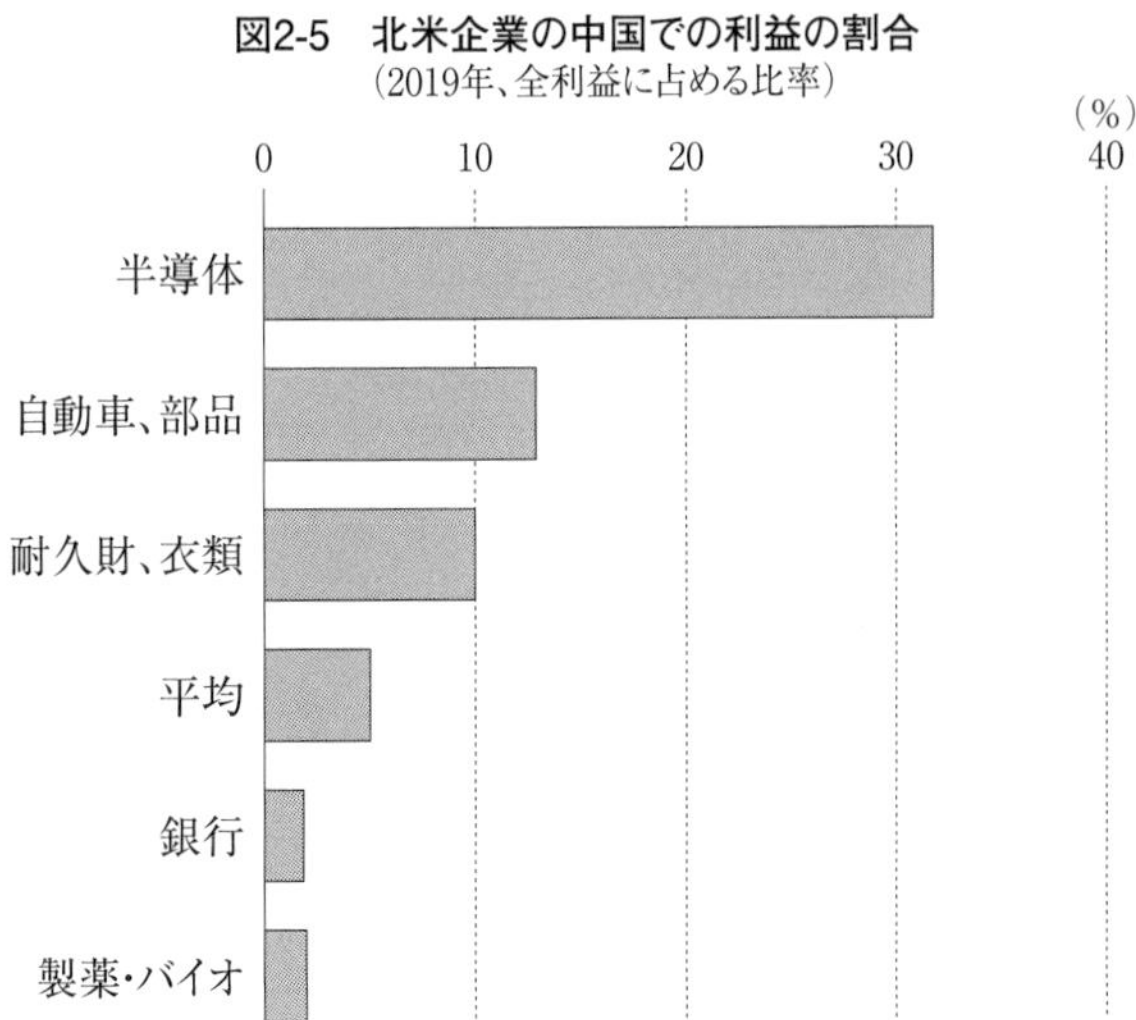

（出所）US-China Business Council, 2019 Member Survey, p5.

を香港、ダブリン、ケイマン諸島などのタックスヘイブン（租税回避地）に蓄積していくという「高収益」のメカニズムを構築してきた（図２―４、５参照）。また、中国のチャンピオン企業群もケイマン諸島をはじめとするタックスヘイブンの活用に引き入れられ、ここから中国国内への直接投資も行っている。

　中国の指導者たちは、米欧金融・ビジネス界が、中国的な社会主義の資本主義化――国有企業の民営化に期待していることを十分に承知しながらも、中国のＧＤＰの四〇％を握る国有企業（特にチャンピオン企業と呼ばれる五〇〇社）を中軸に、経済と安全保障に必要な主力産業を育成するにあたり、政府がその支配権を手離さなかった。米国が望んだ国有企業の完全民営化は行わず、国有企業の株式を売却するための証券取引所の設立による「部分的民営化」にとどめ、同時に欧米の国際金融・経理手法を採り入れた。つとめて、外国への技術的依存度を下げるべく、進出企業には技術供与を強力に要求し、中国発のイノベーション創出を目指し、国家安全保障を確立することを目指した。ファーウェイはその政府によるイノベーション企業優遇策の下で、三〇年間で二一世紀世界通信界を制するスター企業に躍進した。任正非（レンチョンフェイ）は、三九歳で軍隊をやめ四年間国有企業で働いた後に、国有企業から八五〇億ドルの融資を受け、一四人のスタッフとともに研究開発企業の創業を開始。九三年に新型交換機を完成して人民解放軍に納品の後、江沢民総書記の時代に政府からの援助、保護を得、巨大な国内市場を制覇した。二〇〇九年からの世界市場進出開始後は、一〇年で５Ｇ世界市場制覇を果たし、世界八〇ヵ国以上がファーウェイの５Ｇ通信システムを採用するに至っている。ファーウェイは中国政府との直接の関係を否定する複雑な従業員持ち株制度を採用する非上場企業で、詳細な財務報告の義務はなく、年間一五〇億ドルから二〇〇億ドルの研究費を投ずる。中国政府から一〇億ドル資金援助を受け、中国国家銀行から三〇〇億ドルも与信枠設定を得、英国のHSBCとの金融関係も強め、なおいくつかの基本的技術を米欧企業に依存するとはいえ、5G関連技術のほぼすべてを製造する世界唯一の統合一貫会社として、世界通信業界にゆるぎない地位を確立している。

ソ連崩壊後にロシアが経験した国有企業の経営混乱と米欧投資銀行仲介による叩き売り型の民営化と、その後のマフィア型新興財閥（オリガルヒ）による国際競争力なく硬化した企業経営のような事態（事実上の産業崩壊と停滞）だけは絶対に避けようとしてきた。中国政府は、経済金融化の推進者とし、巨大な金融権力を持つ米英金融コングロマリットの国内経済への進出は極力抑えてきた。二〇二〇年に入って、やっと「金融開放」に踏み切り始めたのである。

世銀が提供した中国経済の成長エンジンの設計図のもとに、米中相互依存を中軸に世界中のエネルギーを吸収して、ウォール街やワシントン政府の設計者・テクノクラートたちの予想をも超えて、中国は巨大帝国となった。「中国は確実に新自由主義と階級支配権力の再構築に向けて、中国的特性を持った形で漂流し始めたと結論づけることができよう。独裁的権威主義、ナショナリズムの高揚、帝国主義的気運の再興——極めて異なった方向からの流れではあるが——今や米国で強力に流布されているネオコンサーバティズムの潮流との合流を連想させる」と、現代の新自由主義研究者

のデヴィッド・ハーベイ教授も述べる。[★11]

★11 David Harvey, "*A Brief History of Neoliberalism*", Oxford University Press, 2015, P151.

二〇二〇年には、中国五〇〇社が米国五〇〇社と肩を並べ、世界で最も価値ある技術を持つ企業二〇社のうち、九社は中国に本社を置くようになるだろう。その新超大国は、覇権国家「中国の夢」（強中国的夢）に向かって、軍事力（高技術と軍事費）を強化し、国際機関での支配力を強め、国内での人権・民主化を抑圧する一方で、「一帯一路」という数十ヵ国でのインフラ投資を基軸とするアフロ・ユーラシア巨大経済圏形成に乗り出している。米国が撤退する分野へ進出するという形で「中国の秩序」（Pax Sinica）を築こうとしている。

李克強首相が二〇一五年に公表した「中国製造２０２５」は、①近代情報技術、②ロボットおよび自動工作機械、③航空機およびその部品、④船舶および船舶機器、⑤近代鉄道施設、⑥新エネルギー輸送機関、⑦発送電設備、⑧農業機械、⑨新素材、⑩医薬品および近代医療機器の一〇品目の開発生産に国家的スケールで取り組み、全ての分野で米日独の技術水準を上回って、二〇四八年までに世界一の技術超大国になるという国家目標に沿ったものである。覇権国にふさわしい中国の世界秩序構築、「一帯一路」にマーシャルプラン（一九四八～一九五一年）の八倍（現代ドル価格で）の予算を投じようとしてる。いずれも米国が撤退するか進出をためらっている分野、地域へ進出して中国独自のヘゲモニーを打ち立てようというものである。

中国の資本主義化で国有企業は民営化され、しかしその成長は米国を上回ることはないと目論んでいたワシントン―ウォール街の戸惑いが見られる。

第3節　巨大経済圏「一帯一路」と中国世界秩序

（1）米国の後退と中国のアフロ・ユーラシア進出

「一帯一路」（ＢＲＩ＝Belt and Road Initiative）は、米国主導の国際システムに代わる新たな世界秩序構築に向けた中国の国家戦略であると、北京の政治局の内部事情に通じた元ポルトガル外相のブルーノ・マカエスは、その著書“*Belt and Road : A Chinese World Order*”（『一帯一路――中国の世界秩序』）で明言している。近い将来、中国が強大な海軍力を確立して「アフリカの角」（ジブチ）やスマトラ海域に基地を構築してユーラシア大陸に加えてインド、パキスタンなどの人口密集地帯をも経済バリュー・チェーンに取り込み、英国、ポルトガルからスエズ運河を通ってニューデリー、マラッカ海峡に至る地帯をも包み込む秩序を構築するだろうというわけである。

習近平国家主席が米中による世界の二分割支配論を提案する前年に打ち出した中国の新世界秩序の一帯一路は、アジアと欧州そしてアフリカを、内陸の「シルクロード経済ベルト（The Silk Road

陸を包み込む中国の世界秩序・一帯一路

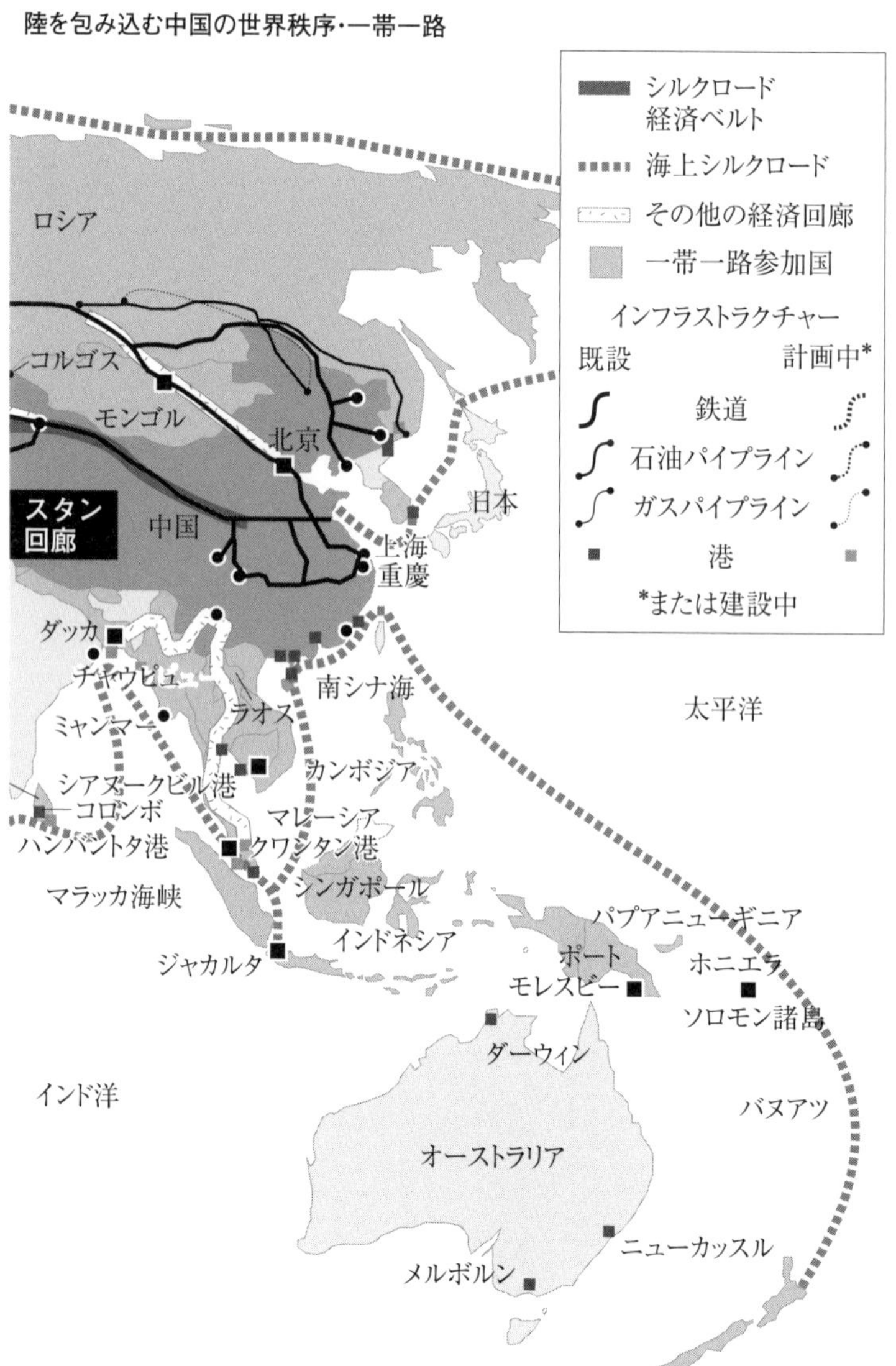

図2-6　アフロ・ユーラシア・スーパー大

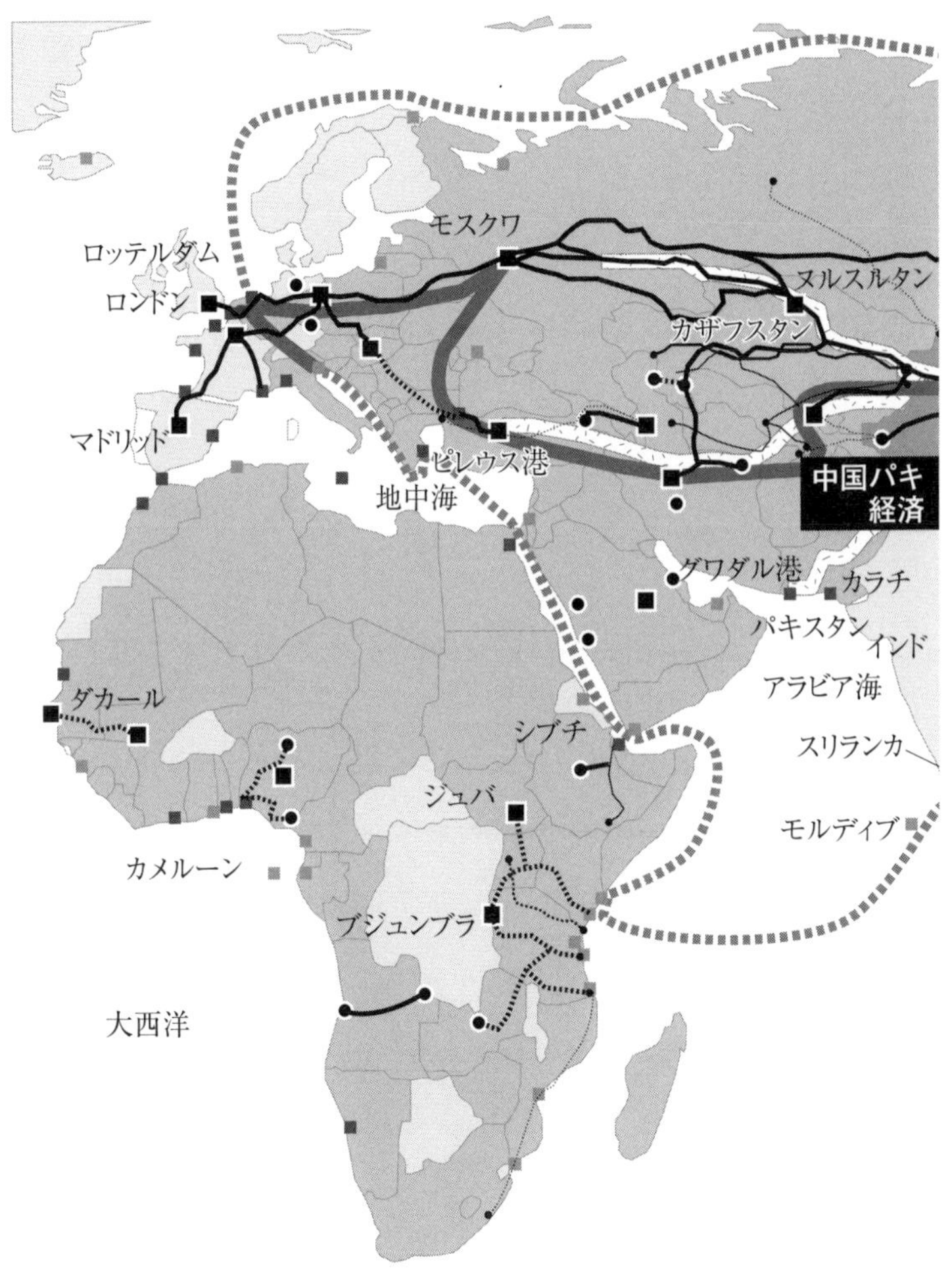

（原資料）Mercator Institute for China Studies; HKTDC Research; *The Economist*
（出所）"Special report China's Belt and Road", *The Economist* February 8th 2020, p4.

Economic Belt、一三年にカザフスタンの首都アスタナで発表）とアジア・太平洋—南シナ海からマラッカ海峡を経てインド洋、アラビア海、スエズ運河を通って欧州地中海、アフリカ東海岸を包む「二一世紀海上シルクロード」（The 21st Century Maritime Silkroad　同年インドネシアの首都ジャカルタで表明）で連結して巨大な経済圏を築くことを目指している[★12]（図2—6）。

★12　Editors Special Report. "China's Belt and Road" *The Economist*, February 8th 2020, p4.

具体的展開として道路、鉄道、港湾、発電所（ダム建設）、石油・ガスパイプライン、空港、スマートシティ、工業団地建設や鉱山開発で、中国を起点として、中央アジア、中東、アフリカ、欧州を結ぶネットワークの構築が進められている。

さらに、これら全ルートを「空のシルクロード」として、中国が米国を上回ったと自負する次世代通信規格の5Gデジタル通信ネットワークと通信衛星「北斗」による中国版GPS網で包み、加えて「海底のシルクロード」として中国の海底電線ネットワークを設置している。中国の「空中（海底）シルクロード」は米中のデジタル・インフラをめぐる覇権争いを激化させ、デジタル先端技術は容易に軍事用に転用されることから、両国の国家安全保障上の対立に波及し始めた（後述）。

一帯一路の巨大経済圏構想は、米国の死活的国家利益（vital national interest）の戦略的地政学的地域の西ヨーロッパ、中東、中央アジア、西南アジア（アフガニスタン）、東南アジアを包み込んでいる。北京中央の政策立案者と心を通じている前述ブルーノ・マカエス氏の著書によれば米国は、このユーラシアの戦略地点の戦略地帯では新たに戦略展開をする気配はなく、イラク、アフガニスタン、シリアなどからもいずれは軍隊を引き揚げ、遠距離操作型支配に切り替えるのではと読んでのことであるという。米国が後退した分野に進出して、米国と直接現地利権を奪い合うことなく「版図を略取」していこうというものである。★13

★13 *ibid.* p2.

一九年秋に米・イラン対決の際にも、ペルシャ湾で中・露とイラン海軍の合同演習を対立激化直前に断行しつつも、米・イラン対決には「中立」の姿勢で見守っている。その間にカザフスタンはじめ中央アジア諸国へ接近している。

(2) 中国を中軸にユーラシア大陸連携構築

一帯一路の中心は、中国が、冷戦期から続いている東西対立の「古き悪しき」イデオロギー・国境対立を超えて、リスボンから上海・ジャカルタ(さらにはシドニー)に続く統一したノースコンチネント＝ユーラシアの「新たな経済連携の構築」(the establishment of new economic links)を行うことであると中国政府はいう。カザフスタンをはじめとする中央アジア五ヵ国とは石油・ガスパイプラインで結合し関係強化、親米親露のインドと対立するパキスタンとの間には経済回廊(The China-Pakistan Economic Corridor、中国西部のカシュガルからカラチ、ラホール、ペシャワール、ガトワール＝アラビア海港)を二〇三〇年にかけて建設する。

米国が狙っていた中央アジア、南西アジアへ中国が進出することになる。アフガニスタンとイラク戦争で米国が介入し、真っ先に進出しようとした右の戦略地域は中国に先取りされることになる。一五年五月には王毅外相が、旧マーシャルプランの例と比較しつつ、一帯一路は「新たな国際協力の関係のモデルであり、滅びつつある西側の文明を救済したり再建しようとするものではなく、それは内向きの国際協力であり、地政学のツールでもなく冷戦的発想から論ずべきものでもない。中国の影響力の地域と範囲の広がりはワールドパワー（世界国家）になるための道程である」と主張している。[★14]米国との正面衝突を避け、中国の製品と資本の市場・原料獲得の拡大を目指すのである（表2―1）。

★14　*ibid.* p40.

中国は、イラン、イラク、サウジアラビアをはじめとする産油国にも接近し、原油輸入と武器輸出も進め、さらに一帯一路に参加しないインドとの貿易経済協力、資本進出も日米を上回る水準で関係を深めている。ドイツを中心とする欧州諸国とは、中国始発のユーラシア大陸国際貨物列車で連結し、欧州―中国の産業モデルチェーンを構築し、ＥＵ内での経済競争で出遅れて経済困難に陥っているギリシャ、イタリア、スペインの地中海諸国との関係を、港湾開発や産業協力を通して強化している。

巨大経済圏構想の先端を行くのが、中国の国有・国策企業である中国遠洋海運集団（コスコ・グループ）と清朝時代に設立の招商局などによる海外での港湾買収、出資、九九年租借の動きである。

表2-1　一帯一路沿岸諸国への中国企業の進出

買収・出資時期		中国企業	出資先の国・地域	投資額（億円）
①	2010年	招商局（香港）	ナイジェリア（ラゴス・ティンカン港）	170
②	11年	招商局	スリランカ（コロンボ港）	620
③	12年	招商局	トーゴ（ロメ港）	180
④	13年	招商局	フランス（港湾運営会社ターミナルリンク）	480
⑤		招商局	ジブチ（ジブチ港）	200
⑥	14年	招商局	豪州（ニューカッスル港）	1,300
⑦	15年	北部湾港（広西チワン族自治区）	マレーシア（クアンタン港）	不明
⑧		中遠海運（コスコ、上海）、招商局など	トルコ（クムポート港）	1,000
⑨		嵐橋集団（山東省）	豪州（ダーウィン港）	370
⑩	16年	コスコ	オランダ（ロッテルダム港）	150
⑪		コスコ、青島港	イタリア（バド港）	10
⑫		コスコ	ギリシャ（ピレウス港）	340
⑬		コスコ	アラブ首長国連邦（アブダビ・ハリファ港）	810
⑭		中投滙通（北京）	豪州（メルボルン港）	1,500
⑮		嵐橋	パナマ（マルガリータ島港）	不明
⑯	17年	招商局	スリランカ（ハンバントタ港）	1,100
⑰		北部湾港	ブルネイ（ムアラ港）	不明
⑱		コスコ	スペイン（港湾運営会社ノアトゥム）	240
⑲		コスコ	ベルギー（ゼーブルージュ港）	40
⑳		漢能控股（北京）など	アラブ首長国連邦（アブダビ・ハリファ港）	330
㉑	18年	招商局	ブラジル（パラナグア港）	1,000
㉒		招商局	豪州（ニューカッスル港）	450
㉓	19年5月	コスコ	ペルー（チャンカイ港）	250
㉔	11月	コスコ	ギリシャ（ピレウス港）	720
㉕		招商局	アジアや欧州でのその他の投資	1,050

（注）1元＝約15円、1香港ドル＝約14円、1ドル＝約110円、1ユーロ＝約120円、1豪ドル＝74円で換算

（出所）日本経済新聞　2019年12月27日付

一九年末までの過去一〇年間の投資先は、少なくとも一八ヵ国・二五案件（一兆二〇〇〇億円）ある。

一一年のスリランカ・コロンボ港、一三年フランス・港湾運営会社のターミナルリンク、「アフリカの角」のジブチ（商用港兼軍事基地）、一四年豪州・ニューカッスル港、一五年マレーシア・クアンタン港、トルコ・クムポート港、豪州・ダーウィン港、一六年オランダ・ロッテルダム港、イタリア・バト港、ギリシャ・ピレウス港、豪州・メルボルン港、一七年スリランカ・ハンバントタ港、スペイン・港湾運営会社ノアトゥム、ベルギー・ゼーブルージュ港、アラブ首長国連邦・アブダビ・ハルファ港、一八年ブラジル・パラナグア港、豪州・ニューカッスル港、一九年ペルー・チャンカイ港、ギリシャ・ピレウス港、パキスタン・グワダル港などが投資対象である。特に、豪州・ダーウィン港・九九年借用、スリランカのコロンボ港とハンバントタ港・九九年借用、パキスタン・グワダル港・九九年借用、東アフリカのジブチ・九九年借用は、太平洋、インド洋、中東（アラビア海）のハブ港をおさえるものだ。ミャンマーのチャウピュ港が中国側の指導下で、アフリカ、スエズ運河、地中海に至る水上要衝のハブ港としてギリシャ・ピレウス港と結びつけられよう。さらに、中国国策会社のコスコは、スペインのバレンシア港運営会社の株式（五一％）、同じくビルバオ港の同三九％、ベルギー・アントワープ港のゲイトウェイ・ターミナルの二〇％株式、同ゼーブルージュ港のＣＳＴターミナルの一〇〇％株式、オランダ・ロッテルダム港の運営会社の四七％株式を所有している。

さらに、石油・ガスパイプラインを主軸とする中国・パキスタン経済回廊（ウルムチ・カラチ・グワダル港）、中国・ミャンマー経済回廊（昆明（クンミン）―インド洋チャウピュ港）の建設計画が進行中であり、中国の石油・ガス輸入量の八割が、米国と西側同盟国が支配するマラッカ海峡を通過しなければいけない「マラッカ・ディレンマ」（Malacca strait dilemma）を脱しようとしている。

ユーラシア大陸（ロシア、カザフスタン）の油田、ガス田からの中国へのパイプラインによる輸送が拡大中で、カザフスタンのアティラウとアクタウから中国新疆（シンキョウ）ウイグル自治区のコルゴスへのパイプラインが完成し、上海まで伸びている。ロシアのイルクーツク・タイシェトから中国本土への石油・ガス輸入のパイプラインも経済ベルトの主柱である。

中国（北京、ハルビン、鄭州（ていしゅう））と欧州（ロッテルダム、ハンブルク、プラハ）を結ぶ鉄道は六〇路線近くに増加している。米ヒューレット・パッカード社は、重慶で製造して欧州で販売し、ＢＭＷは陸路で完成車を中国市場へ持ち込むというビジネス・パターンを完成させている。コルゴス―オランダの貨物輸送のビジネス・モデルができあがりつつある。

（3）パックス・シニカにはほど遠い

驚異的なスピードで順風満帆に見えた一帯一路だが、一九年四月から「中国の地域覇権」「中国の利益優先」への批判が起き始めた。陸上「シルクロード経済ベルト」を一三年四月に発したカザフスタン（アスタナ）で、「中国による地域覇権と周辺国に債務のワナ」の批判が持ち上がり始めた。中国の投資とインフラ整備を真っ先に受け容れ、中国と結ぶ石油パイプラインの建設も進めてきた中央アジア最大の資源国カザフスタンの独裁者ナザルバエフ大統領が政権を去り、大型プロジェクトによる環境汚染、土地値上がり、対中債務拡大への批判が強まり、デモが起き始めた。

注意深く見ると、東南アジアの一帯一路大型プロジェクトもカンボジアを除けば進行を止めている。マレーシアは、中国とのパイプライン計画（三〇億ドル）、高速鉄道計画（二〇億ドル）も中止。ラオスも高速鉄道計画を一時停止、ミャンマーはチャウピュ港湾計画の規模拡大中止を中国に要求、中国―パキスタン経済回廊計画（グワダル港、六六〇億ドル）も停止状態である。

スリランカのコロンボ港、ハンバントタ港、ギリシャのピレウス港を中国側が経営権を取得したが、これも「相手国に中国資本への依存状態をつくり出し、その弱点を活用して港湾インフラを取得し、軍事関連の権益を取得するという『債務要因のワナ』（debt-trap diplomacy）が広がっている」との批判が米欧で強まっている（右の三港に中国軍用船も寄港している）。

欧州でも進出批判は強まっており、ＥＵ二八ヵ国のうちハンガリーを除く二七ヵ国の在中国大使が、一帯一路につき「自由貿易を打破し、中国企業の利益のみを最優先」との報告書を提出した（上記の情報は、欧州で最も中国経済とのつながりの深いドイツからもたらされたといわれる[★15]）。

★15　James Kynge, "A tale of two horbours and worst of bold plan", *Financial Times*, September 26 2018.

二〇一八年秋の段階で、パキスタン、ラオス、スリランカ、モンテネグロ、モルディブ、キルギス、タジキスタン、モンゴルなどが、一帯一路にまつわる債務で債務不履行に陥ろうとしている。[★16]加えて、中国はベネズエラに五〇〇億ドルの債権がある。ただし、キューバ、ジンバブエ、カメルーンなど一六件は債務免除、支払い猶予はエチオピア、カザフスタンなど一一件、追加融資が四件ある。その意味で、まだ新植民地主義とは言い切れないとニューヨークタイムズは論じている。[★17]

★16 special report China's Belt and Road, *The Economist*, February 8 2020, p8.

★17 James A. Millward, "Is China's Silk Road project the new colonialism ?", *The New York Times*, March 5-6 2018.

（4）カール・シュミット理論の地政学

一帯一路戦略推進によって中国はアフロ・ユーラシア・スーパー大陸の中心国となって「中国の夢」＝「強中国的夢」を構築し始めた。「（軍事大国化を伴う）中国の強烈なナショナリズムは今や世界的な問題」と英エコノミスト誌が指摘するように、巨大な生産力（軍事力）を背景に、「帝国」（スーパーパワー）の秩序を、冷戦後のパックス・アメリカーナの世界秩序のなかに構築しつつある。[★18]それは一九七二年にソ連を米中両国「共通の敵」として米中和解を実現したカール・シュミット（一八八八～一九八五年）の「大国間パワーポリティクス」の世界観の継続のなかに基本理念を置く地政学の展開でもある。

★18　Editor, "Chaguan--Reasons to be fearful : China would seek to become a great militarypower", *The Economist*, October 5 2019.

（注）カール・シュミットの帝国主義のパワーポリティクスに関する著作「政治主義的たるものの概念」（Der Begriff des Pollischen）のなかでヨゼフ・シュンペーターの「経済帝国主義の平和理論」＝「帝国主義の社会学」（soziologie Imperialismus）を否定して、「経済に底礎された帝国主義は当然のことながら、信用封鎖、原料封鎖、外国通貨の信用破壊のごとき経済的権力手段を思うように使うことができ、かつ、それで万事事足りうるよう地上の状態をもたらそうと努めるだろう。一国民もしくは他の人間集団が、この『平和的』方法の作用から逃れようとすると、それを経済外的暴力と見なすであろう」と述べている。★19

★19　Carl Schmit, "Der Begriff des Pollischen"『カール・シュミット著作集　1　1922～1934』（長尾龍一編、慈学社出版、二〇〇七年）三〇一～三〇二ページ（菅野喜八郎訳）。

さらに、戦後のシュミットの著作は「大地のノモス」はじめ五三の論文で、帝国の植民地プログラム（領土略取 Landnemen 海洋収奪 seenohmen そして産業略取 industrienohmen）と同時に現代戦争機能の変化――経済制裁、関税戦争、金融通貨戦争をあげ、「帝国主義の平和」の政治学を別の手段による戦争の継続、展開と見ている。

一九二〇年代はワイマール憲法を礼賛し、しかしヒトラー政権下ではドイツの膨張政策「大圏域秩序」の理論家となってナチスに協力したカール・シュミットは、戦後「奇蹟の復活」を遂げた。

その理論は、第二次世界大戦後の世界で欧州統合化、米国世界秩序など現代の大国支配理論のゲオポリティクスの土台をなし、「驚くべきシュミット・ブーム」が一九六〇年代、七〇年代、八〇年代、九〇年代、そして二〇〇〇年代と、一〇年ごとに膨張している。マイケル・クレア氏によればゲオポリティクス（ゲオポリティクス競争）というのは、強大な列強間では地理的戦略的拠点（港湾、海峡、運河、河川システム、オフショアその他）、富の主要集合拠点が世界政治、特に紛争時において一九世紀末から二〇世紀にかけて活動要因になってきた。[★20] 中国の南シナ海島嶼(とうしょ)の軍事拠点化もこれに入る。

★20 Michael Klare, "Pax Americana: exposing the American empire", *Monthry Review Press* edited by John Bellamy and Robert W. McCherney.

「一帯一路」の「二一世紀海上シルクロード」は米海軍の軍人で歴史家のアルフレッド・セイヤー・マハン（Alfred Thayer Mahan　一八四〇～一九一四年）の大英帝国―世界最大の海洋帝国の歴史的分析から生まれたシーパワー概念を範としており、海のシルクロードを守るために制海権の確立が必要との理論を生み出している。何にも先がけて、中国の大型コンテナ船や空母「遼寧(りょうねい)」の運航と寄港場所を求めるポート・ベンチャーが開始された。

「広大な土地と資源を支配する大陸国家のランドパワーが有利と主張した現代地政学の開祖・英国の地理学者ハルフォード・ジョン・マッキンダー（Sir Halford John Mackinder　一八六一～一九四七年）のハートランド理論は、「シルクロード・経済ベルト」の規範となっていると思われる（マ

図2-7　第2次世界大戦後からのアメリカ世界戦略の地政学地図
（ニコラス・スパイクマン、ジョージ・ケナン、ハンズ・モーゲンソーなどパワーポリティクスに基づく）

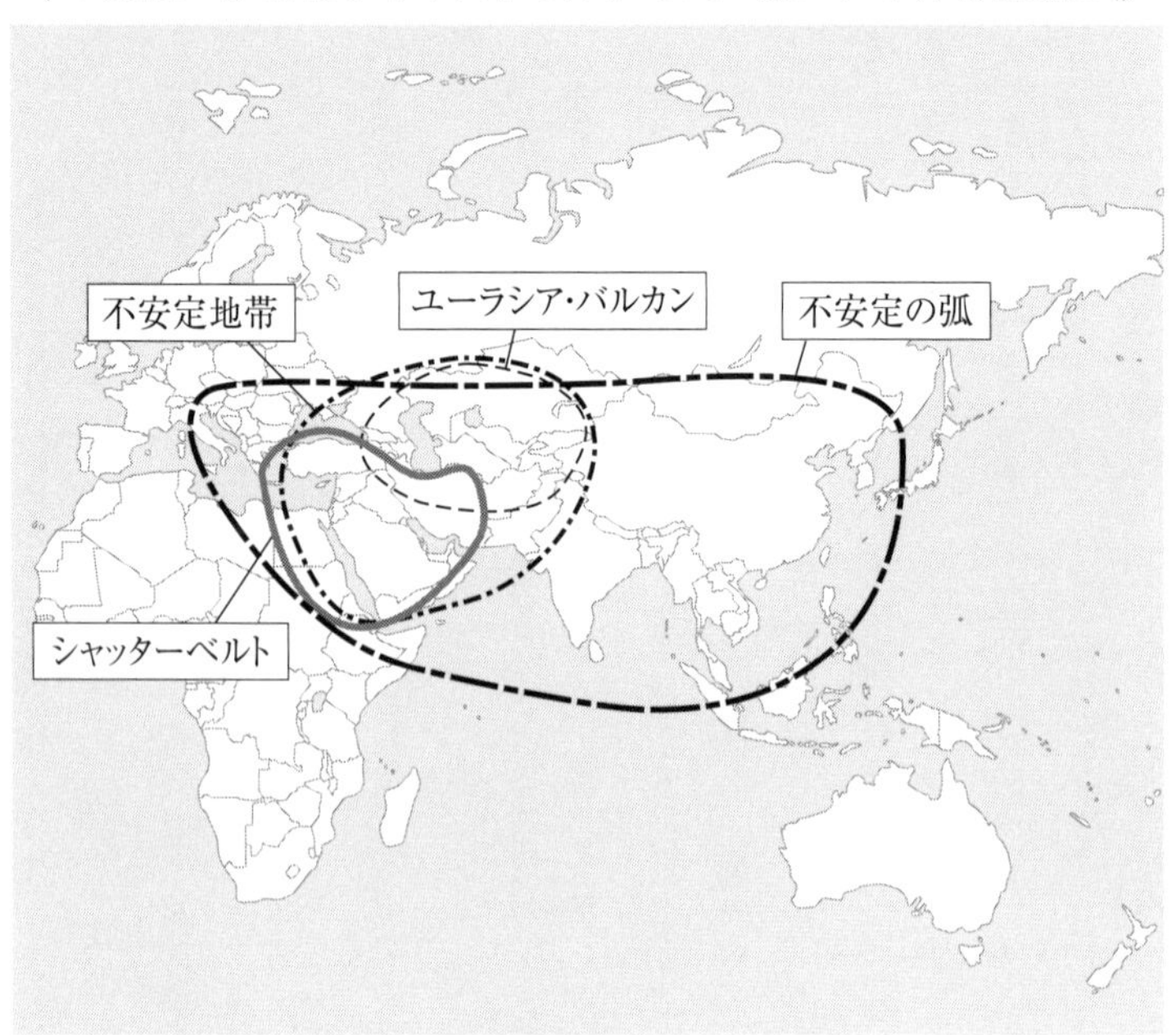

（出所）ニコラス・スパイクマン『平和の地政学』（The Geography of the Peace）
奥山真司訳、144ページ、芙蓉書房出版

ッキンダーは、第一次世界大戦をドイツのランドパワーが、米英のシーパワーに対抗したと分析）。

米国の政治学者、地政学者で第二次世界大戦後の米国の世界戦略の基礎を築いたニコラス・スパイクマン（Nicholas J. Spykman　一八九三～一九四三年）は、海と陸が交差するユーラシア大陸の沿岸（運河）の戦略地帯をリムランドと呼び、彼の死後、在職校イェール大学国際学部で、その後エアパワーを加えて新リムランド理論として、第二世界大戦後、冷戦期以後の国家安全保障の基盤となり、ハートランドに位置するソ連に対抗する理論的インフラ（冷戦構造）形成へと引き継がれた。

ジョージ・ケナンの「ソ連封じ込め」「中国封じ込め」の理論やブレジンスキー父子の「危機の弧」（Arc of Crisis）、「ユーラシア・バルカン不安定地帯」（Eurasia Balkan & Zone of Instability）、地理学者サウル・コーヘンの「シャッター・ベルト」（Shatter Belt）、そして近年の米国戦略文書に出る「不安定の弧」（Arc of Instability）の戦略構図も生み出された（図2—7）。アイゼンハワー・ドクトリン、トルーマン・ドクトリン、カーター・ドクトリンなどの政治（経済）、外交宣言の源ともなった。

米英が海上帝国を形成して世界制覇をなしとげた歴史に学びつつ作成された「一帯一路イニシアティブ」は、シーパワー、ハイランドパワー、そしてリムランドの理論を総合・吸収して中国の地政学として練り上げられた経済圏構想となっている（図2—6と図2—7の相似性に注目）。加えてこの経済圏は、いまのところ軍事基地網こそ持たないが、海底光ケーブルとGPS、5Gネットワークで結ばれた、約七〇億ドルを投じたデジタル・シルクロードを形成する。習近平国家主席は一九年の第二回BRIフォーラムで「中国はサイバー・スーパーパワーになる」と述べ米欧諸国を驚かせている。[★21]

★21　*The Economist*, op. cit. p10.

第4節　多国籍企業と米中経済分断

（1）中国経済から離れられない多国籍企業

米国多国籍企業の最高指導者たちは、中国における生産拡大で高収益を確保し続けてきた一九九〇年代から二〇一〇年代の「中国市場への展開の時代」へ、米中貿易摩擦以後に帰ることはもはやないのではと恐れ始めている。トランプ政権の首脳部は米中貿易摩擦は、貿易赤字問題をはるかに越えて、中国の経常収支が、二〇年に四〇〇億ドル強、二一年に二〇〇億ドル強、二三年に六〇〇億ドル赤字（ＩＭＦ予測）に後退した後も、経済、技術軍事へと広がりを見せ、今後数十年は続き、「世界を分断する文明の衝突の始まり」と考えているという。

ＩＢＭ、ＧＥ、ボーイング、インテル、デュポンダウのような業務効率を高度に最適化し、きわめて高度かつ複雑な組織を誇る優良な多国籍企業ほど中国依存が深く好調な利益をあげてきた。中国で生産した製品を欧米で販売し、香港、ダブリン、ケイマン諸島、バミューダ、バハマなどのようなタックスヘイブン（租税回避地）で富を蓄積するビジネスモデルを構築してきたおかげである。★22

★22　Rana Foroohar, "Margins are going to be squeezed", *Financial Times* March 2, 2020.

だが、この多国籍生産マシーンは、中国での米日欧企業生産品の大量対米輸出によって米国側の大幅赤字をもたらした。さらに新型コロナウイルス問題は、多国籍企業の複雑な組織構造につきものの脆弱性（ぜいじゃくせい）をいっそう明らかにした。

コストが安ければどんなものでも中国はじめ海外生産に切り替えていくという事業モデル変革で米国内生産力を弱めてきた。米国最大の資産運用金融会社のブラックロックのチーフ投資ストラテジストのマイク・パイル氏は、「効率性では劣るものの耐久性では勝るサプライチェーン」の必要性を力説している。

新型コロナウイルス問題が一段落すれば、国際的な相互依存の解消や脱グローバル化の潮流は勢いを増すと考えられる。際限なきグローバル化から手をひけば、企業にとっては長期的にはメリットはあるだろう。だが、中短期的には企業の負担は高まる。中国で生産をやめたからといって、ベトナムやインドネシア、インドに生産をただちに移すことは不可能である。

米中分断の動きが強まり、中国から生産拠点を移す場合、多国籍企業は労働力や生産性、輸出面での割高な選択をせざるを得なくなる。「米中ビジネス・カウンスル」（美中貿易全国委員会）の二〇一八年調査では、「九〇%の米国企業にとって中国は最上の市場であり、来るべき将来に向け、ほとんどの企業が中国への関与を深めようとしている」（図2―8も参照）として、「もし米中緊張関係が米国企業の対中アクセスに影響をもたらしたり、中国に代わるサプライチェーンがより効率

図2-8　米国の中国事業は97%が黒字

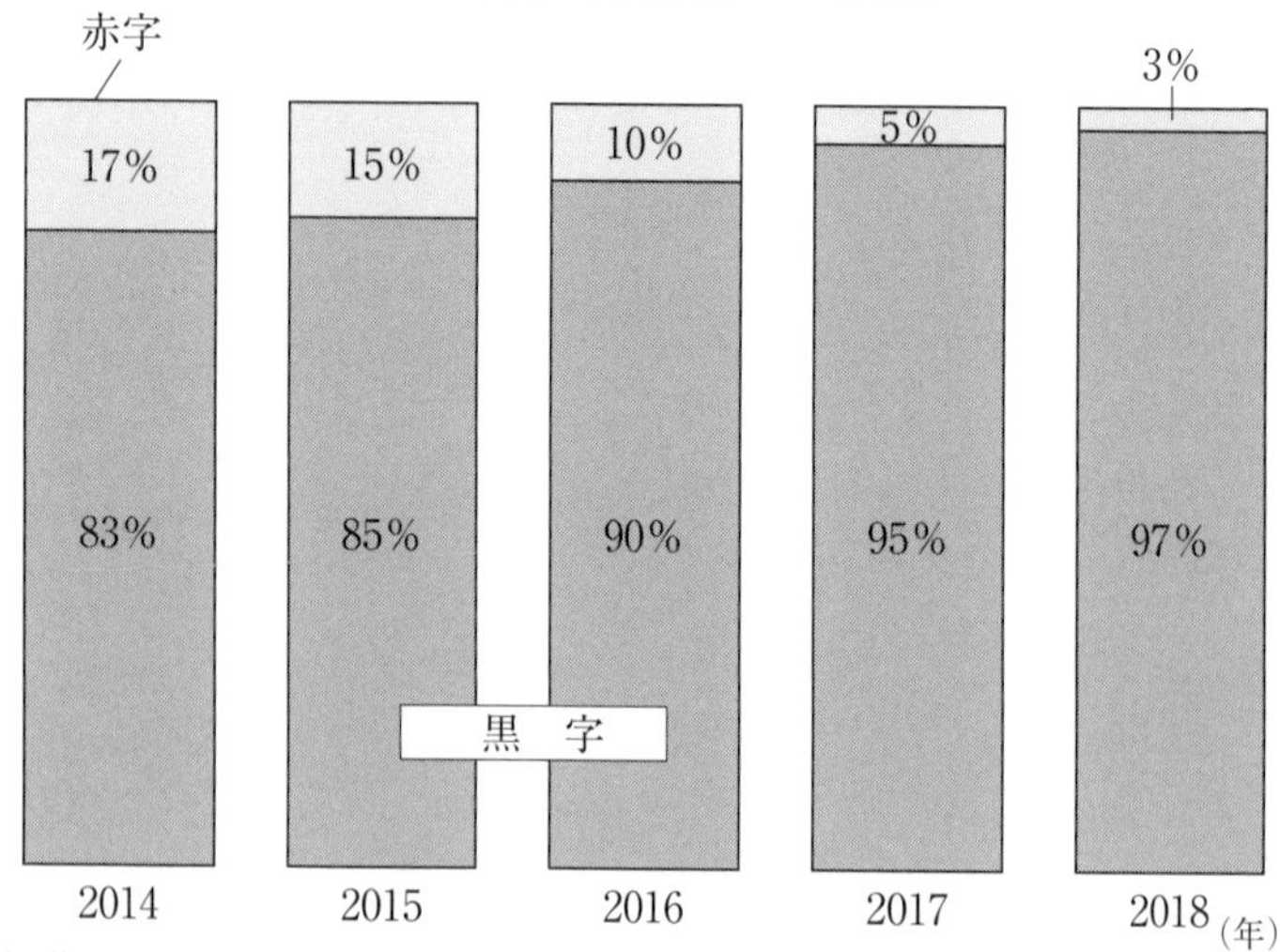

（出所）US-China Business Council, 2018 Member Survey

図2-9　米国企業が中国への投資を過去に中止した理由

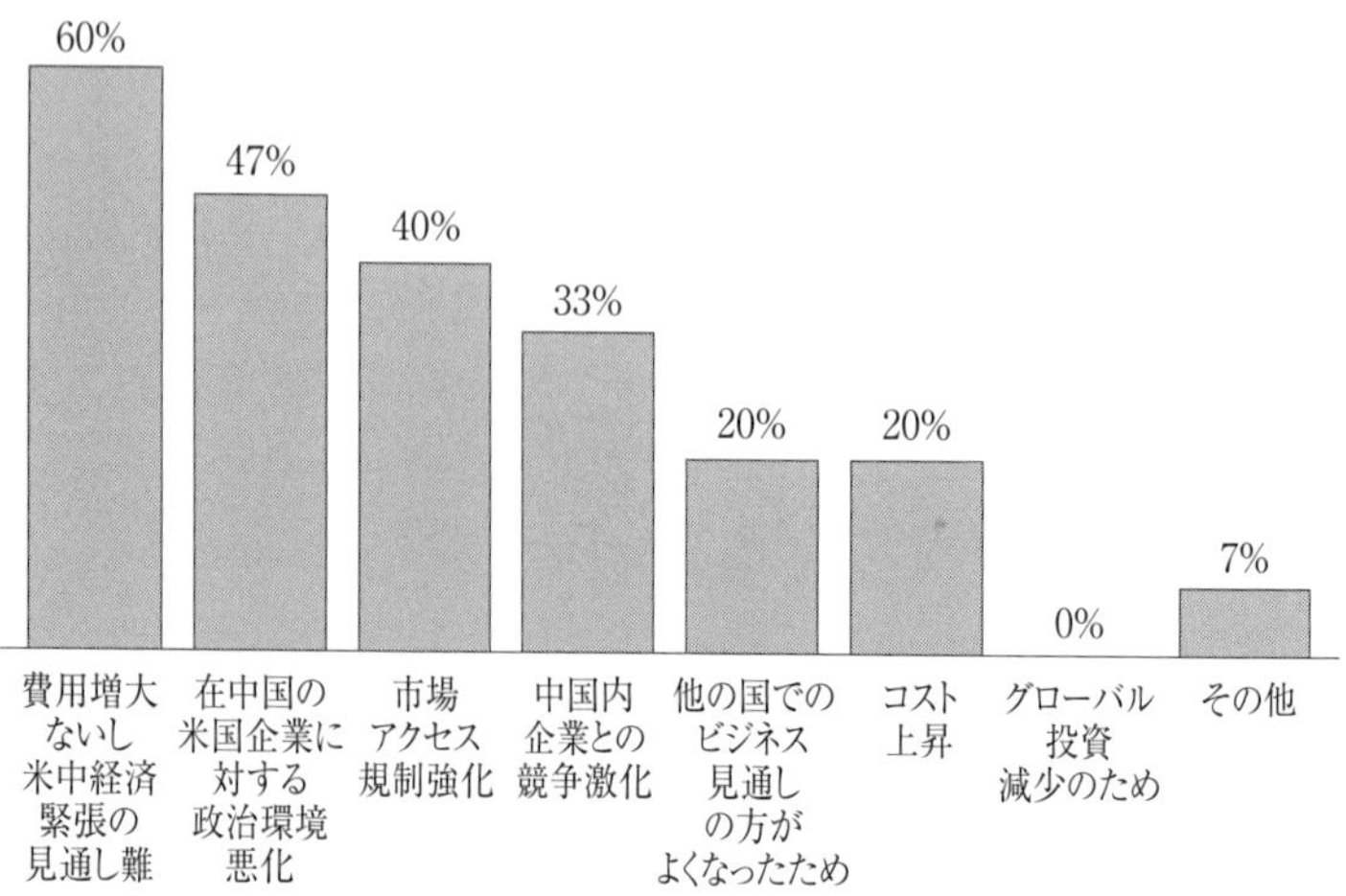

（出所）US-China Business Council, 2019 Member Survey, p11.

的だと判断すれば、他の市場へ投資を振り替えることになろう。もっともそのような挑戦に当面する確率は少ないであろうが」と述べている。★23

★23　US-China Business Coucil, "*2018 Member Survey-Exective Summary*", June 2019, p2.

同じく「米中ビジネス・カウンスル」一九年八月調査によれば、一九年に入って営業利益率が増大していると答えた企業は九七％（一八年九七％、一五年八五％）、増大していないと答えた企業が三％（一八年三％、一五年一五％）であるが、五年先の中国でのビジネス環境について「楽観的」と答えた企業の割合は二二％（一八年三三％、一五年二四％）で、「悲観的」と答えた割合は一三％（同九％、七％）であった。ただし、米国企業が中国への投資を中止した例もあり、六〇％が「費用増大ないし米中経済緊張の見通し難」、四七％が「在中国の米国企業に対する政治環境悪化」、四〇％が「市場アクセス規制強化」、三三％が「中国内企業との競争激化」を理由に挙げるなど、米中対立による投資環境悪化を反映している（図2―9）。

そして、中国経済から撤収せざるを得なくなった場合、米国へ生産移転すると答えた企業の一九年の割合は八七％（一八年九〇％、一五年八八％）で、米国以外と答えた企業が一〇％（一八年六％、一五年七％）、どこへも移転しないと答えた企業が一九年・三％（一八年四％、一五年五％）となっている★24（図2―10）。

★24　US-China Business Coucil, August 2019, *Member Survey*, pp8,10.

ＧＭやアップルのように中国から離れられない多国籍企業（ＧＭはインド、タイの子会社を中国の

図2-10　米国企業の中国からの工場撤退ないし同計画の移転先

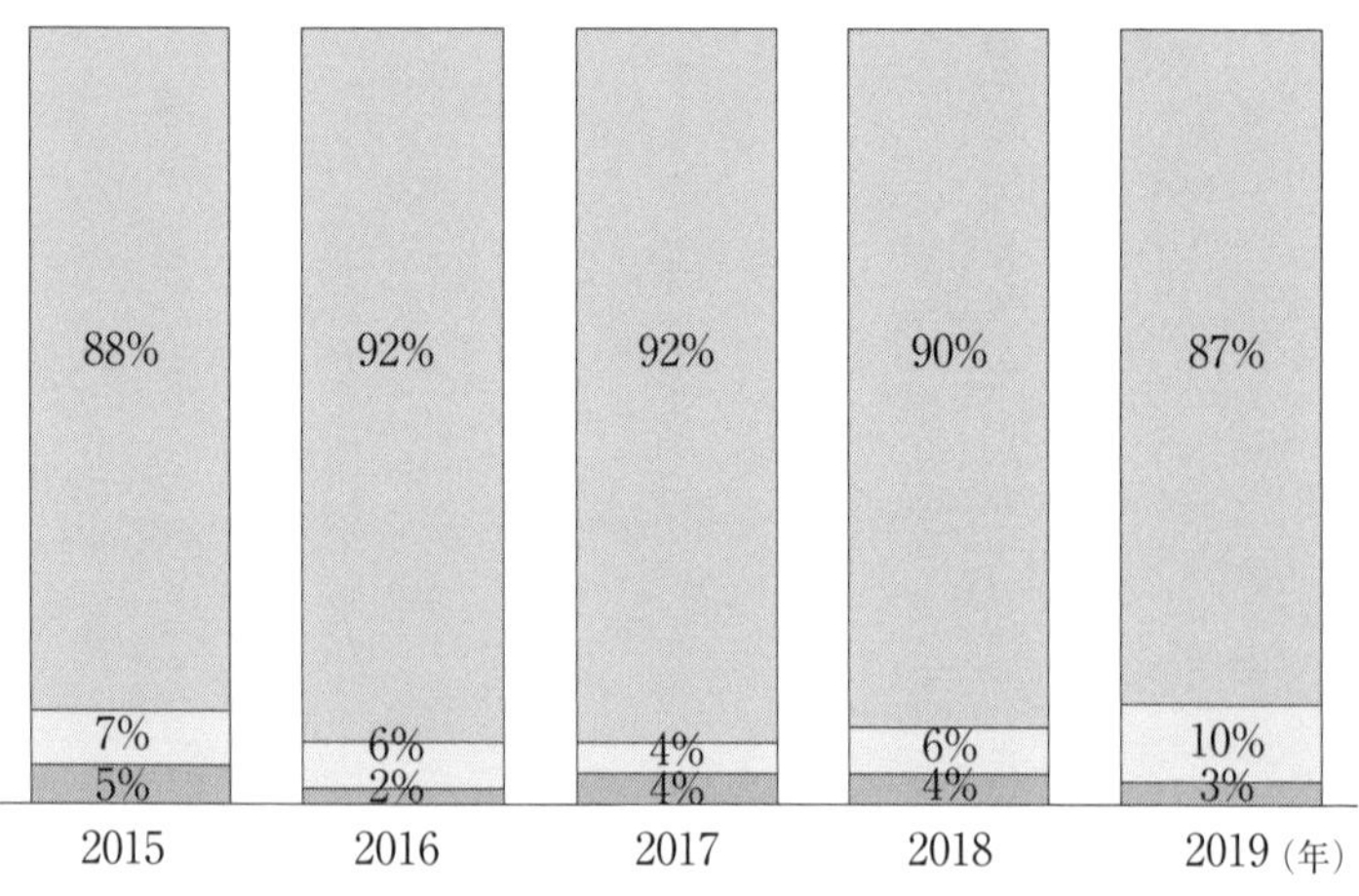

米国へ回帰　米国以外の国へ移転　中国から撤退しない

（出所）US-China Business Council, 2019 Member Survey, p10.

長城汽車に売却、豪州での生産も停止、中国〔韓国〕にアジアでの生産を集中）も多くあり、テスラ、アマゾン、マイクロソフトやウォール街の巨大金融機関（ブラックロック、ブラック・ストーン、モルガン・スタンレー、JPモルガン・チェース）はこれから中国へ本格進出しようとしている。

米国のビッグビジネスにとって、中国へ投資し中国で生産し、米欧市場で製品を売り、利益をケイマン諸島その他のタックス・ヘイブンに蓄積し、さらに再投資を繰り返すという二一世紀の安定的・高収益率のビジネス・パターンを、ディカップリングによって失うことは、重大な打撃となる。

中国銀行保険監督管理委員会の郭樹清主席は、「米国の輸入企業と多国籍企業の手の中にある貿易収支の圧倒的部分は利益であり、米国の対

図2-11　中国へ投資する現在と将来の目的

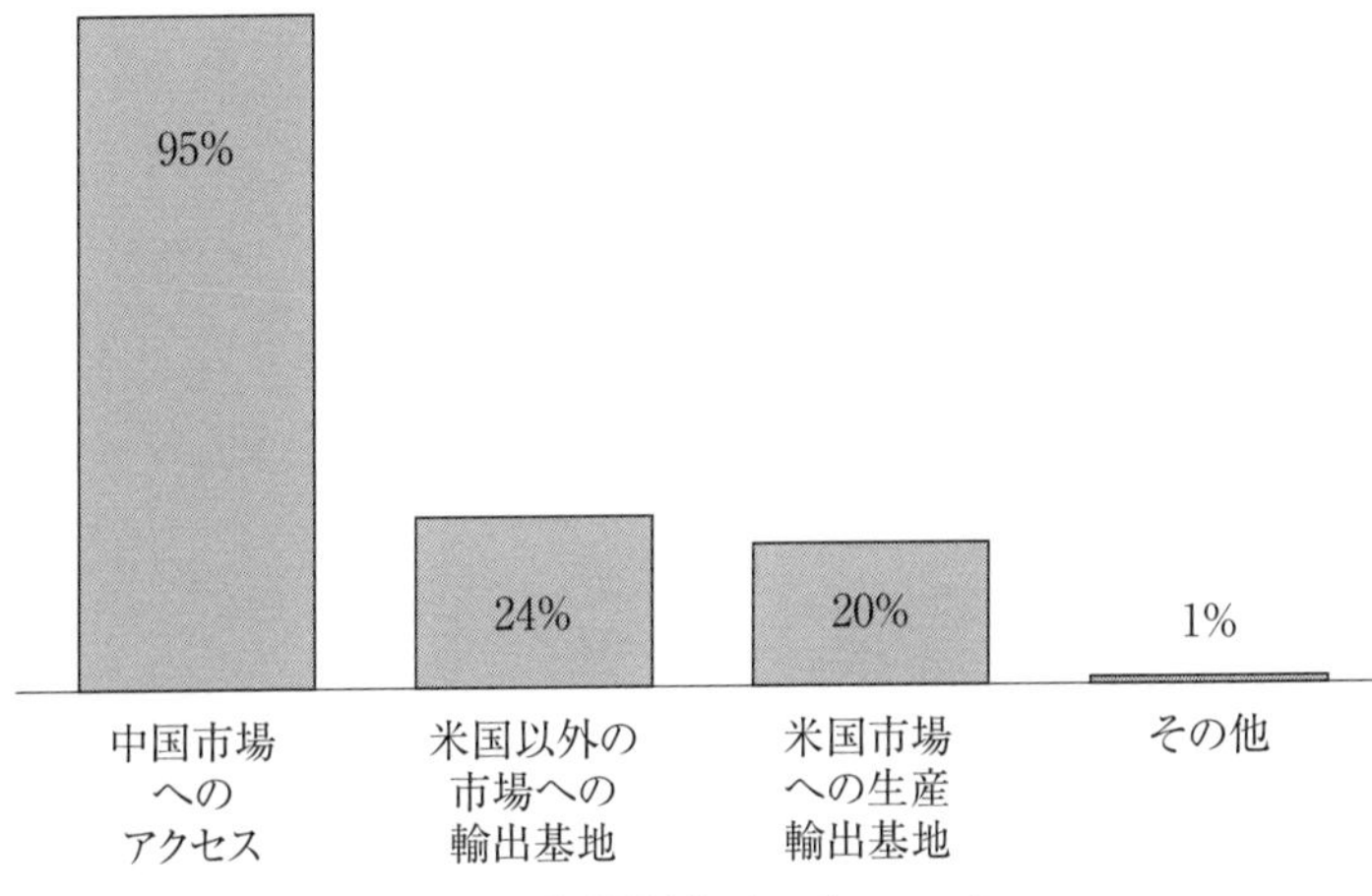

（出所）US-China Business Council, 2019 Member Survey, p9.

中国製品物資貿易赤字は、六〇％近くが外資系企業によって生み出されている。そのうちかなりの部分を、米国巨大資本が占める。その製品を販売することで、最終的に米国企業の収益が生まれる。米国資本企業の海外市場での売上総額の増加分のうちの三分の一は、中国市場によるもの」と指摘している。つまり、米国企業が中国を離れられない原因は、(1)中国の製造企業が供給チェーンと産業チェーンにおいて高度の生産能力を備えていること、(2)中国の消費市場が二〇三〇年には一四兆三〇〇〇億ドル（世界全体の二二％）にまで拡大（ブルッキングス研究所予測）するためだという。[★25] 米多国籍企業は中国との経済分断・ディカップリングなどできないという確信を示している。「中国へ投資する現在と将来の目的」に関する調査では、「中国市場へのアクセス」が九五％、「米国以外の市場への輸出基地」が二四％、「米国市場への生産輸出基地」が二〇％であった（図2―11）。そして今後五年間を見通しての問題点は、七四％が「中国政府の規制とビジネス環境」で、「米中貿易摩擦」は八％にすぎなかった（出典は図2―11などと同じ）。

★25　夏賓、王恩博「中国は米企業にとって離れたくない離れられない市場」、人民日報海外版日本月刊、二〇一九年一〇月二五日付。

（2）米国製造業の国際競争力回復こそ

米中関係は今や世界秩序の中軸だが、トランプ政権は、中国との関係を大きく変えようとしている。中国は単に経済的ライバルだけでなくテクノロジー・軍事・地政学の面からも、世界の覇権国としての米国の地位を脅かす存在としての認識を深めつつある。中国は経済、軍事、外交でも攻撃的になっており、米中の対立は深まり続けようとしている。

米国軍産複合体の代表で大統領直属の国家通商会議議長のピーター・ナバロ大統領補佐官は、「米国の国家安全保障の重大かつ増大するリスクは、戦略的核心部門を中国に依存していることだ」と主張し、「米国企業は半導体や工作機械、爆発システムや核弾頭の材料までその『外国』に依拠していること」と述べる。[★26] 米航空宇宙・軍需事業の四次・五次下請け部品の六割、リチウム資源などのレアアースやレアメタルの八割近くを中国に依存しているという事実を指摘する。ＡＩロボット兵士のソフト開発と設計、試作製作は米国でできても量産段階では戦略的競争者の中国に依存せざるを得ないというのである。

★26　Robert Navaro, "America's millitary-industrial base at risk", *The New York Times*, Octber 6-7, 2018.

米国政府は米中貿易摩擦のなかで、極超音速ミサイルはじめEVやスマートフォン製造に不可欠のリチウム資源生産で日米豪開発生産で協力する方針を打ち出した。新型コロナウイルス肺炎が、中国一国集中依存のリスクをいっそう浮き彫りにしたという面もある。

米中経済のディカップリングは、やむを得ぬ傾向としてエスタブリッシュメント企業も受け容れ始めている。だが、中国依存を強めた米国のビッグビジネスが利益減を補塡(ほてん)するには、トランプ政権下で軍事ケインズ主義や株価至上主義政策によって気力と体力を失った米国企業の国際競争力と指導性の回復が第一に求められる。

中国との5G競争でパニックに陥ったトランプ政権は中国・ファーウェイ（華為技術）に対するバッシングを開始し、米中経済戦争の範囲を超えて大統領までが先頭に立って、ファーウェイ抹殺を開始した。しかるに、英独仏そしてスイスは一九年末に相次いで同社の研究拠点や新工場を設けることで合意し、欧州、アジア各国通信大手も通信機器全国採用を決めた（ファーウェイ社の5G分野での商業契約は九一件で、うち四七件が欧州）。第1章でも述べたように、米国内からも「中国ハイテク禁止は米国業界を後退させる」との非難が起き始めた。[★27]ファーウェイは、IBM、ヤフーなど米国企業の特許購入の最大手で、米国最高の技術者の転職を受け入れている。

★27　Catherine Chen, "America needs Huawei", *The New York Times*, May 20, 2019.

米国においては、ファーウェイに対抗できるメーカーは、シスコシステムズ（ファーウェイ社が特許侵害したといわれる）だが、その研究開発費は前者の三分の一強でしかない。ファーウェイは、二一世紀初めまでは、日米欧メーカーの技術を模倣し低価格で開発生産する企業だったが、二〇一〇年には移動通信の世界トップレベルに躍り出て、ＩＢＭの経営ノウハウを学んで研究開発型グローバル企業に変身した。二〇一八年には、中国はじめ日米欧など世界全体で一八万人の技術労働者を抱え、うち四五％が研究開発スタッフで、事業収入は一七〇ヵ国で一〇五七億ドル、Ｒ＆Ｄ投資額はその一五％強の約一六〇億ドルと見られ、半導体、５Ｇ通信、ＡＩ開発に投じられる。インテル、クアルコムなど米半導体業界全体の研究開発投資を一社で上回る。Ｒ＆Ｄ投資で対抗できるのはアップル、グーグルの二社のみである。

ファーウェイはまた、空港システム、鉄道、地下鉄運行、電力系統運用、再生エネルギー管理、スマート・シティ、スマート・メディア（テレビとウェブ、印刷の統合体）も、かつてはＩＢＭが制していた社会インフラ運用システムも、その実力で世界市場のトップに昇りつめた。設計、ハードウェア、ソフトウェア、システム構造のアーキテクチャーまで手掛ける。

これに対して、ＩＢＭ、ＧＥ、シスコシステムズ、ヒューレット・パッカードはじめ、米国製造業のエスタブリッシュメント企業は、顧客を囲い込む高収益のサービス部門に集中し、モノづくりのハード部門は主として中国企業等へ生産委託する。価格競争では中国製品にとうていかなわない。

それでも、ファーウェイの5G世界制覇に対して、米国政府主導の下でシスコシステムズ、クアルコム、ヒューレット・パッカード、インテル、AT&T、ベライゾンに日本のNECやNTT、欧州のノキアが加わって、5Gネットワークの高度化で対抗しようとしている。[★28] だが、同盟者の日本企業は米国企業の気力と活力に不満であるといわれる。

★28 Thomas J. Duesterberg, "There Is a Better Alternative to Huawei", *The Wall Street Journal*, February 6, 2020.

第5節　ディカップリングと米国資本主義の再生

(1) 金融化した米企業の活力低下

「このような状況では、米国の経済的優位や国の安全に長期的な脅威を及ぼす」と、米中経済安全保障調査会のパトリック・ムロイ会長は言う。一九五七年にソ連が打ち上げたスプートニク人工衛星で追い越された米国が、政府の工学と科学教育への投資、民間セクターの革新を促したように、民間と公共の協力で米国の研究開発力を向上させるべきだという意見書は、多くのシンクタンクか

ら表明されている。しかしビジネス界の反応は鈍い。[★29]

★29 Michael Pillsbury, *"The Hundred-year Marathon : China's secret strategy to replace America as the global superpower"*, 2015, p217, Henry Holt and Company, LLC, New York.

ボーイングやGE、IBMはじめエスタブリッシュメント企業は、R&D投資より自社株買いに多額を投ずる内向き経営であり、アップル、シスコシステムズの高級技術者・研究者の七割以上が、中国人はじめ外国人によって占められている（他方、ファーウェイの三〇名の最高技術者、研究者のうち、一七名が北米人の転職組である）。

米国経済は（特権的金融階層や巨大企業が過剰に利益を搾取・横取りする）「レンティア資本主義」（rentier capitalism）へと変質している。加えて、共同すべき同盟として信頼も低下していると、マーチン・ウルフ＝フィナンシャル・タイムズ紙の主任エコノミクス・コメンテーターも言う。[★30]

★30 Martin Wolf, "How the US should deal with China", *Financial Times*, November 13, 2019.

ゴールドマン・サックス社の連銀データ分析によれば、二一世紀に入ってから経営最高責任者（CEO）の常習政策は、自社株買いによって株価をつり上げつつ利益を積み増すことであった。二〇一一～一九年の八年間の自社株買い総額は三・八兆ドルで、全米の個人・機関投資家（個人投資家、ミューチュアルファンド、ペンションファンド、外国投資家）の株式投資組を上回っていた。一八年の医薬国際資本メルクの例を取るとR&Dへの投資が一〇〇億ドルだったのに対し、自社株買いと配当金額が一四〇億ドルだった。[★31]

★31　Jerry Useem, "The stock-buyback swindle", *The Atlantic*, August 2019, pp. 27,28.

米中経済貿易摩擦が激化し、中国新興大企業の台頭が問題視される中にあっても、一九年の米企業は自社株買いによる株主還元への傾斜を強めていた。トランプ政権の税制改革（企業減税）で、米国経済が拡大を続け、企業の手持ち資金が増し、設備やR&D投資に税制の利点があるにもかかわらず、米中対立による将来への悲観的見通しから、企業成長・国際競争力を底上げする設備投資は加速どころか減速した（一九年）。

一九年に入って、アップルやシスコシステムズなど米IT大手企業も、進行中の自社株買い計画を増額する動きすら示した。アップルは一八年五月に過去最大とされる一〇〇〇億ドル購入枠を設定し、一九年四月にはさらに七五〇億ドルを増額設定した。シスコシステムズは、一九年二月に既存の買い入れ枠を一五〇億ドルから二四〇億ドルへ拡大した。

前述のごとく、中国五〇〇社に追いかけられている米国主要五〇〇社の一八年純利益は、トランプ政権による法人税引き下げで約二割の増加となり、さらに海外に蓄積した資金の米本国への還流には一回限りで低い税率が課されることになり、株主還元の自社株買いを促進した。ゴールドマン・サックス社の概算では、一九年主要五〇〇社の自社株買いと配当金合計額は、一兆四五〇〇億ドルで企業の資金用途に占める割合が、〇七年以降で最大になるとしていた。米国株式市場における最大の買い手は、企業の自社株買いとなる。

さらに、企業のM&A（買収・合併）においても、一九年の米国M&Aの上位グループは同業同士の統合化が多く、新成長分野の開拓という成長・拡張戦略よりも、競争激化や景気減速に備えた「守り」「内向き」の企業戦略である。トランプ政権の税制改革は、米国経済の成長の決め手となるとされていたが、同じ政権がのめり込む対中「貿易戦争」で、米国大企業は将来を悲観して「守りの戦略」＝自社株買いに走っている。リスクを伴う長期戦略を縮小、中国経済との分断に備え、新たなサプライチェーンを築く気力も失せる。

最大の製造企業・多国籍企業であるボーイング社の場合、一三年から一九年の六年間での自社株買いは四三四億ドルで、民間機の研究開発費一五七億ドルをはるかに上回っていた。同社は、737マックス機の連続墜落事故（一八年一〇月、一九年三月）にも本気で対応しないまま事故の二カ月後にも二〇〇億ドルの自社株買いを追加決定していた。

ボーイング社はそれ以前からの軍用機への重点移行、連邦航空運輸当局をも支配下においての安全性軽視、株主利益第一主義に、新型コロナウイルス肺炎の世界的大流行が加わって、経営は大打撃を受け、「事実上の倒産」と評価され、政府資金三〇〇億ドルの救済管理下で危険をしのぐこととなった。[★32]

★32　Dan Catchpole, “Boing’s Long Descent : if you cut R&D, give cash to shareholders”, *Fortune*, February, 2020, p27.

(2) 金融と通信の米中分断は可能か

トランプ政権は、金融、通貨、情報の米中分断を考えるかもしれない。だが、国境を越える銀行取引、オンラインショッピング、ビッグデータが二分されれば、米国ハイテクはじめ大企業の株式評価も二分され、米国金融経済は同盟諸国からも孤立することになる。

ウォール街のマネーセンター、銀行と財務省は、中国とのドル結合を安定の条件としており、中国政府もまた、米ドルをはじめ外資導入の門戸を開き、米欧日金融機関と中国企業との資本的結合を高度化しようとしている。

中国の外貨準備の六割は、米国、欧州、日本の国債等に投資され「一帯一路」の開発案件も圧倒的にドル資金で手当てしている中国政府だが、「経済を武器に換えて」攻撃するトランプ政権による制裁攻撃を恐怖している。[★33]「中国が最も恐れているのは、国際決済ネットワーク(SWIFT=国際銀行間通信協会)や米国の決済システム(CHIPS)から中国が締め出されること」(王勲・北京大学国家発展研究院リサーチフェロー)であり、米国による通貨覇権の軍事覇権適用としてイランが被ったようなドル支配下での金融制裁措置を逃れようと、「デジタル人民元通貨圏」の形成を通じて、人民元の国際化を目指そうとしている。

★33 Ben Holand, "Open for Business : Trump has sown distruction by weaponizing the U.S.

economy", *Bloomberg Businessweek*, June 10, 2019, p12.

二〇〇八年のリーマン・ショックの時の中国による金融支援を取りつけたヘンリー・Ｍ・ポールソン元財務長官・ゴールドマン・サックス会長兼ＣＥＯは、「中国経済とのディカップリングは、中国を傷つけるうえに、米国の利益にもならない。それは世界の金融中心としての米国の指導性を損ない、金融センターとしてのニューヨークの役割を弱体化する」「必ずやってくるグローバル金融恐慌の時に、世界一位と二位の経済が共同し合えるメカニズムを創設しなければ大いに後悔することになろう。『経済的鉄のカーテン』（'economic iron curtain'）は最も危険だ」と述べる。[★34]

★34　Andrew Ross Sorkin, "A warning on the future of U.S.-China", *The New York Times*, November 22, 2019.

ドル不足の中国金融市場開放（二〇二〇年四月）によって、モルガン・スタンレー、ＪＰモルガン、ブラックロック、シュローダーなど、ウォールストリートとザ・シティ・オブ・ロンドンの金融コングロマリットは中国進出に乗り出す。李克強首相は、外国銀行による中国銀行・企業の過半数株式取得も認めると発言（一七年一一月）。同首相と密接な元米財務長官・ゴールドマン・サックス会長は、「中国企業が外国金融資本を大株主やアンダーライターに持てば企業行動文化が変わる」「ファーウェイがＨＳＢＣ（香港上海銀行）を主力銀行に活用すれば〝西側国際金融企業ルールを守るようになっている」と述べている。[★35] モルガン・スタンレーは過半数所有の証券合弁会社設立を、ブラックロックは中国ＩＴとの協業を目指し、中国大手投資銀行・中国国際金融（ＣＩＣＣ）

の資産運用部門の過半数株式取得について交渉中である。世界第二位の中国の超富裕層向け資産管理市場への進出である。

★35 Editor, China v America-counter-frow: America and China are at each other's throats, but also in each other's pocket, *The Economist*, July 6, 2019, p10.

(3)〝コロナ〟絡まる米中関係にトランプ政権の無策

一方、トランプ政権は、冷戦時代に米国が、ソ連を成功裡(せいこうり)に世界資本主義市場から追い出したように、中国経済をシャットアウトしたいという誘惑にかられている。だが、次世代通信5Gシステムだけでも、米国はファーウェイと欧州の同盟諸国との関係を断ち切ることはできず、ファーウェイはEU主要諸国内にしっかり根を下ろし始めた。アジア・欧州の米国同盟諸国と中国の貿易額は、各国と米国との貿易額を上回っている。米国にとっても、冷戦期（一九八〇年代）の年間米ソ貿易が二〇億ドルであったのに対し、米中貿易額は一日で二億ドルを超え、経済分断の被害・損失は甚大である。

過熱する米中貿易交渉の休戦合意（二〇年一月）の際に、ウォール街の要求もあって、中国は金融サービスを含む分野で外資による出資制限の緩和を早め、知的財産権保護の法律も強化された（図2―12も参照）。技術と金融の市場開放をさらに進めることは、中国市場経済に新自由主義シス

図2-12　過去5年間 米国企業に対する中国の知的財産権保護はどうなっているか

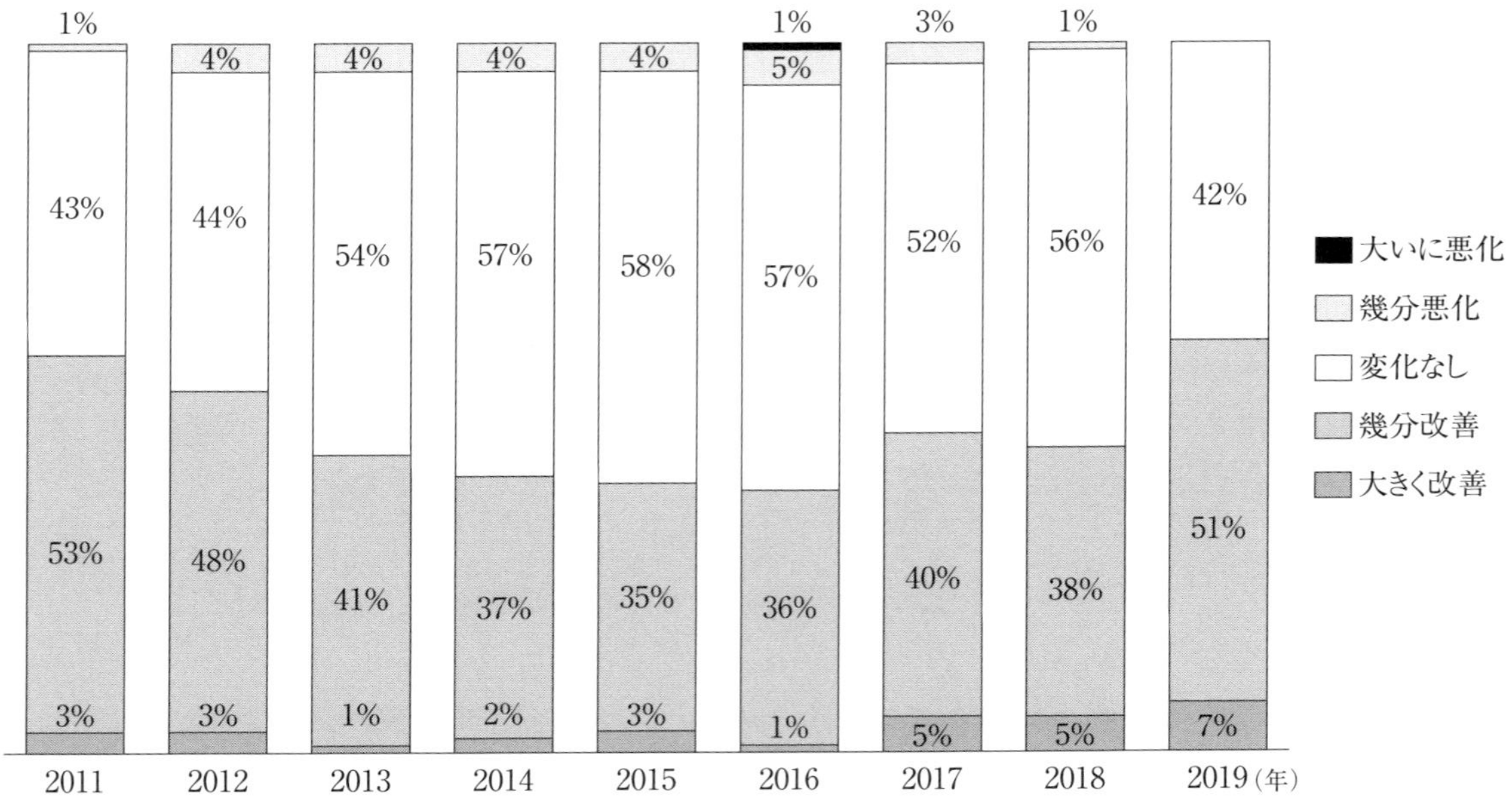

（注）中国政府による知的財産権（所有権）の保護については「幾分改善された」ないし「目立って改善された」という例が多いが、2019年現在91％の企業が中国側の知的所有権のあけ渡し要求に不安を抱く

（出所）US-China Business Council, 2019 Member Survey, p14.

テムを持ち込み、巨大資本主義経済圏化することに通ずる。そのことは、中国をグローバル経済により深く組み込むことになる。同時に中国経済の競争力も強化される。その一方で米中貿易の管理化は進み、中国政府の管理的役割も強化される。

米中相互依存が両刃の剣であることが証明され、ディカップリングは重大な損害をもたらすことが予想されるが、米国多国籍企業のグローバル化における脆弱性があぶりだされたことも事実である。新型コロナウイルス問題によって、米国企業の新自由主義的システムに内在していた根本的な脆弱性が明るみに出された。目先の利益率が向上すれば、長期の成長性や経済安全保障を考慮せず、ただちに国内生産拠点を閉鎖して中国へ拠点を移すという安易な戦略には反省が待たれている。米中ビジネス・カウンスルの「五年間見通し」では、「楽観的、やや楽観的」の比率が一〇年代は八〇～九〇％だったものが、一九年に六六％へ落ち込み、「悲観的、やや悲観的」の割合が、それ以前の一〇％以下から一四％へ上昇している。（図2―13も参照）

米国資産運用金融最大手のブラックロックのチーフ投資ストラテジスト＝マイク・パイル氏は、「効率性では劣るものの耐久性に勝るサプライチェーンができる」と述べている。新型コロナウイルス問題が過ぎれば、消費地に近い場所に生産拠点を移すなど、中国はじめ国際的な相互依存の解決や脱グローバル化の潮流が勢いづくだろうというのである。[★36]

★36　Rana Foroohar, "Margins are going to be squeezed", *Financial Times* March 2, 2020.

中国の生産拠点に困難が生じた場合には米国企業の七割が生産拠点を本国内へ移したいとしてい

図2-13　今後5年間の在中米国企業の見通しは?

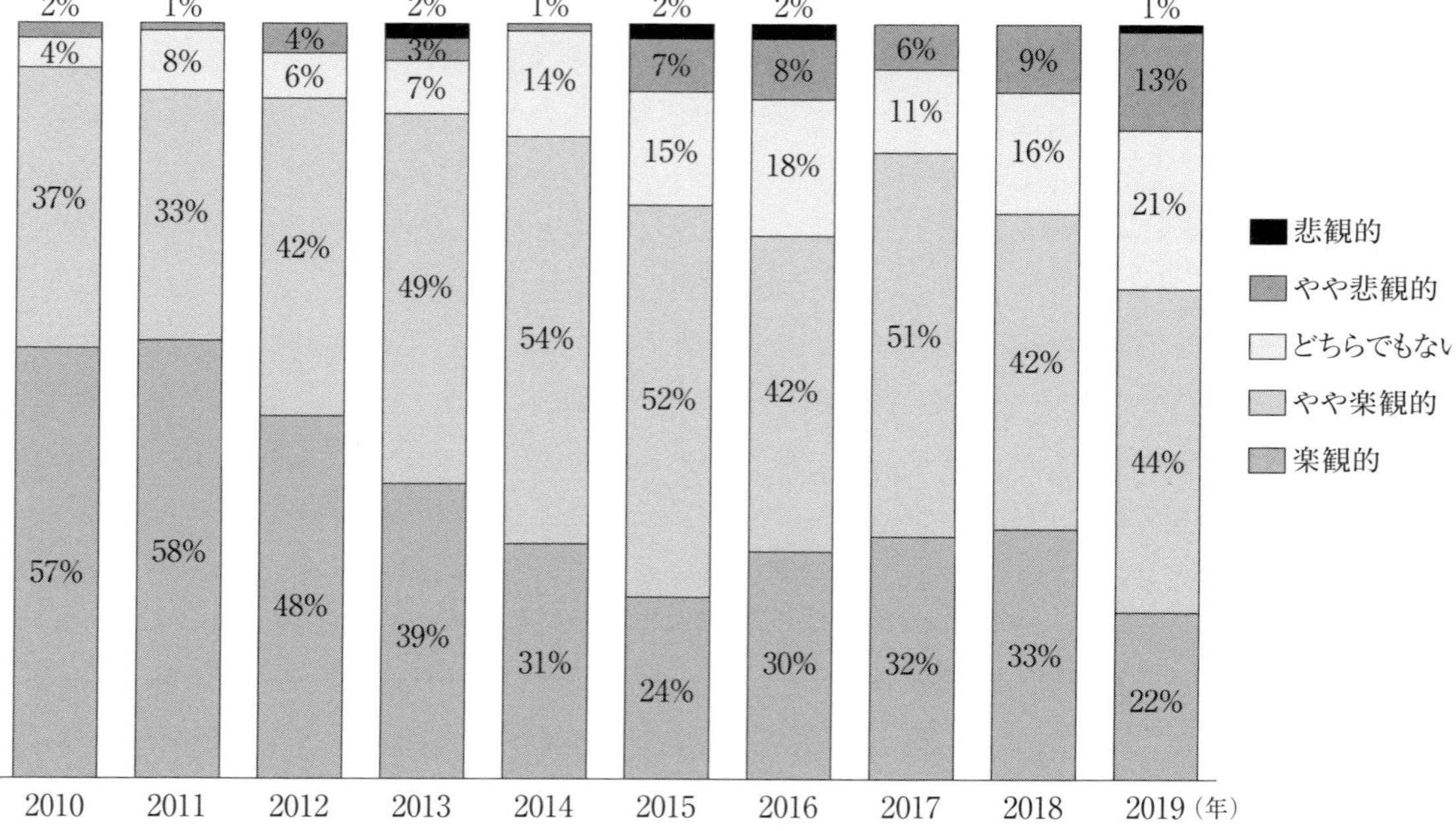

（出所）US-China Business Council, 2019 Member Survey, p12.

郵便はがき

料金受取人払郵便

代々木局承認

9647

差出有効期間
2021年12月25日
まで

（切手不要）

151-8790

243

（受取人）

東京都渋谷区千駄ヶ谷 4-25-6

新日本出版社

編集部行

ご住所	〒 都道 府県
お電話	
お名前	フリガナ

本のご注文は、このハガキをご利用ください。送料 300 円

《購入申込書》

書名	定価	円	冊
書名	定価	円	冊

ご記入された個人情報は企画の参考にのみ使用するもので、他の目的には使用いたしません。弊社書籍をご注文の方は、上記に必要情報をご記入ください。

愛読者はがき

ご購読ありがとうございます。出版企画等の参考とさせていただきますので、下記のアンケートにお答えください。ご感想等は広告等で使用させていただく場合がございます。

① お買い求めいただいた本のタイトル。

② 印象に残った一行。

(　　　)ページ

③ 本書をお読みになったご感想、ご意見など。

④ 本書をお求めになった動機は？

1 タイトルにひかれたから　　2 内容にひかれたから
3 表紙を見て気になったから　　4 著者のファンだから
5 広告を見て（新聞・雑誌名＝　　　　　　）
6 インターネット上の情報から（弊社 HP・SNS・その他＝　　　　　　）
7 その他（　　　　　　）

⑤ 今後、どのようなテーマ・内容の本をお読みになりたいですか？

⑥ 下記、ご記入お願いします。

ご職業	年齢	性別
購読している新聞	購読している雑誌	お好きな作家

ご協力ありがとうございました。　ホームページ www.shinnihon-net.co.jp

るが、米国内製造業は弱体化しており、熟練工や技能労働者不足は深刻化している。ウォール街を代表してラリー・フィンク＝ブラックロックCEOは、経営者として最も懸念していることは、「民主主義の国家（米国）がますます近視眼的になっていることだ。政府や社会の反応が場当たり的になっており、企業が長期的な視野で経営するのが難しくなっている。中国が成功を収めているのは、政府に長期的な計画があるからだ」と述べている。★37

★37　「ラリー・フィンク米ブラックロックCEO　INTERVIEW」日本経済新聞二〇二〇年二月九日付。

つまり、トランプ政権は、「アメリカ・ファースト」のスローガンを掲げつつも、長期見通しなき反中国政策を掲げ、軍産複合体を前面に立て、巨大な損失を被る「新型の冷戦」（a new kind of cold war）へ進む危険性を高め、中国依存を高めている同盟諸国、特に欧州との対立を深めようとしている。金融化、株価至上主義と経済軍事化の行き過ぎた資本主義は、所得格差、環境破壊、財政難を生み、社会の分断を深めている。そのなかで、ボーイングやGE、IBMといった米国製造業エクセレント・カンパニーの産業構造の没落が著しい。中国経済との分断で、米国内に多くの多国籍企業が引き揚げたとしても、自国内での製造業復活に再投資するよりも、還流させた利益を、タックスヘイブン（租税回避地）に蓄積したり、自社株買いに投じたりする道をCEOたちは選ぶのではないかというのが、米産業・金融界の常識である。新自由主義の立場から目先の「一株当たり利益」の観点から過度にグローバル生産化を急ぎ、それによる脆弱性を正すべく一定のディカップリングが必要との見方が、多国籍企業の間でも主流になったとはいえ、ボーイングやGEの没落を見て、企業戦略の立て方や政府の産業政策と企業との関係を変化させなければ、米国企業は衰退すると、まずウォール街のリーダーたちが考えるようになったのである。二〇一九年夏に長期のGMストライキを契機に復活した米国の労働組合も、金融化とデジタル化で製造業の衰退を早めているビッグビジネスのあり方の変革を要求するようになった。

トランプ政権は新しい技術革新を含む産業政策については無策であることを悟ったビッグビジネス界は、自ら改革案を提案している。一九年八月には、米国の二〇〇近い中軸の多国籍企業の最高経営者団体であるビジネス・ラウンドテーブルが、企業の目的について、フリードマン流の「株主至上主義」から、株主だけではなくすべてのステークホルダー（利害関係者）の利害を追求することによって、「資本主義の進化をはかる」（ラリー・フィンク）との宣言を発表した。これは、株価至上主義のトランプ政権を真正面から批判するものであり、その数ヵ月後、米国製造業と株価のリード役だったボーイング社が株価急落過程の乱気流に突入した。

一九年九月には米国エスタブリッシュメントを代表する、国家政策研究の最大のシンクタンク、米外交問題評議会（CFR　Council of Foreign Relations　CFR committee）は、技術革新の国家戦略に関する報告書「技術革新と安全保障――優位の維持」（*Innovation and National Security: Keeping Our Edge*）を発表した。同報告書の執筆陣は、ウォール街の巨大銀行、金融、テクノロジー企業大手（アルファベット、アップル、フェイスブックなど）や、コンサルタントのマッキンゼー・アンド・パートナーズなどである。また、国家の産業政策の必要性を長年にわたって訴えてきたクリントン政権での大統領経済諮問委員長、ローラ・タイソンも含まれている。

この執筆陣にはトランプ政権の関係の人はいないが、内容全体は政府の果たすべき役割に貫かれている。外国の新技術が、米国の「安全保障への脅威」として、米国以外の世界（中国と欧州）との経済的ディカップリングを進めようとしているトランプ―ロス（商務長官）の経済政策の非現実性を正面から批判するものである。提言は、(1)研究開発への連邦政府による支出拡大、(2)技能の高い外国人の移住を推進するための移民政策の転換、(3)政府各部門の技術水準の引き上げ、(4)各部門が統合した形で機能することを可能とする軍事費の投入――などである。トランプ政権の政策とビジネスの現実とがいかにかけ離れたものであるかを表している。例えば、ハイテク産業の技術研究部門の七〇％は外国人技術者・研究者である。

中国経済の台頭を再認識すると同時に、「カジノ資本主義」「レンティア資本主義」を脱した健全な資本主義体制を再建して、世界の成長エンジンであり続けている中国巨大資本主義とのハイレベルでの競争と協力関係を築き（新型コロナウイルス肺炎、気候変動も含め）、米中両勝ちの超大国関係を築こうというのがウォール街が描き始めた新しいビジョンである。

第3章　多国籍企業の再編成

――「内向き資本主義」と新型グローバル統合体

第1節　グローバル経営の戦略的後退

(1) 金権・富豪階級のポピュリズムとトランプ現象

時代錯誤的で、極端きわまる保護主義的言動で、世界中を混乱と分裂に陥れているポピュリスト＝ドナルド・トランプ米大統領が「攻撃」するのはエスタブリッシュメント＝巨大グローバル企業である。金権政治家トランプ氏が、国民に扇動アピールする切なる願いとは、〝略奪的な〟多国籍企業を国内ビジネスに引き戻すことである。彼は一七年一月、重商主義時代の絶対君主よろしく、エスタブリッシュメント（支配階級）の代表たる多国籍企業の最高経営者たちの前で「諸氏の企業が刑法上の取り扱いを避けようとするなら、国内にとどまらなくてはならない」と述べた。だが、大統領はビッグビジネスの独占力強化と金融化は「問題視しておらず」、その反エスタブリッシュメント、反ウォール街的発言は、多国籍企業・巨大銀行首脳らには読み込まれており、「リスキーだが活用可能」と受け取られたようである。

トランプ氏の金融規制撤廃、企業減税、軍事産業はじめ国内産業への投資拡大、大型インフラ投資の主張で、ウォール街の株式市場は数ヵ月間、「トランプ相場」を体験した。表面的には、米国経済は先進資本主義国では成長率が最も高く、株価は高値圏にあり、グローバル世界での技術開発のリーダーであり、エネルギー分野においても、シェール・石油・ガスの生産を含め世界最大を記録している。その背後に、経済の金融化、製造業の衰退、所得格差の極端極まる拡大という難問をかかえつつ、利潤獲得を展開するには、現代アメリカのエスタブリッシュメントではないトランプが、ポピュリズムを演出してエスタブリッシュメントに奉仕するような劇薬を必要とする（エスタブリッシュメントは、トランプ政権のような劇薬を必要とする（エスタブリッシュメントに奉仕する）。

（注）The Economist 誌の調査によれば、トランプ一族の主力企業たる「トランプ・オーガニゼーション社」（The Trump Organization を中心とするトランプ Inc.）の企業価値（株式時価総額）は四三億ドル、年間総売上高は四・九億ドル（二〇一五年実績）で、時価総額は全米で八三三位、売上高規模は一九二五位の企業。トランプ企業帝国の資産の八割は、所有する住宅用不動産とゴルフ場などの商業用不動産で、グループ総資産の半分はＮＹトランプタワーなどの五つのビルで占められる。ごくありふれた不動産会社であるといえる。トランプ Inc. の主力銀行はドイッチェバンクで一億二〇〇〇万ドルを融資（二〇一五年開示）しており、トランプグループの最初の海外プロジェクトであるインド・ムンバイのトランプタワーには、ＪＰモルガン・チェース銀行が出資しているという（*The Economist*, November 26-December 2, 2016, pp55-56.）。

ウォール街、ザ・シティ・オブ・ロンドンの米英金融界では、トランプ政権を「プルート・ポピュリズム」（plut-populism、金権・富裕化階級のためのポピュリズム）と呼ばれるようになっている。

その名付け親たるマーチン・ウルフ氏は、極端な格差が生じた段階でのトランプ現象は、米国市民社会の中の超人種差別的あるいはファシスト的運動を「正当化」し解き放った。これは一時的な現象ではなく、今起きているアメリカン・デモクラシーの質的変化は長期化するとみている。

トランプ現象は、アメリカの危機の要因を国外に向けることから始まり、多国籍企業のグローバリゼーションを攻撃することから開始された。一九九〇年代からグローバルリーチ化を開始していた多国籍企業は、二一世紀型のグローバル体制へと再編成すべく拡張一方の戦略を改め、全地球的生産体制を見直す必要に迫られたのである。九〇年代からの、デジタル／インターネットを基盤に拡張一途の多国籍企業化・グローバル化の段階は終わり、伝統的巨人企業は本国拠点の新型グローバル化（統合的グローバル化）を、シリコンバレー企業の新技術、新経営手法を取り込みつつ再構築しようとしている。それは企業イノベーションと生産構造の現代化による本国拠点の多国籍企業の再編成・高度化の一過程とみることができる。「世界経済はいまだグローバル化から後退（deglobalisation）しようとはしていないが、さりとてグローバル化を推進しようとはしていない」[★1]と米欧世界（アジア・中国は多少例外的だが）でいわれ始めたのは二〇一五年からである。

★1 Martin Wolf, “competing visions battle to replace us-led world order”, *Financial Times*, may 5, 2017.

（2）トランプ政権とグローバル企業経営者

ウォール街に君臨する巨大銀行と一〇〇年以上の伝統あるグローバル企業の最高経営責任者たちは、トランプ政権初期の段階では、国家的・戦略的意思決定の主要な地位をほぼ独占していた。そのなかにカール・アイカーンなどのアクティビスト・インベスター（物言う株主・投資家）といわれる、トランプ氏と特に親しい投資家や不動産業者（彼らは時々ハゲタカともよばれる）たちが混じっているが、同政権は史上最もビジネスエスタブリッシュメント寄りの人事構成をなしている。

トランプ政権の骨格となる閣僚人事と主要政策をまとめあげたのは、ゴールドマン・サックスの四人組（ゲイリー・コーン〔大統領補佐官・国家経済会議委員長〕、ダイアナ・パウエル〔大統領補佐官・経済イニシアティブ担当〕、スティーブ・ムニューシン〔財務長官〕、ウィロビー・ロス〔商務長官〕）であったという。ムニューシンとロスは大統領選挙中からの財務顧問でもあった。

そして、政権発足早々から金融・ビジネスエリートによる大統領経済産業諮問委員会が設けられた。ブラックストーン・グループのスティーブン・シュワルツマンCEO（最高経営責任者）を議長とする「米国戦略政策評議会」と、ダウケミカル・デュポンのアンドリュー・リバリスCEOが議長を務める「米製造業戦略政策評議会」という政策カウンセリング・チームが設けられた。ただ、この評議会は、二〇一七年八月の南部バージニア州での白人至上主義者らによる衝突事件をめぐる大統領発言がもとで解散となった。

ただ、評議会メンバーのほとんどが、米国巨大企業二〇〇社の政策立案協議会である「ビジネス・ラウンド・テーブル」（一九七二年設立）のメンバーであり、この政策実現機関を通じて政権に働きかけることができる。「権力を監視する権力」の永続ストラクチャーであり、国家戦略・国家意思決定の実権がここにある。

いまひとつの要注意点は、トランプ政権には、軍産複合体の主柱企業とも人的つながりをもつペンタゴン（米国防総省）の元将官、司令官がポピュリスト政権の不安定性を緩和する安全装置として主要な地位を占めた点である。国防長官のジム・マティス（元海兵隊大将、中央軍司令官、NATO再編統合軍司令官）、国家安全保障問題担当大統領補佐官のハーバード・マクマスター（元陸軍中将、元イラク派遣軍長官特別補佐官、アフガン派遣軍合同機動部隊司令官）、新たに大統領首席補佐官になったロバート・ケリー（元海兵隊大将、前南方軍司令官、湾岸戦争で多国籍軍を指揮）といった将官たちがそうである。

北朝鮮問題を「キューバ危機」になぞらえて窮地の政権が国民を一致団結させるツールとして活用する手法を進言したり、「アメリカ第一主義」「アフガニスタンからの即時撤退」を主張していた大統領を説得し、アジア広域資源地域の一角としてのアフガニスタンへの増派論者に改宗させた。政権内の彼らの影響力は大きく、ペンス副大統領、ティラーソン国務長官も、北朝鮮に対する「軍事行動」のオプションを六月に公言し、一方で、アフガニスタン増派を主張した。

（3）グローバリゼーションの後退的新局面

二〇世紀初めから今日に到るも歴代米国政権の主柱を占め、国家と一体で（時には活用して）世界中に展開してきた旧ロックフェラー系の国際石油資本（スーパー石油メジャー）であるエクソンモービルは、前会長・経営最高責任者のジェフ・ティラーソンを国務長官に送り込んだ。「ウォール・ストリート」紙によれば、エクソンモービルは、二〇二二年までに二〇〇億ドルを投じて、米国南部メキシコ湾で新規油田・ガス開発を行い、さらにパートナーにサウジアラビアの基礎産業公社（SABIC）を引き込んでシェールオイルの開発生産と石油化学コンプレックスを建設する構想を発表し、トランプ政権のエネルギー政策の主柱となる計画を発表した（*The Wall Street Journal*, may 7, 2017）。

世界最大の事務用品の多国籍企業としてグローバル化の推進役であったスリーエム（3M）は、同社の三〇〇億ドルに達する売上高の六割を国外事業で稼ぎ、従業員の四割を国外の拠点に配置している。しかし、最高経営責任者のインゲ・チューリン氏は一七年五月のニューヨークの外交評議会（全米最有力の政策研究協議シンクタンク）での講演において、企業戦略についてグローバル化に言及しようとはしなかった。自国回帰を意味する「ローカル化」の推進で〝偉大な米国〟でビジネスを行うことの有利性を指摘した。「数年前までは国外で生産し、そこからまた別の国へ輸出してきたが、今ではローカル化とリージョナル化（地域化）の戦略をとっている。できる限り国内市場に投資すべきだと考えている」と述べた。[★2]

★2 Gllian Tett. "Executires quietly turn away from globalization", *Financial Times*, June 2, 2017.

海外資産はもたず、米国内の不動産経営者たるトランプ氏といえども〝歴史的時代の子〟である。彼が所属していないエスタブリッシュメントの利益を最終的には代表することにより、政治力を持つ金権富豪のプルート・ポピュリストとして権力の座につくことができたのである。グローバリゼーションの推進者たる多国籍企業は、同氏の〝ポピュリストの反乱二〇一六年〟を演出した以前から「退却姿勢」（in retreat）をとり始めていた。二一世紀に入ると、彼ら[★3]の業績は、国内事業のそれを凌駕することはなくなった。多くの多国籍企業はコストカットやタックスヘイブン（租税回避地）の活用を含む節約策の能力を使い切り、国内優良企業より競争優位に立つことなど問題外と考えるようになっていた。トランプ大統領の経済政策の側近顧問となった経営者たちの巨大ビジネスの内実は意外なほど脆弱性を持ち、自国内へ向かおうとしている。

★3 Editor, "In Retreat-Global companies are healing home. And it's not only because of the threat of potectionasm", *The Economist*, January 28th, 2017, p7.

一九九〇年代は、中国、ロシア、インド、ブラジルの新興国経済が冷戦体制崩壊によって、市場経済圏に合流し、地球規模の資本主義的自由経済圏へ統合された「歴史の終わり」（フランシス・フクヤマ）によって、多国籍企業のグローバリゼーションが全盛期を迎えた（図3―1）。

先進国企業の技術的優位性は、中国はじめ新興工業国・政府に技術・経営手法を吸収され、まねられる。先行者、高技術多国籍企業は〝カモ〟とみられ、技術優位性を奪われた。多国籍企業のグローバル投資の八五％は九〇年代以降に投じられたものであり、グローバル企業こそ成長力があり利益率も高いと投資家たちは認めてきたが、二一世紀に入ると（特に二〇〇八年以後）状況は一変した（図3―2～7）。

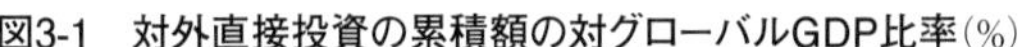
図3-1　対外直接投資の累積額の対グローバルGDP比率（％）

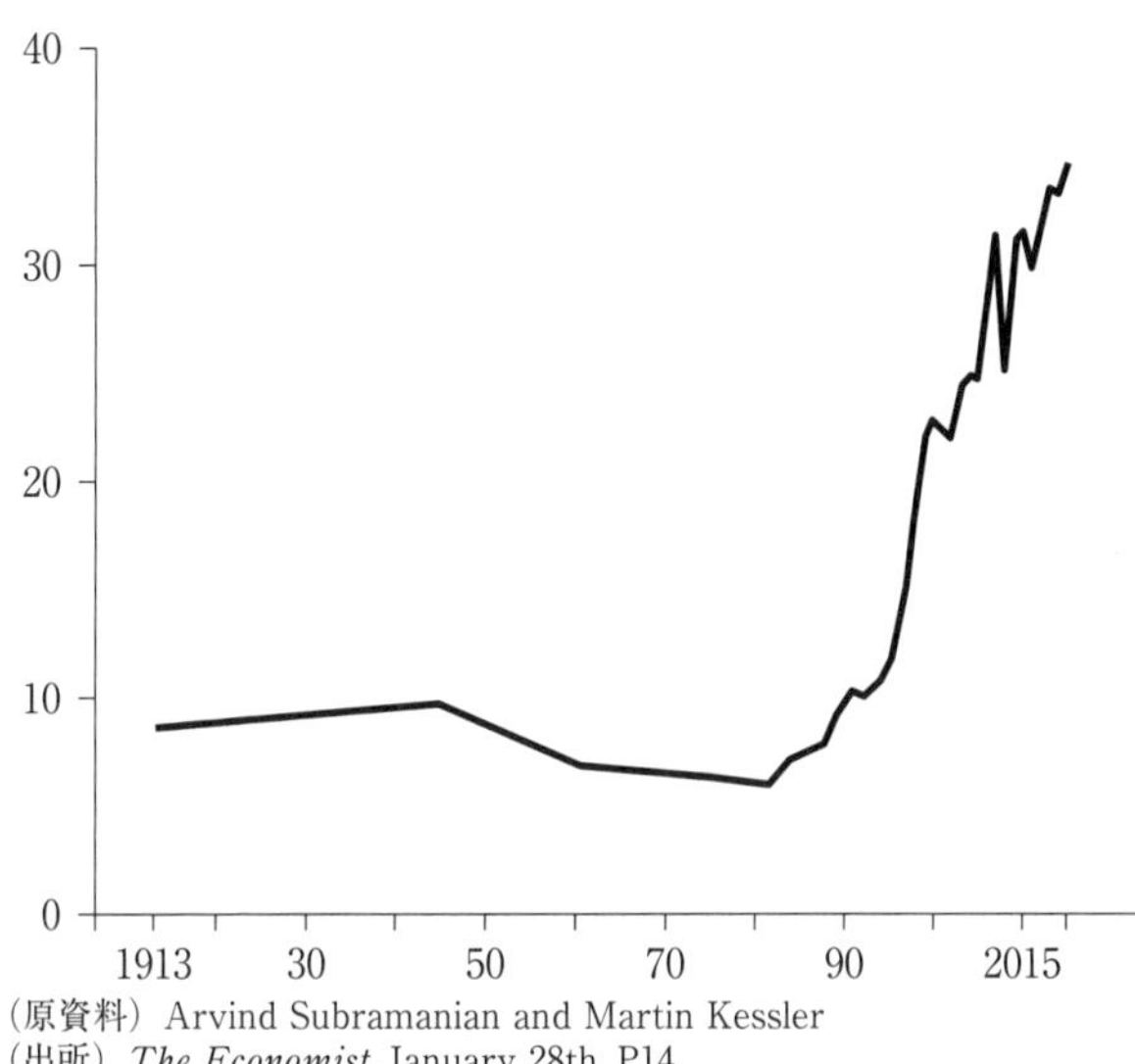

（原資料）Arvind Subramanian and Martin Kessler
（出所）*The Economist*, January 28th, P14.

先進国（ＯＥＣＤ）の多国籍企業七〇〇社の利益は二〇一六年までの五年間に二五％減少した（調査格付会社ＦＴＳＥ調べ）。このうち米日独仏英五ヵ国の利益は五年間で一七％減少した。ただ米国多国籍企業は急速に成長するアップル、アマゾン・ドット・コム、グーグル等の高技術企業があり、落ち込みは一二％で、他の四ヵ国の落ち込みは二〇％となっている。

英『エコノミスト』誌の調査では、世界上位

図3-2　全世界の年間輸出の対グローバルGDPの割合（%）

Globalizationの変化－過去40年間はブームのたびに貿易は伸びたが2008年の金融クライシス以後は貿易は減少ないし下向気味のままである

35
30
25
20
15
10
米国の不況期
1960
1970
1980
1990
2000
2010

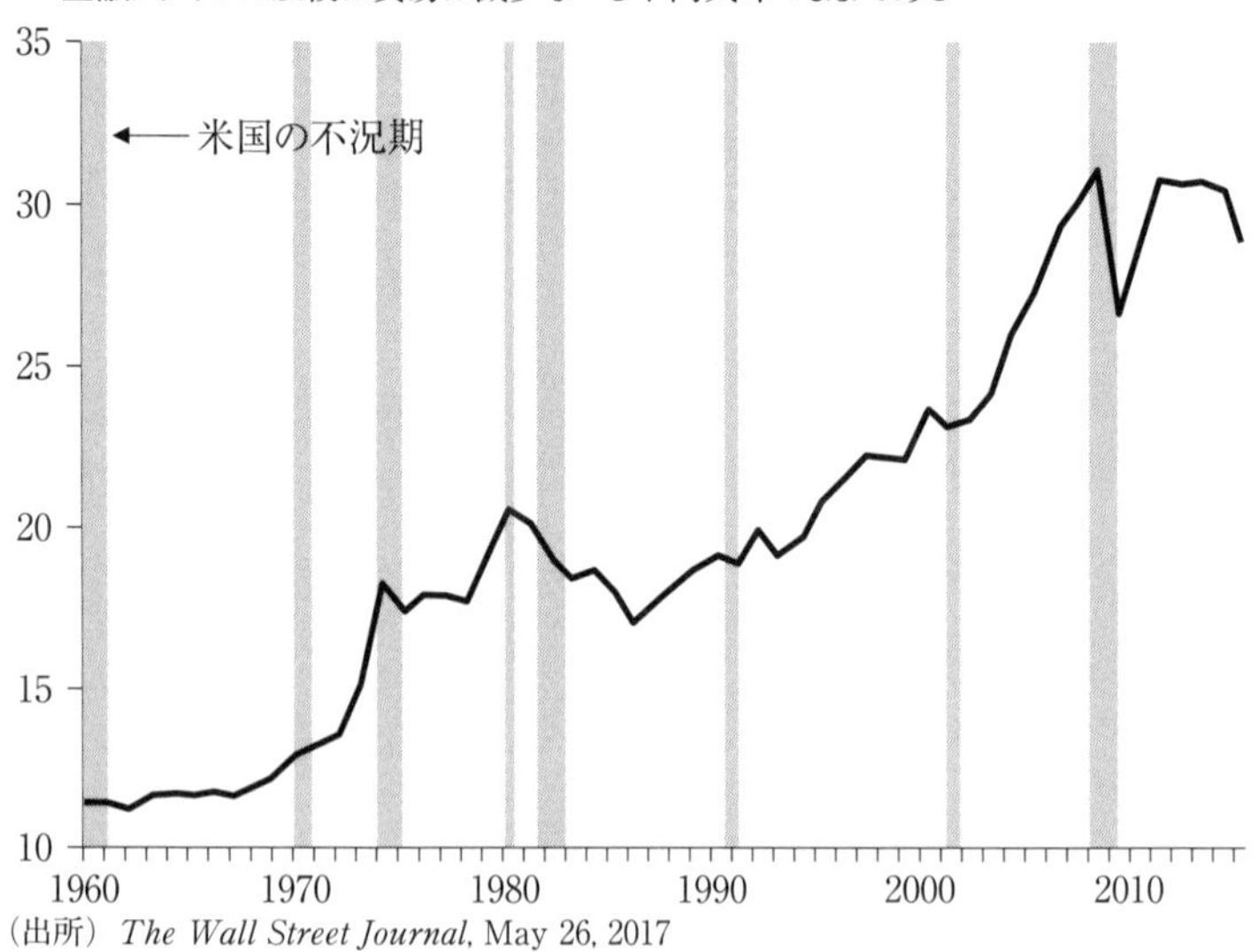

（出所）*The Wall Street Journal*, May 26, 2017

図3-3　全世界輸出における国境を越える サプライチェーンの比率の減少傾向（%）

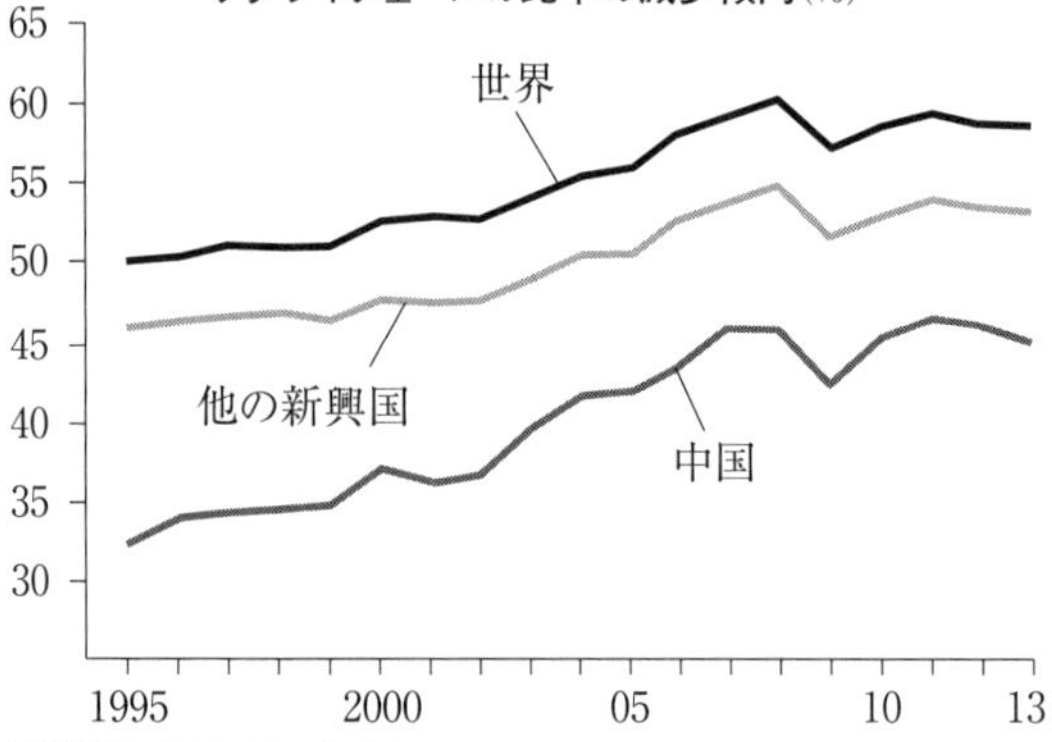

65
60
55
50
45
40
35
30
世界
他の新興国
中国
1995
2000
05
10
13

（原資料）IMF; UNCTAD.

（出所）*The Economist*, January 28th 2017, P15

図3-4　対外直接投資のグローバルGDP比率が減少に転じた（%）

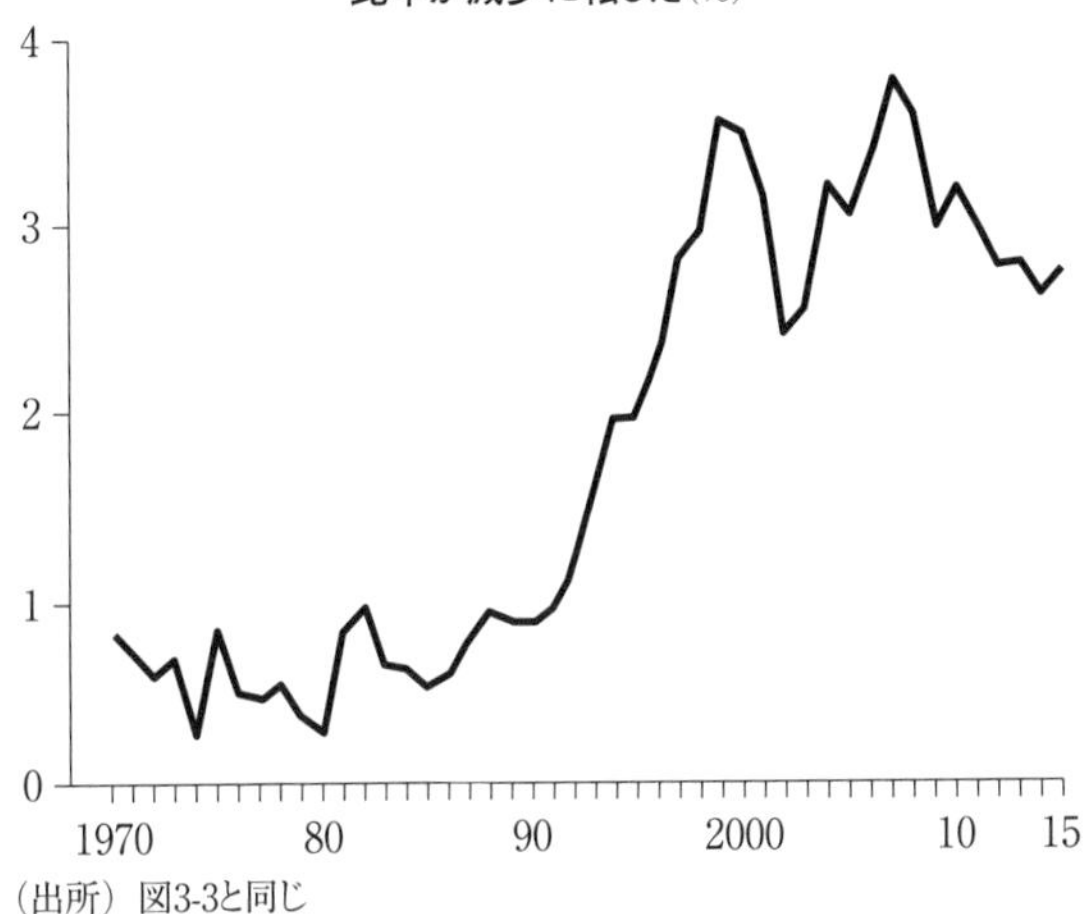

（出所）図3-3と同じ

図3-5　対外直接投資の収益率減少（%）

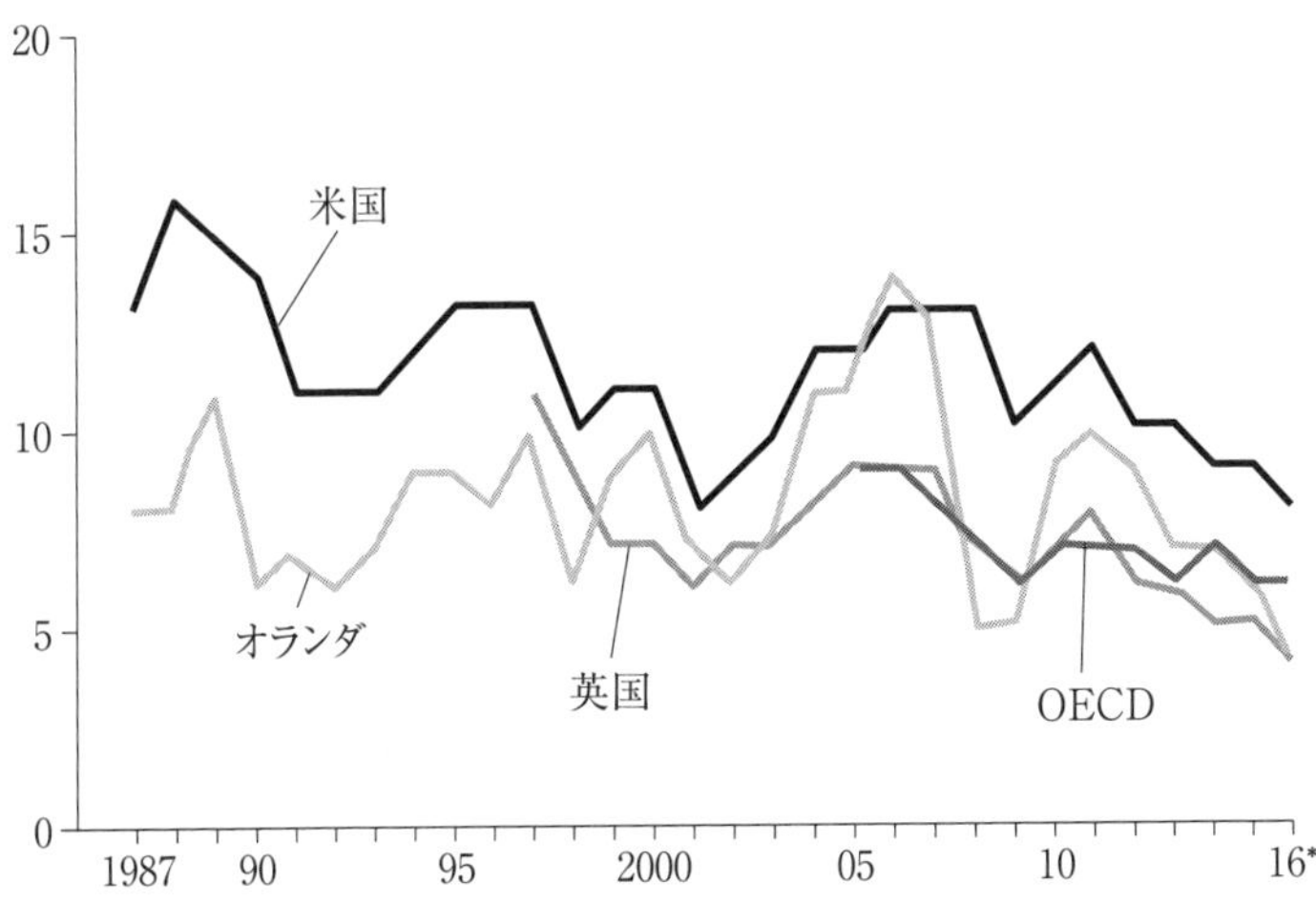

（原資料）National statistics; OECD　*Latest 12 months
（出所）*The Economist*, January 28th 2017, P15

図3-6　国境を越える金融資産額の世界GDP比率の低下(%)

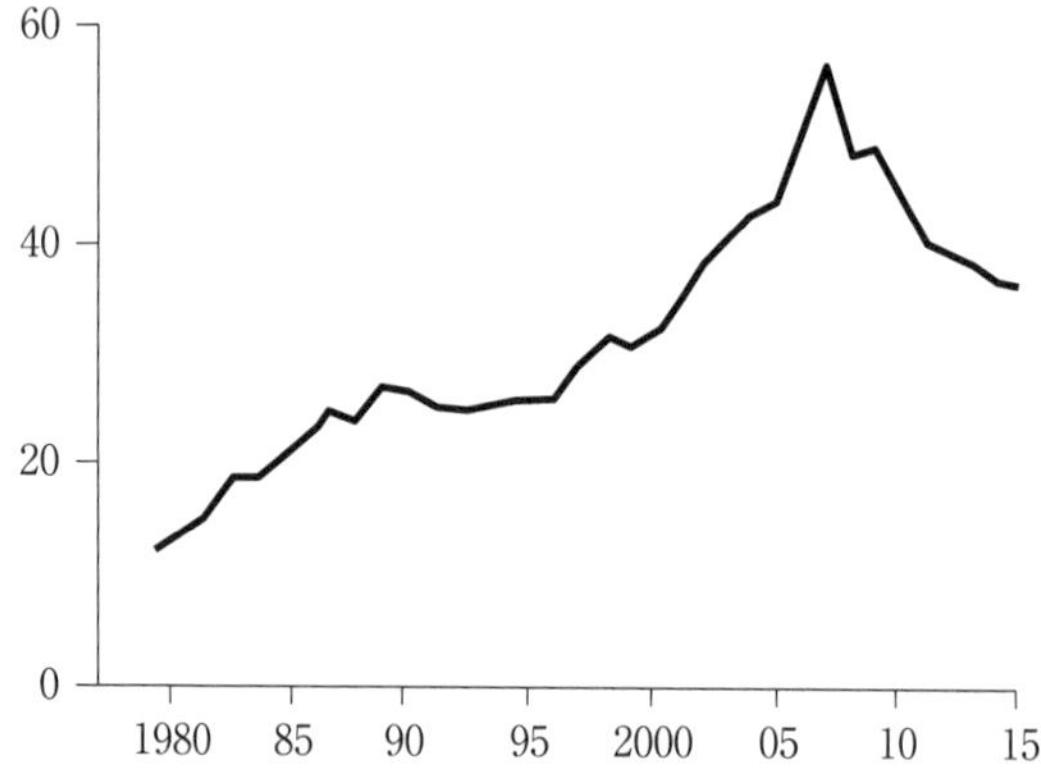

（原資料）Peterson Institute for International Economics; BIS; IMF; Unctad.
（出所）*Financial Times*, September 7, 2016.

図3-7　グローバル直接投資の減少とストックの対世界GDP比率の推移(%)

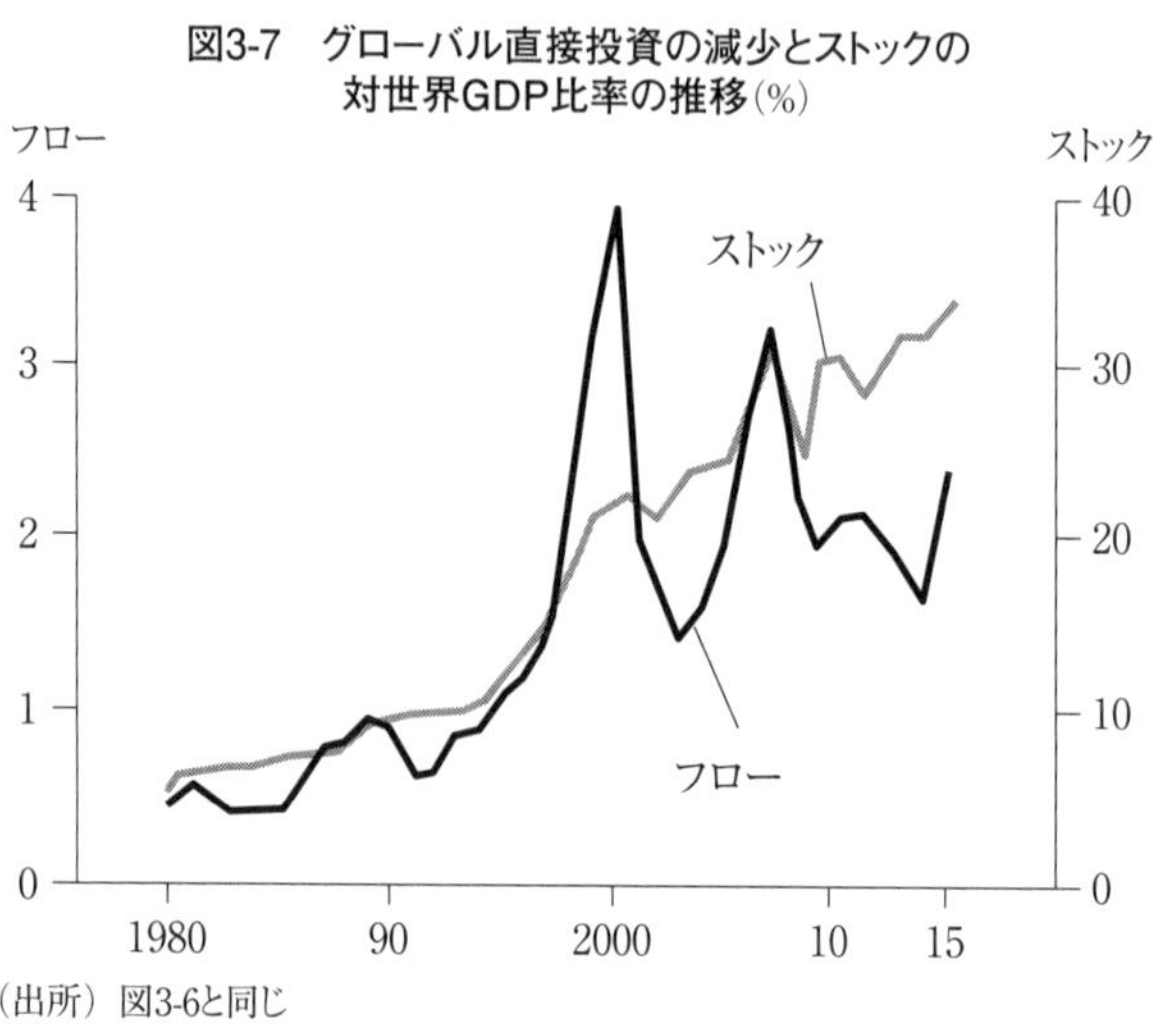

（出所）図3-6と同じ

五〇〇社（一〇業種）の二〇一六年売上高増収率は、八業種において国内増収率のほうが高かったという。うち米国企業についてみると国内市場での増益率は国外よりも三〇％高かったという。調査した多国籍企業の半数は一六年までの三年間で自己資本利益率は減益を体験し、四〇％が一〇％以上の自己資本利益率を捻出することができなかった。ユニリーバ、ＧＥ（ゼネラル・エレクトリック）、ペプシコ、プロクター＆ギャンブルが三割以上の減益となっていた。

唯一成長力を維持したシリコンバレーの高技術企業も、アップルのようにＥＵから一四〇億ドルもの追徴課税をされ、米本国でもこれを支払うべく強要されている。さらに一七年六月モルガン金融機関との結びつきを強めているアルファベット（グーグル）も一三〇億ドルの追徴課税をＥＵから受けている。

（４）グローバル体制の再編成と本国回帰

「二〇一六年の多国籍企業らによる国境を越えた投資額は前年を一〇～一五％下回り、この減速傾向は二〇〇七年から始まっている」と英『エコノミスト』誌はいう。いまやグローバル企業体制を有することの優位性は少なくなり、一六年までの五年間で先進国上位七〇〇社の利益は二五％以上も低下し、国内事業分野の製造業は二％以上上昇している、というのである。「グローバル企業は後退姿勢に転じた」と論断する。★4

★4　Editor, "The retreat of the global company", *The Economist*, January 28th, 2017, pp14-18.

九〇年代の冷戦後の世界で、中国・ロシアにおいて考えられぬほどの熱狂的な歓迎をうけ膨張を続けたケンタッキー・フライド・チキン（ＫＦＣ）とマクドナルドは、九〇年から二〇〇五年にかけて両社合計で四〇〇％の増収となった。それが二〇一〇年代に入るとまるで生気を失い、ＫＦＣは一二年をピークに一六年には二〇％の減益となり、マクドナルドは一三年をピークに一六年は二九％の減益となった。ＫＦＣは一六年一一月に中国からの撤収を決め、マクドナルドは一七年一月に中国事業部門を中国最大国有複合企業である中国中信集団（ＣＩＴＩＣグループ）に売却することとなった。

ただし、マクドナルドは、二四〇〇社の店舗を運営する新会社の株式の二〇％を保有してフランチャイズによる収入も獲得する。中国ＣＩＴＩＣによる出店展開力を借りて利益を確保しようというものである。

典型的な多国籍企業ＧＭ（ゼネラル・モーターズ）は一七年三月、九〇年近い歴史をもつ欧州から撤退を決め、ドイツ子会社＝アダム・オペルＡＧＩとその兄弟会社＝英ヴォグゾールを仏プジョーシトロエンに総額二二億ユーロで売却合意した。ＧＭは二〇一五年にインドネシアから撤退、ロシアからの撤収準備を開始した。続いてインドからの撤退と東南アジア、大洋州事業の縮小も開始する。北米と中国へ投資集中を決めた（ＧＭ・フォードの利益の八〇％が北米から得られている）。自動運転・電気自動車・カーシェアリング・ライドシェアリングに投資して新型企業モデルへ転ずる。

トヨタやフォルクスワーゲン、ルノー日産などとの生産拡張競争（一〇〇〇万台クラブ）から退き、カー・サービス部門を拡大強化し、一株当たりの利益増大という金融主導型の経営へ転換しようというのである。

グローバルなメディア／テレコムを追求してきたAT&Tやベライゾンも、いまや内向き姿勢で米国内のテレコム／メディア買収に投資を集中、さらにIoT（Internet of Thing）分野進出に向けシリコンバレー企業買収をめざす。多国籍企業最大のウォルマートもアマゾンの脅威にさらされ、グーグルとの提携をはじめとするシリコンバレー企業の取りこみによる新型企業モデルを追求し始めた。

世界企業化の一〇〇年以上の歴史をもつIBM、GEなど高技術多国籍企業も、ハード部門を海外企業に売却または生産委託し、従来のライバル／プレーヤーではなく、アルファベット（グーグル）やアップル、マイクロソフト、アマゾン・ドット・コム、フェイスブックというシリコンバレーのIT企業ビッグ5の挑戦（既存企業を侵食する）とたたかうべく、自己変革の投資を急がねばならない。多国籍企業の世界ネットワークをもつ優位性はいまや失われ、減収に耐えながら新型の「グローバル統合企業」を築こうとしている。

第2節　グローバル企業組織の変革

多国籍企業は、九〇年代に構築された世界中に配置された現地子会社群の連合体から、米本国を拠点に世界の生産と価値配分とを統合化する「グローバリー・インテグレーテッド・エンタープライズ」に変革しなければ二一世紀を生き抜くことはできない、と宣言したのはIBM会長兼CEOだったサム・パルミサーノ氏であった。シリコンバレーのIT企業が「インダストリアル」の世界に進出し、「ソフトウェアが世界を食い尽くす」(伝説のエンジニア=マーク・アンドリューセン、一一年八月)。打撃を受けるのは、コンピュータのハードメーカーのIBMであった。★5

★5　*ibid.*, p15.

一九八〇年代に汎用機メーカーの大規模な統合企業であったIBMは、九〇年代にかけて、マイクロソフト、オラクルなどのパソコンワークステーションのソフトウェア専業会社、インテル、TI、AMDの半導体専業会社、アップル、デル・コンピュータなどの通信機器開発・製造・販売の巨人たち、そして九〇年代中期以降は、インターネット普及で寡占化した情報配信サービスの企業モデルたるグーグル、ヤフー、イーベイなどの挑戦を受けた。これら新興ライバルは二一世紀に入ると高速通信とモバイル通信、スマートフォン、クラウド技術を基礎に様々な通信サービスを開始した。

ＩＢＭは八〇年代から停滞し続ける主力の汎用機事業を縮小しつつ、パソコンやＩＴ機器システム、エレクトロニクス事業の製造部門をアジア企業に外部委託する一方、製品開発、設計、マーケティングに経営資源を集中した。九〇年代から二一世紀にかけて製造業からも撤退を本格化し、ルイス・ガースナーＣＥＯが大リストラを断行し、ソフトウェア事業、サービス事業への専業化を開始、その割合を高めていった。

次のＣＥＯのサム・パルミサーノ氏はソフト化、サービス化とアウトソーシング（外部委託）路線をさらに進め、二〇〇五年にはパソコン事業を中国のレノボに売却し、二〇〇八年にはインド子会社の従業員を八・四万人、中国子会社は一・六万人へと増大させ、ＩＢＭの全従業員の七二％を国外で占めた。二〇〇八年の事業収入構成は、サービス事業収入が五七ソフトウェア収入が二一％、両部門合計で七八％を占めるようになった。

二〇世紀のグローバル統合体企業（グローバリー・インテグレーテッド・エンタプライズ）としてのＩＢＭは、二一世紀に向け、法人向けサービス事業（クラウドのビッグデータ分析、ソーシャルメディア、モバイル、セキュリティ）の戦略分野へと転換をはかることになった。

二〇一二年に、同社生え抜きであり初の女性ＣＥＯとして就任したバージニア・ロメッティ氏は、二〇一一年を頂点として、残るハード部門の不振から減収減益が続くなかで、ＩＢＭの人工知能

（ＡＩ）型コンピュータ「ワトソン」を使ったサービス（法人向け）やソフトウェア開発などのビジネスを積極展開した。

一六年一月には動画配信のユーストリームを買収、同年二月には医療データのトルーペン・ヘルス・アナリスティックを買収し、「ワトソン」の分析力を積極活用できる体制を整える。そして、ＩＢＭの米国特許取得件数は八〇八八件（一六年）で二四年間連続で首位（スーパー・トップ）。特許取得数は前年より一〇％増加。老舗ＩＢＭを追いかけるグーグルが五位、アマゾン・テクノロジーズが一四位である。かつては、半導体技術が過半を占めていた特許も、いまやＡＩやクラウド・コンピューティングなどのソフトウェア技術が主流をなしている。

これによりＩＢＭは、「豊作貧乏」と皮肉られてきた知的財産関連の立て直しが進み、一六年に入ると急回復に向かい始めた。クラウド・コンピューティングの普及で、メインフレームやコンサルティングなどの既存事業が低迷し、19四半期連続の減収が続くなか、知財関連の業績向上（一六年一二月決算、知財関連利益は一六・三億ドルで前年実績の二・四倍）は、一定の業績の支えとなった。「ワトソン」を使ったサービスやソフトウェアで、ＩＢＭはマイクロソフトなど競合他社に打ち勝って初期市場で先行（一六年推計で一〇〇億ドルの売上）、金融・医療医薬など名門企業顧客を取りこんでいる。この戦略部門の先頭に立つのは、ＩＢＭが一六年二月に買収した天気情報サービス大手の「ウェザーカンパニー」のＣＥＯだったデビッド・ケニー氏である。ＩＢＭ生え抜きで固める四〇〇〇人以上の研究開発要員も、いまでは半分以上が中途採用のスカウト組で、グーグル、シ

図3-8　高技術多国籍企業IBMの売上総利益額の減少（10億ドル）

（出所）*Financial Times*, May 25, 2017

スコシステムズなどの追撃に備える体制をとった。

ＩＢＭの社員は一二年に四三万四〇〇〇人だったが、一五年までに五万四〇〇〇人が同社を去り、中途入社の外部人材活用が進んだ。成長戦略がウォール街で評価され、一七年二月には、一年前の底値一一六・九〇ドルから五六％高い一八二・七五ドルまで回復した。しかし、マーチン・シュロック財務担当責任者は、「ワトソン」関連の売上好調を強調しつつも、一桁台前半の売上成長しか見込まなかった。一六年一二月期までの19四半期連続減収の結果（図３―８）、同期売上高は、一一年一二月期のピークの一〇六九億ドルから七七九億ドルへ三〇〇億ドル減少となった。

ＩＢＭは「ビッグデータ」とあらゆるものがネットにつながる「ＩｏＴ」など様々な分野で「ワトソン」の活用をクラウド上で展開するビジネスモデルを展開し、「ワトソン」関連の売上高は一〇〇億ドルを超えたものの、既存のITビジネスの衰退は止まらない。一七年一～三月のメインフレームの売上高は前年同期比四〇％に過ぎないというから、事業部門としては事実上崩壊を開始したといわざるを得ない。クラウド時代に適応するために自社事業同士の競合と優勝劣敗は避けられない。次世代事業構造の構築と革新（インダストリアル・リストラクション）の矛盾にあえぐ国際トラスト企業の実態をうきぼりにしている。★6

★6 Richard Waters, "IBM fights to keep up with rivals in the cloud", *Financial Times*, may 25 2017.

バージニア・ロメッティCEOは、一二年から一六年の四年間で合計七〇〇億ドルを自社株買いと配当に投じ、ウォーレン・バフェット氏をはじめとするウォール街の投資家の期待に応えようとしてきたが、株主優遇にもかかわらず成長は見込めないと投資家たちは判断せざるを得なかった。バフェット氏も保有するＩＢＭ株の三割を「この先は見込めない」として一七年五月に売却している。

自社株買いは株主資本の減少につながり、投資家の重視する自己資本利益率（ＲＯＥ）は七三％という超高水準にまで達した。その半面で、ＩＢＭの長期負債は一一年末～一六年末まで一一八億ドル純増（一六年末で三四六億ドル）し、現金同等物も約三四億ドル減の八五億ドル（一六年末）となった。バフェット氏は株主還元としてかなりの資金をＩＢＭからしぼり出したことになる。

そこでＩＢＭとして問題なのは、過去五年間の研究開発投資が約二九〇億ドルと、その間の株主還元額などの四割に過ぎないことである。今日、ＩＢＭの苦境といえばＩＴの新潮流・クラウドに乗り遅れたことにあるとすれば、最も重要な本業強化・革新への資金配分ははたして十分であったかの疑問が強まっている。

金融・医療からサービス業界までＡＩ活用が広まるなか、最新技術取得、研究基盤確立で遅れをとれば先行者優位を失う。ＩＢＭはいまアマゾンなどＩＴのライバル企業が安く使いやすいＡＩを次々と開発し、コモディティ化する前に「ワトソン」の性能向上を図らねばならない。

第3節　多国籍企業のデジタル変革とシリコンバレー進出

（1）GEのポスト・インダストリアル革命

ＧＥは、一八三ヵ国に多国籍展開し、シリコンバレーのＩＴ企業の攻勢に対応して、本社をニューヨークに近いコネチカット州フェアチャイルドからボストンに移して、新企業モデルへの事業変革、デジタル・トランスフォーメーションに向けて、「インダストリアル・インターネット」を唱え、ビッグデータ分析など、ソフトやサービス面から本業変革を狙っている。

図3-9　イメルト会長時期のGE:多角経営事業のポートフォリオの変遷と営業利益（10億ドル）

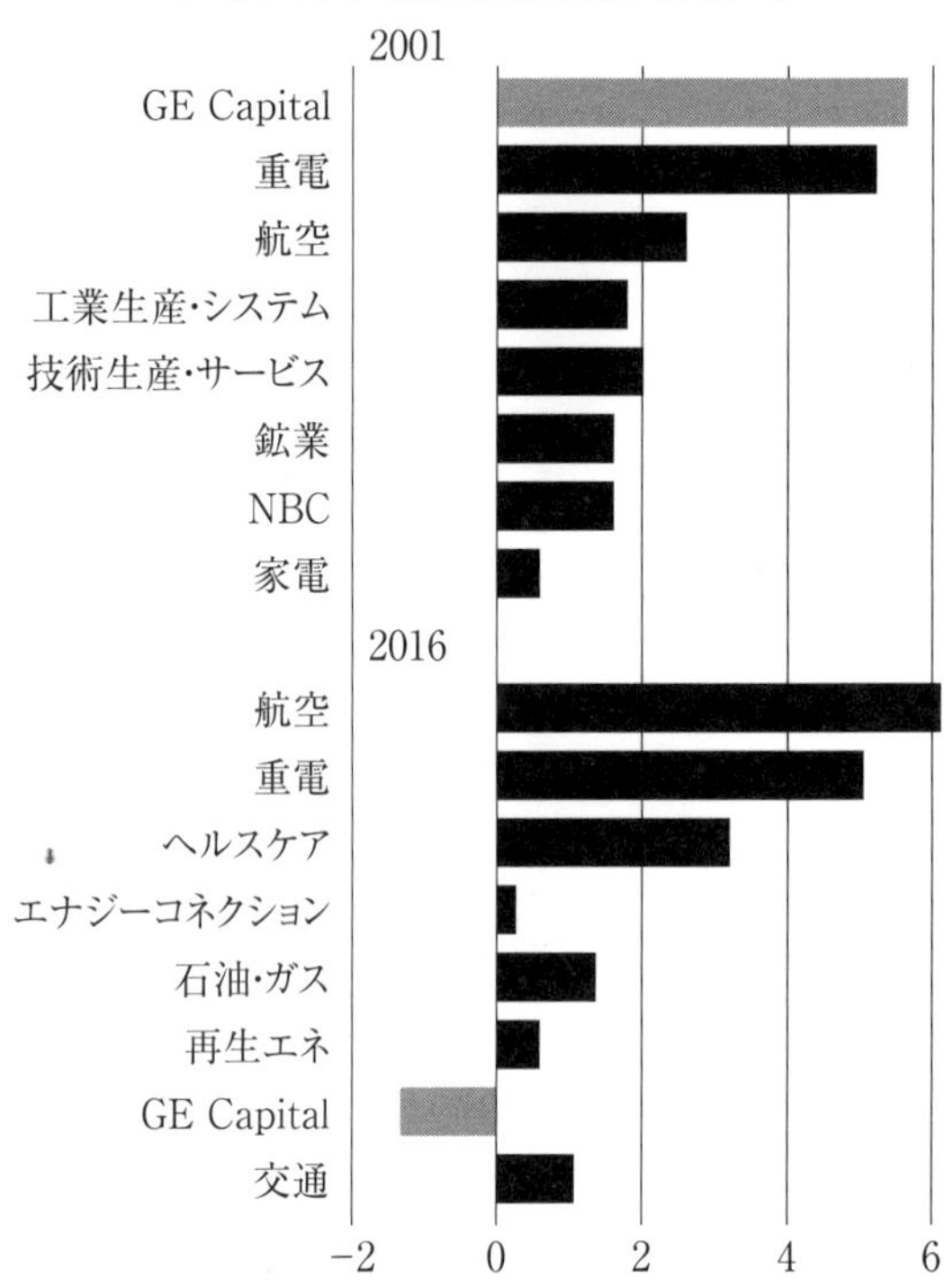

（注）GEは事業名を年々変えている
（出所）*Financial Times*, June 13, 2017

ジェフリー・イメルトCEOは、二〇〇一年に就任以来、ビッグデータを活用した新サービス事業の「選択と集中」という資本再配分による事業ポートフォリオの変革と転換をはかり、M&A（合併・買収）を通じて、メディア運営から金融・重電インフラ・プラスチック化学を手掛けるグローバル多角経営のコングロマリット型企業から、電力・石油・ガス・航空機・交通インフラと医療産業に特化した経営体へと変革を進めてきた。

　そして、二〇〇七年のアップル社のスマートフォン＝「アイフォン」やグーグルのスマホ用基本ソフト（OS）の「アンドロイド」に始まる社会の技術変革（disruption 断絶）を経て、すべてのデータトラフィックの動きが急加速する時代に対応して、製造業のサービス化、製造過程のＩＴ化など現代製造業の手本ともいわれる革新を断行してきた。

二〇〇八年にリーマン・ショックの金融危機に直面するなど大規模な経営危機に見舞われた段階で、イメルトＣＥＯは、大手メディアのＮＢＣユニバーサル、ＧＥプラスチックの売却をはかり、前任ＣＥＯのジャック・ウェルチが育成・注力した事業も手離した。経営危機を通して、業績変動の少ない製造業部門への回帰傾向を強め、二〇一五年には金融事業（ＧＥキャピタル）からの実質的な撤退をも決断した。その一方で、仏国営重電トラスト企業のアルストムＳＡの電力部門買収や、石油開発サービス事業最大のベーカー・ヒューズの実質的買収など、事業ポートフォリオ再配分の達人（capital allocator）として「選択と集中」をはかってきた（図３—９）。

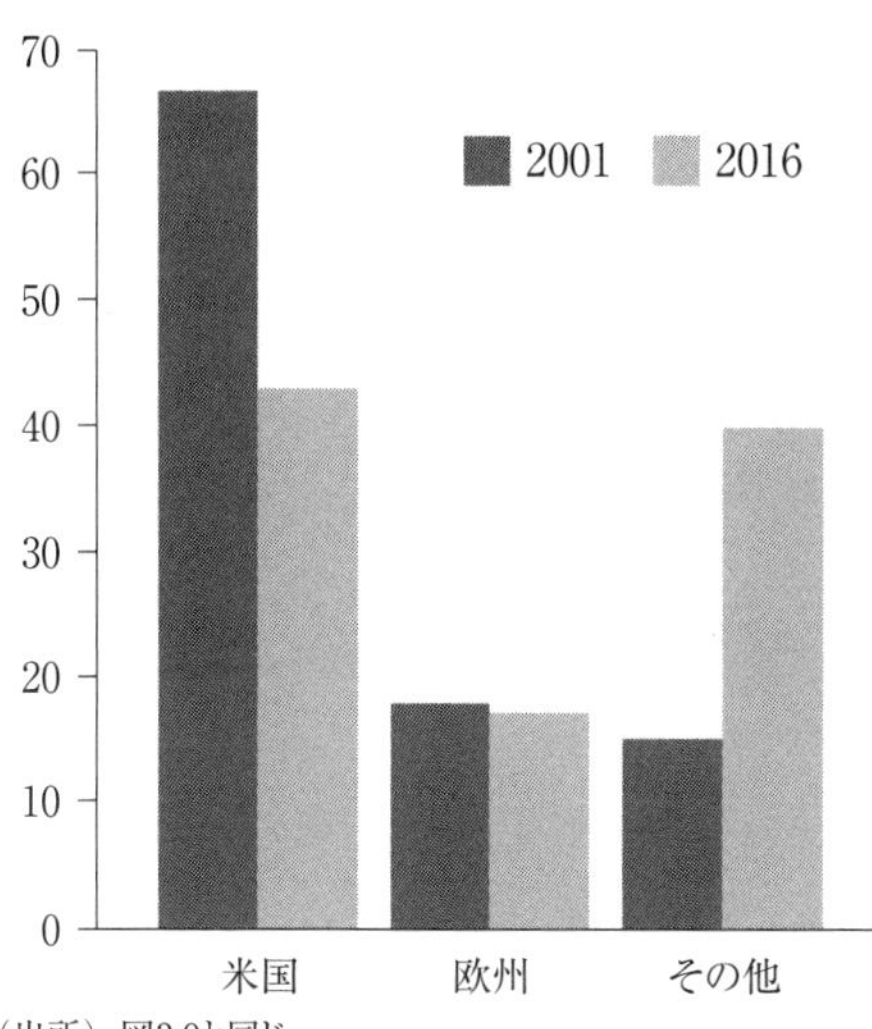

図3-10　GEの海外売上高の地域別の収入の変化
（2001年と16年、%）

（出所）図3-9と同じ

「選択と集中」と同時に、グローバル経営とマーケティング、機動的な財務運営で（海外売上比率は二〇〇一年の二九％から一六年には五八％）、ＧＥは米国産業の主柱であり続けた（図3―10）。

だが、革新の先達・主役の座をグーグルやアマゾン・ドット・コムに奪われ始めた。そこでイメルトCEOは、ビッグデータを活用した新サービスでつなぎ、インダストリアル・インターネット（IoT）を横串で貫く組織化を断行した。GEは二〇一一年に、一〇億ドルを投じて、シスコシステムズから技術者をスカウトして、「GEデジタル」を設立、ビッグデータを解析できる産業用のプラットフォーム（IoT基盤）である「プリデックス」を構築した。

イメルト経営の狙いは、GEのデジタル化の遅れを回復し、GEキャピタルに利益の過半を依存しているというGEの「金融化」を脱却して、従来の製造業部門（アプライアンス＝白物家電からジェットエンジン、医療機器、エネルギー＝発電設備、石油開発）をデジタル化によって再生させることであった。

だが、GEキャピタルへの依存はなお大きく、二〇〇八年のリーマン・ショックをもろに受け、メリルリンチやシティバンクなどの金融機関とともに政府支援に頼るという不名誉な事態に陥った。その屈辱を晴らすかのように、イメルト氏は、中国等で生産しているアプライアンス部門を米国内へ呼び戻す策に打って出た。[★7] シリコンバレーにラボ（研究所）をつくり、IT新星企業の買収を果たし、デジタル化を進めた。

★7 Editor, "Captain of industry ; The former boss of GE transformed American capitalism in good ways and bad", *The Economist*, March 7th 2020, p56.

イメルト氏は、ロボットの普及で生産コストが大幅に低減することができるというので、グローバル化に変化を取り入れ、「地産地消論」を唱え始めた。ＩｏＴで売れ行きに合わせて「生産量を調整したり、世界中に散らばっている設備を外国から一括して操作できれば、コストは大幅に下げられる」というものである。これまでのように賃金の安い国で大量生産して、世界中に輸出するという手続きをとらなくするとし、自国回帰でも収益を確保できる時代はすでに来ているというのである。ＧＥはなお世界最大の米国製造業の主柱企業であり、イメルトＣＥＯはオバマ前政権下では大統領諮問機関である「雇用と競争力会議」の議長を務めた。しかし、改革スピードは遅く、イメルトはＧＥキャピタルやＮＢＣ売却を決意。アプライアンスや電球のような祖業からも撤退を開始した。代わりに行ったアルストム、ベーカー・ヒューズの買収では成果が上がらず、株価も低迷。ニューヨーク市場の有料銘柄（ブルーチップス）からも外された。

全米市場に広がるＧＥ批判は、ゴールドマン・サックスをはじめウォール街の投資銀行や機関投資家の支持するところとなり、米国著名投資家ウォーレン・バフェット氏のバークシャー・ハザウェイも、ＧＥ株の全株売却へ踏み切った。米国製造業の復活と米国回帰を主張し続けてきたイメルト氏は、一七年八月に元ＧＥキャピタルのＣＥＯであった金融テクノクラートのジョン・フラナリー氏に、ＧＥのＣＥＯの座を譲り渡すこととなった。★8 フラナリー経営は、成長戦略を掲げることなく、コスト削減第一の見地から石油、鉄道事業の売却、ヘルスケア事業の分離など縮小均衡路線を歩み出した。「ＧＥ型革新モデルが失われた」との株式市場の落胆から、株価は一年で半値以下となり、一八年の決算では史上最大規模の赤字となった。ダウ工業株三〇種平均の構成銘柄からも外れた。フラナリー氏は任期一年にして解任された。ＧＥ凋落（ちょうらく）後の「解体的再建」に向けて、一四〇年の同社の歴史上で初の外部からの最高経営責任者として、経営再建のエキスパートで医療機器大手・ダナハーのＣＥＯ、ローレンス・カルプ氏が任命された。

★8 Editor. "General Electric — The rein of Jeff Immelt, GE's bos shows that capital allocation is hillyshly difficult", *The Economist*, May 27, 2017, p56.

（２）ＧＭの欧州撤退とＡＴ＆Ｔのタイム・ワーナー買収計画

多国籍企業として一〇〇年以上の歴史をもつＧＭも、その地理的支配領域を大きく縮小し始めた。二〇一五年からインドネシア、ロシア、インド市場に続いて、一〇年で八〇億ドルの累積赤字を出した欧州市場（年間売上台数一〇〇万台）からの撤退を開始し、トヨタ、フォルクスワーゲンとの世界ビッグスリーの年産一〇〇〇万台競争から退き、北米と中国にブラジルを高収益市場とし、ここに生産拠点を集中する。

同時に、シリコンバレーのＩＴ企業に接近し、電気自動車（シボレー・ボルト社）、自動運転開発（ＩＢＭと提携し、クルーズ社を一〇億ドルで買収）、新サービスのライドシェア事業では、リスト社を五億ドルで、サイドカー社を四〇〇〇万ドルで買収し、さらにマーベン社とも買収交渉を行っている。メアリー・バーラＣＥＯは、「五年間でＧＭ五〇年分の変化を果たす」と述べ[★9]、新たな自動車産業の形態への転換（デジタル・インダストリアル・リストラクチャリング）をめざす。生産量×価格の競争から脱し、サービス化による収益第一主義の新ビジネスモデル創出をめざす。ウォール街では、グローバル体制の縮小にもつながるＧＭの変革（欧州撤退で一株当たり利益は増大）に好感し、株価は上昇している。ウーバーのようなシェアサービス最大手の買収をも戦略目標にかかげている。

★9　Editor, "Shrink to fit-GM slims for the swabe of faller profits". *The Economist*, June 24th 2017, p56.

フォード・モーターは、米自動車企業のなかで唯一政府による法的整理を免れた企業で、二〇一六年は史上最大の利益を達成した。しかし、電気自動車、自動運転車、ライドシェアなどの新事業進出の面で出遅れて、株価が上昇せず、マーク・フィールズＣＥＯは創業家によって解任され、子会社からジェームス・ハケット氏が任命された。メキシコ進出は中止して、北米と中国に力点を置き、加えて中国で生産した小型車を米国市場に持ち込むという方式を採用しようとしている。グーグルやテルサとの技術提携も急ごうとし始めた。

ＡＴ＆Ｔは、二一世紀に入って急激な技術の陳腐化に苦しみ、デジタル化の波に乗り遅れて破綻したイーストマン・コダックの命運をたどるのではないかと懸念されるなか、二〇世紀末から急展開したグローバル拡張戦略を引っ込めて、米国内での寡占的複合メディア（メガメディア）の構築へ走り始めた。

二〇一五年には衛星放送最大のディレクTVを買収し、一六年秋口からは、ニュース専門局CNNや映画大手のワーナー・ブラザーズを傘下に持つコンテンツ企業のタイム・ワーナーの買収（約八五四億ドル）に着手している。一二〇年以上の歴史を持つ老舗通信会社の背後にあるのは、ネット動画の普及が生むコンテンツ流通の大変動である。シリコンバレー出身の動画配信の代表企業・ネットフリックスの契約者数が、数年後には全米のケーブルテレビ契約者を抜こうとしている。[★10]そこでAT&Tは財務力を生かしてコンテンツ企業を丸ごと買収する一方で、世界一九〇ヵ国・地域（中国を含め）に展開するシリコンバレー多国籍企業のネットフリックス（約五四〇億ドル）との連繫にも関心を強めていったのである。

★10　Gerry Smith, "Where the Future's AT（&T）", *Bloomberg Business week*, October 31, 2016, pp3-4.

同じ旧AT&T系のライバルであるベライゾン・コミュニケーションズも、二〇一五年にネット大手のAOLを買収し、動画広告を開始した。一六年七月には、米ヤフーのネット事業を買収した。この両通信メディア巨人が恐れるのは、動画や音楽などのネット配信サービスで巨人化するアップルやグーグル、ネットフリックスなど「プラットフォーマー」と呼ばれる企業群である。

AT&Tはダウ平均の指標銘柄から三年前に外れ、時代の「最先端企業」ではなくなったが、業績は好調で、株式時価総額は世界一八位。新分野に向けてM&Aを展開し、海外に生産を移して大型のリストラクチャリング（人員解雇）を行うという米国多国籍企業の方式を採用せず、現在の人材を再トレーニングして、デジタル・リストラクチャリングを行う（大手の社員の再トレーニングに週五〜一〇時間、一六年五月までに延べ一八〇万以上の新技術講座）という新方式を採用している。けだし、ネットやモバイル事業に重心を移すには、そのための技術者・技能者が必要となるが、同社は現在の社員（多くは固定電話やインフラ設計・メンテナンスなど）＝人材全員を鍛え直すべく変革ツールを立ち上げ、eラーニング、研修機関を設け再トレーニングに取り掛かっている。

世界最大の多国籍企業となったウォルマート・ストアーズは、アマゾンの脅威を受けつつシリコンバレーにラボを開設、データ分析にたけた米ジェット・ドット・コムを一六年秋に買収した。さらに小売りの盟主の座に迫るアマゾンが、高級スーパー「ホールフーズ」の買収など、リアルの世界に進出し始め、米国消費関連の全企業がアマゾン膨張の影響を受ける「アマゾン・エフェクト」現象が起き始め、ウォルマートはグーグルと「共通の敵」に対して手を結ぶこととなった。両社はインターネット通販事業で提携し、人口知能（ＡＩ）で簡単に商品を注文できるシステムを構築することとなった。

九〇年代から、デジタル／インターネット基盤に拡張一途の多国籍企業グローバル化の時代は終わり、エスタブリッシュメント企業は、米国拠点の新型グローバル化をシリコンバレー企業の新技術・新経営手法を取り込みつつ再構築しようとしている。

(3) シリコンバレーの新興多国籍企業

例外的に、なおグローバル化を推進しつつあるＩＴデジタル産業変革の旗手としてのシリコンバレー企業の寡占体を形成する米国上場企業五社――アップル、アルファベット（グーグル）、マイクロソフト、アマゾン・ドット・コム、フェイスブックは、世界で最も高額の時価総額を誇り、一七年五月末の現在の時価総額合計は二・九兆ドルに達し、過去の上位五社をもはるかにしのいでいる。

ハイテク企業株の価格上昇は、株式市場のバブル化の兆候とされているが、ニューヨーク、ロンドンの国際金融市場の機関投資家たちは、右の五社を二一世紀型の寡占体と位置づけ、その寡占的産業構造を基盤に利益はなお伸び続けると確信している。五社は、世界制覇をめざしてライバルの台頭やエスタブリッシュメント（旧来の寡占体・多国籍企業）の反撃を恐れ、リスクを見込みつつ、ひたすら現金を積み上げている。機関投資家――巨大銀行・金融機関にとって、格好の投資対象となっている。

今や数十億人の利用者が、これらの企業のソーシャル・メディアやデジタル・アシスタント、基本ソフト（ＯＳ）、クラウド・コンピューティングのプラットフォーム（基盤となる装置）を使い、それなくしては、ビジネスは立ちゆかなくなっている。「ビッグ５」「ビッグテック」などと呼ばれる五社の純利益合計（一六年）は、一〇〇〇億ドルで、金融アナリストたちは二〇二〇年には一七〇〇億ドルになると推測している。

世界のＩＴ市場で高いシェアを確立し、優れたマネーメーキングマシーンへと進化したビッグ5だが、この新興の多国籍企業は、旧来型のエスタブリッシュメント寡占企業のように主に債務で資金調達をし、取得した現金の大半を機関投資家をはじめとする株主に還元するということはしない。

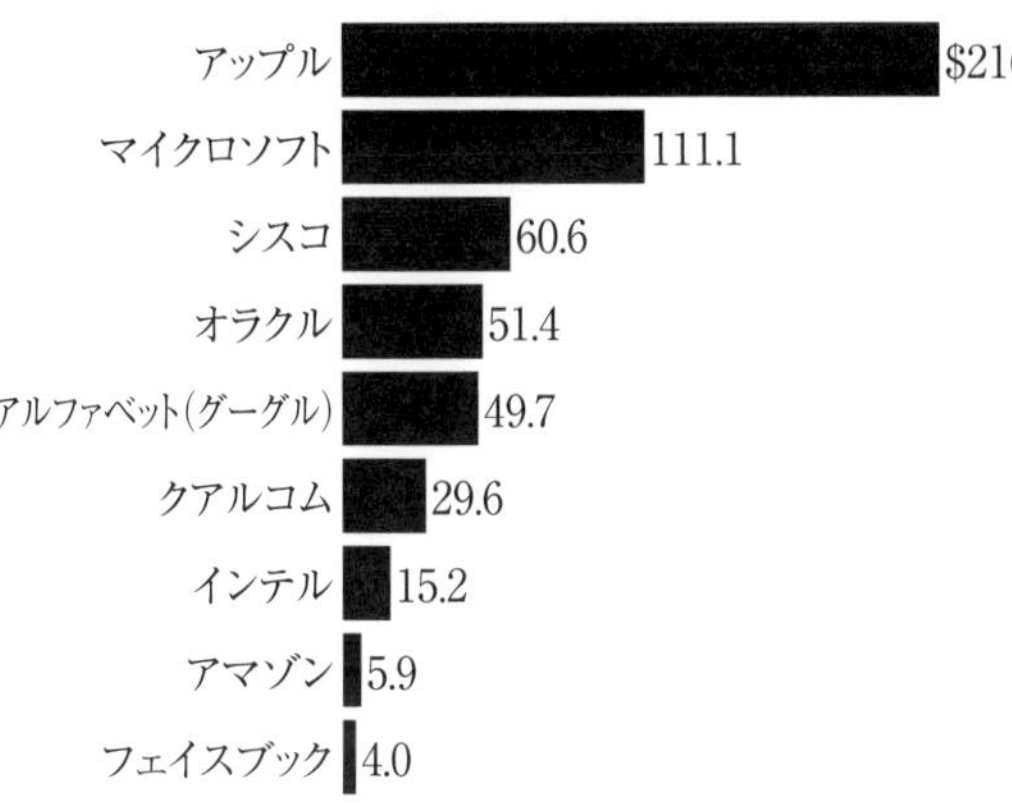

図3-11　シリコンバレー大手多国籍企業の在外子会社保有現金流動性（10億ドル）

（原資料）各社報告・Dan Gallagher氏作成
（出所）*The Wall Street Journal*, December 15, 2016

五社の手持ち現金から債務を引いたネットキャッシュの額は三三〇〇億ドル（一六年末）と、キャッシュ・フローの二倍にも達している。一九九六年のハイテク五社（シスコシステムズ、インテル、オラクル、クアルコム、テキサス・インスツルメント）のキャッシュ・フロー総額に対するネットキャッシュの倍率は一・三倍であった。

利益増大にともなって、手持ち現金総額は急速に増大していくが、今日の「ビッグテック」五社はその現金を株主に還元していく方策を掲げつつも、ほぼ何も実行していない。米（英）の現代金融資本主義下の安定した企業行動とは異なる企業文化を追求している。五社は、二〇年来の成長と独占の結果、米国のスタートアップ企業の数を減少させ、不平等と政治の分断化を進めた。その技術革新は「監視資本主義」という新たな資本主義を生み出した。消費者を監視し、情報を収集分析し、人間行動を先読みして独占的収益を上げる。米国政府とEU諸国に政治資金をバラまき膨大な収益の税を免れる。

五社は、現金総額の八〇%を海外で保有し（図3―11）、利益を本国に還流する際に、払う税金を免れている。企業が規制や賠償金だけでなく、現金の本国還流に伴う税を含め不測の税負担すべてを払うことを想定しても、五社の二〇二〇年のネットキャッシュは三八〇〇億ドルに達するといわれる。

五社は、二〇一五年に研究開発費と設備投資に五年前の三倍となる一〇〇〇億ドルを投じ、巨額のデータセンターや新本社、自動運転、不死薬の開発、再生エネルギー、新宇宙開発といった壮大な計画に注ぎ込んだ。五社が、二〇二〇年までにすべてを有効に使おうとすれば、三〇〇〇億ドルまで投資を拡大しなければならない。この金額は世界のベンチャーキャピタル業界が年々投ずる金額の二倍以上である。

だが五社は、これらの巨額の現金を将来への保険ととらえている。技術や企業モデルの陳腐化と米・欧・アジア（中国）での規制強化を企業内部では懸念する声もある。グーグルやフェイスブックの売上高の八五%は広告収入に依存し、アップルも経営の堅実性を流行に弱いスマホに左右され、アマゾンやマイクロソフトは利益率の低下に悩み始めている。ソフト企業五社はメディア資本や自動車会社の買収で多角化をはかろうという冒険的な手腕までは持ちえない。アマゾン創業者のジェフ・ベゾス氏がＮＡＳＡ（米航空宇宙局）やペンタゴンの支援を受け宇宙ロケットの企業を立ち上げ、毎年、アマゾン持ち株を一〇億ドル売却しているのは特別な例といえる。

巨額の現金をかかえながら、特別な投資戦略を持たない現況において、いかに米国金融資本――ビジネス社会との連係をはかるべきかという課題に向けて、アルファベット（グーグル）は、二〇一五年にモルガン・スタンレーの財務最高責任者（ＣＦＯ）ルース・ポラット氏を、ＣＦＯに招いた。ポラット氏は、二〇〇八年の金融危機に、米国連邦政府とともに、住宅金融機関のファニー・メイとフレディ・マック救済問題で重要な役割を果たした。就任時には、アルファベットのＣＥＯでグーグル創立者たるラリー・ページとの間で、手持ち現金の使途につき、七割を本業に、二割を新分野進出に、一割を未来成長部門の開拓に使用する原則を確認した。[★11]

★11　Edited interview, "The Good News From Google", *Foreign Affairs*, March/April 2016, p75.

ＩＴ巨人の寡占体制とインターネットを通じて国境を越える巨額利益の税金逃れに対するＥＵ委員会と米連邦トラスト当局の規制が強まり、フランス政府は一九年七月にデジタル課税を導入、イタリアはこれに追随し二〇年一月に実施決定、英国も四月に導入を決定した。これに反発したトランプ政権は、企業減税をエサにＩＴ各社（在欧州）の利益を自国に還流させようとしている。ビッグテック五社としては、還流させた利益を自社株による多額株主還元、急増利益の現金を株主に還元したり、タックスヘイブン（租税回避地）を利用するなど、エスタブリッシュメントの仲間入りという「分別あるプロセス」を用意することしか手立てはない。

世界シェアの四割を支配するＩＴビッグビジネス五社は、巨大新市場の中国への展開の見通しもないままではあるが、国際競争に有利な事業体制のまま、タックスヘイブンも活用するビジョン貧しき本国回帰を成し遂げようとしている。★12

★12　By Brad Stone, "Silicom Valley's New Reality Show", *Bloomberg Businessweek*, December 26, 2016.

（４）航空宇宙・軍需企業のグローバルシフト

「国家安全保障」を前面に打ち出したトランプ政権下で、一躍ウォール街の花形企業銘柄となっているのは、ボーイング、ロッキード・マーチン、ノースロップ・グラマン、ＵＴＣレイセオンといった航空宇宙・軍需の軍産複合体トラスト企業である。「米国を再び偉大にする」というスローガンを掲げて出現したトランプ政権にとって軍拡は既定路線だった。

すでに、ブッシュ政権の下で歴史的な額に達していた軍事予算（六〇〇〇億ドル程）を、オバマ政権は二〇一〇年まで増大させた（七〇〇〇億ドル超）後、漸次減少させた（六〇〇〇億ドル余）。

トランプ政権はオバマ政権の予算減を批判し、年一割の軍事費増加の方針を打ち上げている。

北朝鮮に対する軍事行動＝「軍事オプション」戦略の背景には、⑴オバマ政権下でのアジア太平洋地域の軍事戦略転換と、米海軍力の六割を太平洋地域に集中させ、⑵航空宇宙・軍需産業の五社への統合集約による最新兵器生産体制の確立、⑶トランプ政権の軍事ビルドアップの三要素があった。

ボーイングは、米国最大の製造業として民間機の独占とNASAのトップ契約者・米国最大の輸出企業である。最近の凋落ぶりは第2章第5節でも述べた通りだが、米国二位の軍事生産者として主力戦闘機F—18、ミサイル・ディフェンス・システム、V—22オスプレイなど各種軍用ヘリコプターの開発製造、宇宙兵器システムへも進出している。

ロッキード・マーチンは、世界最大の軍需トラストとして、F—16、F—22、F—35戦闘機などで世界最大の軍需企業となった。核兵器、弾道ミサイル防衛システム、トライデントⅡ潜水艦搭載中距離弾道極超音速ミサイル、THAADミサイルを製造している。

レイセオン（UTCレイセオン）は、米国三位の軍需企業でパトリオット地対空ミサイルでイラク戦争の主役、大手武器輸出企業としても実績がある。一九年六月にはユナイテッド・テクノロジーズと合併し、極超音速中距離ミサイルの開発・製造へ進むこととなった。

ノースロップ・グラマンは、B—2戦略爆撃機、無人偵察機グローバル・ホーク、AWACS等各種ハイテク兵器を製造する。極超音速兵器や軍事衛星システムへの進出もはかりつつある。

ジェネラル・ダイナミックスは、軍艦、原子力潜水艦、戦車、装甲・戦闘車両、機関銃などの開発生産を進めている。

北朝鮮情勢の緊張のなかで、ロッキード製THAADミサイル防衛システムの増産・配備、米国のICBM＝ミニットマンⅢ型（四五年前製造）の後継システム（予算は七億ドルで受注者はボーイングとノースロップ）が実現。これによりニューヨーク市場のボーイング、ロッキード、ノースロップ株が急騰した（一七年八月）。特にボーイングは、八月前半のダウ平均株価の上昇率は六〇％強で、アップル（三五％上昇）等のIT企業関連株の上昇率を上回っている。民間機の業績好調も手伝って、米国内市場だけでなく全地球スケールでの「グローバル成長」を遂げている。[★13]

★13 James B. Stewart, "Boeing leads stack marbel skyward" *The New York Times*, Augast 22, 23, 2017.

アジア各地でのテロや地域戦争の拡大長期化で、軍需産業のゲームチェンジ／構造変化が生じている。冷戦終結後に縮小した軍事予算は、二〇〇一年の「9・11」テロ事件を契機にした「テロとの戦い」により、大幅増に転じた。米国は、北朝鮮などの「ならず者国家」やタリバン、ISなどの「ならず者勢力」との地域戦争を、同時に二ヵ所で遂行できる軍事力の保有を掲げ、圧倒的な軍事予算を組んできた。その世界最大の軍事市場が、米国航空・宇宙・軍需産業の巨大化をもたらしている。

そしてアジアを中心に強まる軍事化の進行は、兵器輸出市場の拡大をもたらし、現代兵器の戦略的海外共同生産（外国企業とのコラボレーション、委託生産）も、軍事技術の拡散を伴いつつ同時に進行させている。

米国軍需産業は、冷戦終結後の国防費縮小下の一九九三年以来、業界再編成による集中統合によって、巨大化し、効率化した寡占五社体制が構築された。ペンタゴン＝ウォール街＝航空宇宙・軍事企業の軍産複合体間の人的・資本的結合が進み、五大寡占企業は、二〇〇一年以降、増大する国防予算に支えられて好調な経営状態を維持してきた。しかし、世界一の規模とはいえ、米国内の国家独占兵器市場だけでは、高収益性と成長性を維持できなくなった。さらに世界兵器市場に進出し、活動範囲をグローバルな生産拠点、部品コンポーネンツの調達ハブと外国企業とのコラボレーション、そして海外での資産展開も行わなければ、国際競争力を維持できなくなっている。

航空宇宙・軍需企業でもグローバル化へのシフトが二一世紀になって目立ち始め、民需・軍需両面をもつボーイングのみならず、軍需専業のロッキード・マーチン等もグローバルに統合された企業としていく必要に迫られている。とはいえ、軍需部門が国境を越えるのには、厳しい制限が課されている。

ボーイングのグローバル・シフトは、民間機や軍用機における欧州ライバルの挑戦を受けた時から始まった。まず、九六年一二月のロックウェル・インタナショナルの宇宙・軍需部門の吸収、九七年八月のマクドネル・ダグラスとの合併を経て、民間機部門の独占、軍需部門でも米国第二位になった。

二〇一五年九月に、欧州エアバス・グループがアラバマ州モービルに小型民間機の組み立て工場を稼働させたことを契機に、ボーイング社は国内外各社とのコラボレーションを全面展開することを決意した。ボーイング七八七型機は、機体の五〇％に日本製の炭素繊維複合機材を用い、油圧制御を電子制御に替えて燃料性能を一割高めた。開発・設計・製造の多くを日本（主翼は三菱重工、中央翼は富士重工等）、イタリア、オーストラリアはじめ外国企業に委ねた。最終組み立ては伝統あるシアトル郊外のエベレット工場で行うが、労働者の年金負担凍結、医療保険縮小などを労組が受け入れた。サウスカロライナ州の新工場においては、労働組合が無いまま、民間機に続いて、F―18などの軍用機生産も行うことになった（この体制が、自社株買い、株価つり上げの対極における安全軽視、737MAXの連続事故に始まり、新型コロナウイルス・ショックに至る没落の源となった）。

一五年九月、中国の習国家主席の米国訪問の際の、ボーイング737型機三〇〇機発注を機に、中国での最終組み立て工場を、中国商用飛機社（COMAC）との共同で設立、欧州エアバス（〇九年、天津で組み立て工場設立）の後を追いかけることになった。民間機の海外生産を軍用機にも適用しようとしており、韓国政府には、F―18戦闘機購入と引き換えに、韓国内に関連工場を建設する提案を現在行っている。

世界最大の軍需専業企業としてのロッキードも、最新鋭のステルス戦闘機F―35を、米英に次いで、日韓イスラエルをはじめ一二ヵ国に三〇〇〇機余り輸出し、それが配備されつつあるが、「オフセット生産方式」という輸出見返り政策や共同開発を適用しようとしている。二〇〇一年から始まった国際共同開発には、米英など九ヵ国が参加している。工場建設国は、米・日・伊の三ヵ国とすることが決まっている。日本は、より高性能のF―22の購入にこだわり参加が遅れ、F―35の共同開発には加われず、部品供給者（ベンダー）となって次期戦闘機の自主開発力を失ったといわれる。

ロッキード・マーチン社としては、ライバルのエアバス・ディフェンス&スペース、仏のダッソー、英BAEシステムズ、スウェーデンのサーブ、露スホーイ社などの売り込みに対抗すべく、技術移転、現地生産、雇用創出を切り札として（オフセット方式）、三〇ヵ国六〇〇社超のサプライヤーにまたがるバリュー・チェーンを構築している。米国主体の国際共同開発方式を活用しつつ、技術へゲモニーを維持する手法を見いだそうとしている。ロッキードは、「グローバルに統合された企業」として、運営、変革、競争力強化を図っている。

もう一つの注目点は、シリコンバレー技術の取り込みによる新機軸（早く、安く、回収・再生可能）の吸収である。ボーイング、ロッキードで独占していた軍事衛星打ち上げの合弁会社ULA（二〇〇六年設立）は、宇宙ロケットの「スペースX」（テルサ・モーターズの子会社）と、「ブルー・オリンジ」（アマゾン・アルファベットの子会社）という宇宙ベンチャー企業との共同開発生産を二〇一六年に取り入れたものである。右の二社はもともとペンタゴンが育成したベンチャー企業だが、宇宙開発分野へ軍産複合体の中核企業として進出させたことになる。[★14]

★14　Clay Dillon, "Space Race-Lockheed & Boeing vs Musk and Bezos", *Fortune*, November 1, 2016, pp48, 50, 51.

第4節　寡占的超過利潤と金融規制撤廃

（1）多国籍企業の本国回帰と寡占体制強化

米国多国籍企業はグローバル体制を否定する（deglobalising）のではない。アメリカの秩序は基本的にはそのままだが、海外生産の収益性は低下しており、グローバル化への妄信は捨て、グローバル化を、利益と安全性を無視してでも拡張しなくなった。そして、内向きに転じ、ビッグビジネスとして、不採算部門を切り離し、企業イノベーションと事業範囲と規模を整え寡占体制を強化し、価格指導権をにぎり、収益性を高め、一株当たりの利益拡大に力点を注ぎ始めた。

米ボストン・コンサルティング・グループ（ＢＣＧ）の調査では、米国多国籍企業は、二〇一二年まではサプライチェーン（供給網）構築に力点を置き、三割が中国を最も有望な投資先だと回答したが、一五年には、国内生産を拡大する計画を持つ企業が三一％に上り、中国で投資を増やす企業群（二〇％）を上回ったという。先述の五大ＩＴ巨人企業もアップルを例外とすれば、中国市場進出を北京政府に事実上禁止され、彼らを模倣したサービスの中国国営企業に中国市場を占拠されている。GEのジェフ・イメルト前CEOのように、「最低の労働コストを追求するビジネスモデルは過去のもの」という発言が、米国多国籍企業が進めるローカル化を裏打ちしている。

「米国はいま、空前の規模の現金をかかえている。ところが経営者たちは、その資金をタックスヘイブンに蓄積したり、自社株を買うだけで、工場、設備そしてイノベーションへの投資が決定的に不足している」と、大手米国資産運用会社ブラックロックのローレンス・フィンクCEOは語る。米主要五〇〇社の二〇一五年の利益総額は、GDP比率で過去最高の水準にある。リーマン・ショック後に統廃合が集中的に進んだ業界の、生き残った企業の利益は、いっそう押し上げられる。

しかし、彼らは、二〇世紀末の多国籍企業・寡占トラストのように、超大型スーパー・メジャーズをめざすことのみにはもはやこだわらない。寡占各社とも弱い分野・部門は捨て去り、シェアを一段と確保できる分野で手を結び、価格支配権を強固にしようと共通の戦略的観点に立つ。新規事業への投資には力点を置こうとしていない。経済金融化の下、企業は「株主価値最大化経営」に転じ、一株当たりの利益に主眼を置くようになった。

その典型がダウケミカルとデュポンの合併である。デュポンは総合化学企業一〇年計画を取り下げ、有名な基礎研究部門（Experimental station）も事実上解体した。この合併は、規模拡大や新規部門への進出、多角化をめざしているとはいえない。高い市場シェアと価格支配で利益を獲得する企業形態を追求する。「ハゲタカ」と呼ばれるアクティビスト投資ファンドが音頭をとり、総合投資銀行と呼ばれるゴールドマン・サックスをはじめ巨大機関投資家たちも支援する、二一世紀型の新自由主義的なM&Aである。

GEのCEOを二〇年も務めたジャック・ウェルチ氏は、世界シェアが一位か二位でない部門は切り捨て、二〇万人以上を解雇。M&Aを活用して、高収益・成長部門にのみ企業資源を配置するという経営手法を断行し、二一世紀型経営もこれを生かし、デジタル化と金融化に向かい始めている（彼は二〇一〇年代になって、GEの凋落を見てこの経営手法を否定するに至ったが）。

投資家のウォーレン・バフェット氏も、独自の競争優位の堀を周囲にめぐらしている企業を優良企業としている。同氏は、企業のグローバル化に反対で、国内におけるビッグビジネスの寡占企業体制を構築することによって、独占価格・賃金抑制・高収益を得るべきだと主張し続けてきた。バフェット氏によるGEやIBM、アップルへの金融支援や大量の株式取得は、「アメリカ第一主義」の寡占体制を築こうという、米国金融資本の中軸ではないがナショナルな勢力を代表するもので、トランプ政権のスローガンとも一脈通ずるところがある。

バフェット氏が大量の株式を取得して再編統合した米国鉄道業界は、〇四年から一六年にかけて運賃は二倍以上にハネ上がり、「収益改善」が進んだ。米国の航空運輸会社が、四つの航空会社に整理統合されたことから、米国鉄道会社の一五年の利益合計は二四〇億ドルとなり、アルファベット（グーグル）より多かったことで世界を驚かせた。

（2）寡占の進行と余剰資本の増大

ビッグビジネスのグローバル化が減退するなかで、米国企業の設備投資を差し引いた国内余剰資金は年間八〇〇〇億ドルであり、ＧＤＰの四％に相当する。[★15]

★15 Editor, "The problem with profit", *The Economist*, March 26th, 2006. p11.

必然的に進行するのが、市場の寡占化と寡占企業による利益の独り占めである。過去五〇年の米国業界の資本収益率の確率的な標準は一〇％であり、それ以上の水準になると、「例外的な利益」(abnomal profit）とよばれる。アブノーマルな利益の四分の一は、ファイザー、メルク、Ｊ＆Ｊなどの製薬・医療会社によるもので、資本収益率は二〇％から五〇％以上に上る。二〇一五年の主要五〇〇社のアブノーマル利益合計は、年間三〇〇〇億ドルに達し、これは全業界企業の税引利益の営業利益総額の三分の一であり、米国ＧＤＰ（国内総生産）の一・七％に相当する。

「業界の中長期的な収益性を決定づけるのは業界構造であり」（マイケル・Ｅ・ポーター、ハーバード大学教授）、四〇％以上の市場シェアを持つテクノロジー企業群のアップル、アルファベット（グーグル）、マイクロソフト、フェイスブック、アマゾン・コムも、機関投資家たちは、もはやリスクを抱える企業とは見ていない。積極的に仲間の企業や新規参入者の買収に乗り出し、高シェアを維持すれば、最終的には独占的利益を安定的に得られると、寡占企業の経営者たちは見ている。

これには、機関投資家の株主が、異常に肥大化し、ほぼすべての企業間の競争を暗黙のうちに抑え株価をつり上げて増益を支援するのである。★16

★16 Michael E. Porter, "The Five Competitive Forces that Share Strategy", *Harvard Business Review*, June 2011, p33.

本来なら設備投資や新規分野への開発投資、イノベーション投資に回る資金も、M&A資金や自社株買いに化けてしまう。企業の設備投資は、一六年一~六月期間で一・三%のマイナスであった。一〇年以来、最大の落ち込みとなっている。3四半期マイナス基調をたどるのも、二一世紀に入って初めてである。

その一方で、雇用状況は、失業率が〇九年の一〇%から一六年には五%を割るようになり、労働力人口も一四年から一六年にかけて〇・五%増加している。このミスマッチが、労働生産性（単位時間あたりGDP）の低下を招いている。九九~〇六年にかけての二・一%プラスから急速に低下し、一四年には〇・五%、一五年は〇・三%プラスへと落ちた。一六年には三〇年ぶりにマイナスに転ずることが明らかになった。

ニューヨーク市立大学大学院センターのポール・クルーグマン教授は、「生産性がすべてではないが、長期的にはほぼすべてである」と述べている。設備投資は相対的に低迷しており、「経済の生産性が落ち、巡航速度である潜在成長率の低下を招く」（イエレンFRB議長）という、負の循環に突入する。

いまなお、世界一の製造業大国たる米国の経済成長についてのＩＭＦの一六年修正見通しの段階では、二％から一・六％に下げられた。ローレンス・サマーズ元米財務長官の「長期停滞」説が、ニューヨーク・ワシントンの金融・政財界でも論じられるようになってきた。ローレンス・サマーズ氏は、米国の金融・ビッグビジネスの最高経営者たちが、トランプ政権の経済顧問に名を連ねて直接利権にあずかり、軍需発注やインフラ発注を得ようとしているのは「歴史的誤り」と決めつけている。[★17] もっとも彼らは、トランプ政権が役立たないと見れば、政権の要職を辞してウォール街に帰り、元の地位に復帰すればよい。

★17　Lawrence Summers, "Business needs to show thereis more to America than Trump", *Financial Times*, June 5, 2017.

最大のリスクは巨大企業とウォール街の「独り勝ち」（winner takes it all）である。寡占化の進行で値上げの環境を整えて「利益を増大」し、超過利潤を得る。異常に高まった利得と余剰金（キャッシュ・フロー）の対ＧＤＰ比率の一方で、労働者側に配分された労働生産価値の割合は低下している。そのコーポレートプロフィットの上に生ずる格差の拡大をはじめ、「気がかりな政治状況から生ずる長期的なリスク」がウォール街でも警戒されている。[★18]

★18　Editor, "Corporate earmings of populism and profits", *The Economist*, July 23th, 2016, p46.

しかし、従来型の拡張一途のグローバル展開をトーンダウンし、米国経済内での寡占体制に力点を集中し始めたビッグビジネスは、過剰利潤による余剰金で、自社株を買って株価を引き上げるだけでなく、金融ビジネスに乗り出そうとしている。米国株の最大の買い主体は、米国企業である。金余り（資本過剰）の米国主要企業五〇〇社は、一三年から一六年三月までに二兆九〇〇〇億ドルの余剰金を自社株買いと配当に振り向けた。ゴールドマン・サックスの予測では、さらに自社株買いと配当に一兆三六〇億ドルが投じられるという。

これに海外からの公的資金、中央銀行や政府系年金、政府系ファンドといった巨大マネーが米国株を押し上げる。すでに、二〇一六年央には過去のバブル期の水準を超えて未踏の領域に入っている。マネーを引き寄せるのは、世界中で利回りのなくなった中での消去法的な買いであり、〝熱狂なき株高〟といわれるのは、そのためである。そのなかで、金融株が上昇し始めた。「それはゴールドマン・サックスだけではない。ウォールストリート全体のアニマル・スピリットが復帰し始めたのである」[★19]。トランプ政権はより大きな成長とより強力な監督の下で、より巨大な資金・流動性が巨大企業・銀行の手元に集中し始めた段階での金融緩和、そして企業減税の約束をはたしている。

★19 Ben Mclannahan and Alistar Gray, "Revival of animal spirits on Wall Street" *Financial Times*, January 19. 2017.

トランプ政権の発足以来、二〇〇八年の金融危機以降の規制強化の流れが一変して、規制からの「解放」による「金融再興」が煽り立てられ、米株価ははね上がり、乱高下をくり返した。金融危機を教訓に、ウォール街の主要銀行とニューヨーク連邦準備制度理事会が中心になって導入した、米金融機関に対して事業の集約化と厳格な法令遵守を強いる国際的な規制よりも厳しい規制（元チェース・マンハッタン銀行ＣＥＯで、元米連邦準備制度理事会議長であったポール・ボルカー氏が議長で、連銀が決定した投機的金融を防ぐボルカー・ルールに基づく）がかけられることとなった（二〇一〇年にオバマ政権のランドマークとしての金融規制改革法＝ドット・フランク法が成立）。二〇〇八年の金融メルトダウンをもたらした投機的なマネーゲームを防ぐために、ボルカー・ルールは証券投資を総収入の一〇％以内にとどめるよう、これを明確に施行すべく監視する体制をとっている。これによって、金融機関は顧客に対して安全かつ健全なサービスを行い、銀行も倒産の危機におちいらないようサウンドバンキングをはかる体制をとっている。債権・株式のトレーディングを拡張しようとすれば巨大銀行はいっそうの資本充実をはからねばならない。[★20] ＪＰモルガン・チェースはじめ大手六七銀行に、資本をさらに一三〇〇億ドル積み増すように求めている（図３―12）。

図3-12　米国銀行協会の主張――ドット・フランク法の規制による米国銀行の費用負担額（10億ドル）

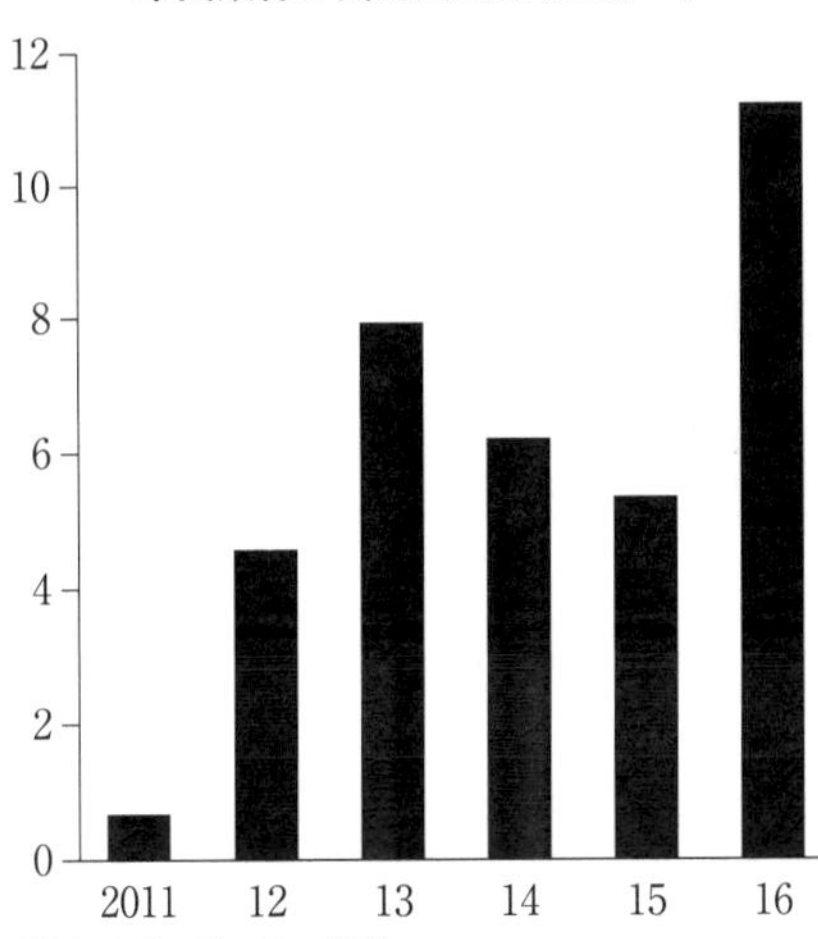

（注）各年7月21日の数値
（原資料）American Action Forum
（出所）*Financial Times*, February 5, 2017

★20　William M. Issac and Richrd M.Koracerick "How to Fix the Volcher Rule", *The Wall Street*

図3-13　米国5大銀行の純利益回復増加（4半期期別、10億ドル）

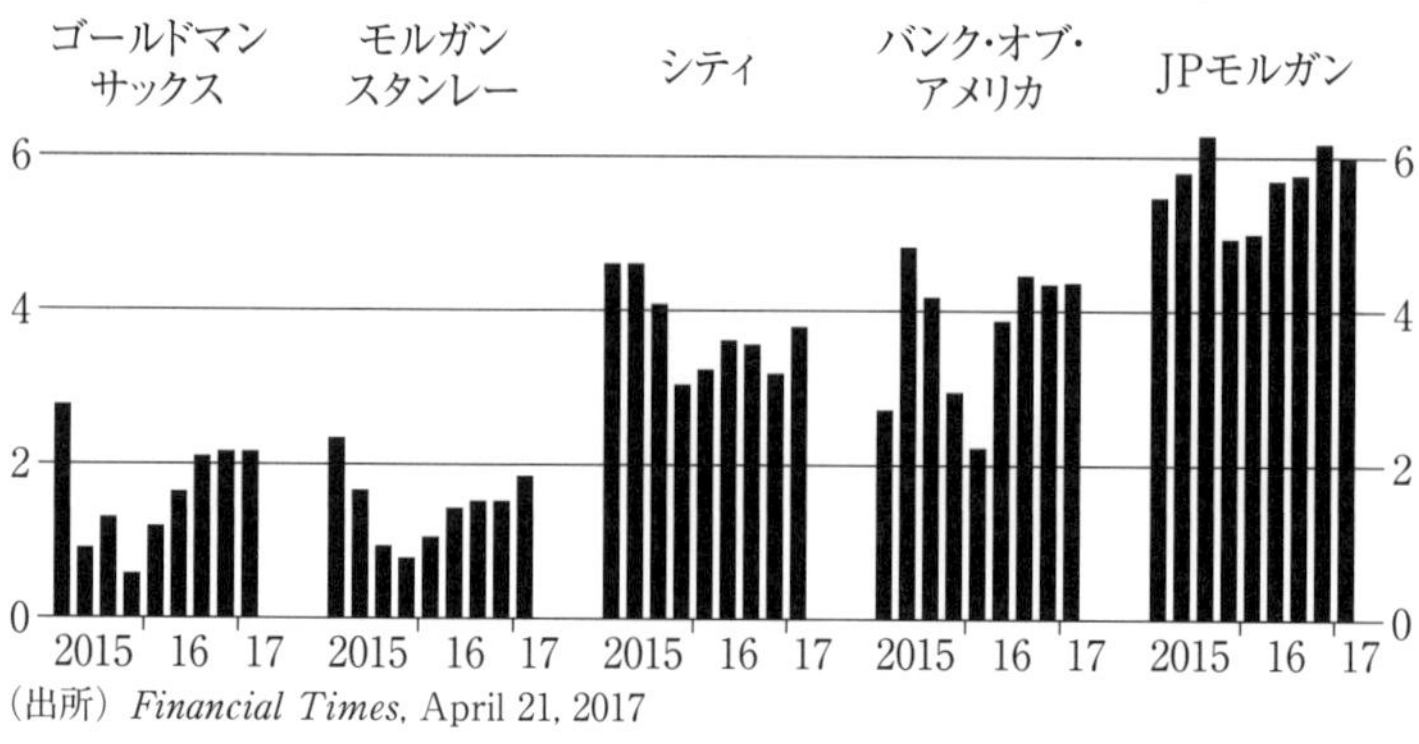

（出所）*Financial Times*, April 21, 2017

Journal, December 15, 2016.

トランプ氏は、就任後すぐに新たな規制の先送りを指導し、米銀の再生（グローバル化とIT化で新成長産業として）か、暴走かの議論がまきおこり、金融株主導でダウ工業株三〇種平均は、一七年一月に二万ドルの大台に乗せた（図3―13）。

トランプ大統領を取り囲むコーン国家経済会議委員長、ムニューシン財務長官、ロス商務長官は、ゴールドマン・サックス出身で、デリバティブやリスクマネジメントの手腕を発揮し、ハイリスク・ハイリターンの取引で成功をおさめてきた金融テクノクラートである（必ずしもウォール街の金融テクノクラートの主流ではなく、ウォールストリート・シリコンバレー・ハリウッドの高所得者層を一直線で結ぶクリントン（オバマ）路線の「進歩的ネオリベラリズム」の金融テクノクラートとは対照的であるが）。これに著名なアクティビスト投資家のカール・アイカーン、不動産投資家のトム・バラック氏が顧問として、選挙運動時から支持し続けている。リーマン・ショック以後のリスク回避型の金融からの「解放」こそ、米国金融資本がトランプ政権に課している最大の冒険的責務なのである。各社とも株式債券の売買を仲介し、利鞘を稼ぐトレーディング業務が業績を牽引(けんいん)している。ウォール街の巨大銀行は、設備投資・新規投資の縮小傾向の中で、大企業からの巨額な預り入れ金をかかえて、二〇一六年秋以降、ボルカー・ルールを脱して金融緩和を要求するようになっている。

これに対して、クリントン政権下でグラス・スティーガル法の廃絶による金融の規制撤廃を財務長官として進め、危機回避法案の設立にも協力してきたローレンス・サマーズ氏は、ボルカー・ルールの骨抜きによる金融規制の緩和は成長の起爆剤になる反面で、金融暴走を招くという議論がウォール街にあるなかで、「安易な再緩和は危険であり、過剰なレバレッジをかける搾取的な融資の時代に戻りたくない」と述べている。[★21]

★21 Gray and Ben Mclannahan, "Wall Street welcomes Trump the deregulator", *Financial Times*, February 4,5, 2017.

米連邦議会には「銀行・証券分離」論もあり、巨大銀行間とニューヨーク・ワシントン間で合意形成の基盤もないまま、ウォール街がリーマン・ショックの金融危機への反省から設けた金融ルールを、「ウォール街攻撃」で当選したポピュリスト政権に壊されるという、歴史的冒険的実験がなされるとしたら、米国の内向き資本主義の金融化と製造業の弱体化の危機はさらに深化しよう。

二〇一七年六月には、トランプ大統領はムニューシン財務長官に対して、金融恐慌以後のオバマ政権の危機回避・金融改革であるドッド・フランク法を、「世界経済の大災難」として見直すよう指示したと言われている。財務省も、銀行がより高度の資本レベルの実質を維持することと引き換えに資本や流動性にかかわる諸制限ならびにボルカー・ルールを含めたドット・フランク法の規制のほとんどから解き放たれる可能性について公言している。[★22] しかし、リーマン・ショックを体験したＪＰモルガン、モルガン・スタンレーなどウォール街のエスタブリッシュメントもトランプ政権の動きには反対、ボルカー・ルールの精神は生き延びた。

★22　Ben Mclannahan and Sam Fleming, "Munuchin moves to ease banks, regulatory chains", *Financial Times*, June 14, 2017.

＊

二〇世紀末の九〇年代から、デジタル／インターネット技術を基盤に拡張一途だった多国籍企業グローバル化の時代は終わり、エスタブリッシュメントの巨大企業（国際資本）は、国際企業間競争を生き抜くべく、新しい技術へ対応――企業イノベーションと事業の高収益部門への絞り込みによるビジネス領域の再編成（＝プラットフォームの構築）――をはかるべく、二一世紀に入って戦略転換を行ってきた。伝統ある多国籍企業は、従来の在外子会社の連合体を超えて、米本国拠点の新型グローバル統合体へと進化させ、主にシリコンバレー企業の新技術、新経営手法を取り込みつつ、寡占化と収益力の拡大をはかってきた。対外投資拡大よりも、国内市場で弱い部分を捨て去り、国内ライバル企業・銀行間のＭ＆Ａを進め、設備投資よりも、新技術企業の買収や出資と自社株買いを推進し、価格支配権を強固にすべく寡占化を進め収益性をたかめてきた（内向き資本主義の進行）。
多国籍企業の「左腕」ともいうべきプルート・ポピュリズムのトランプ政権は、ウォール街出身の金融テクノクラートや巨大企業の最高経営者を主要閣僚や大統領補佐官、経済政策顧問に据えて、寡占化・独占化そして経済の「金融化」の進行については、なんら制限を加えることなく、他方で国内矛盾を外部に向けるべく、自己破滅的な通商政策（メキシコ、中国との経済・貿易緊張策）を掲げて威嚇（いかく）した。

その一方で、大幅な企業減税、所得税の最高税率の引き下げを行い、財政の悪化と物価高を通し国民には負担増大と「格差拡大」を押し付けている。

さらに、オバマ政権下でウォール街自身が主導して、リーマン・ショック時に金融恐慌を避けるべく設けた一九三〇年代の改革以来の大改革といわれる「金融規制改革法」の「ボルカー・ルール」を逸脱した金融緩和の動きも活発化させている。それは、バブル経済をまねき、巨額減税による財政赤字の拡大につながり、金利上昇と住宅ローンの増大を通じて国民を圧迫することになる。

当面最大のリスクは、巨大企業とウォール街の「独り勝ち」（winner takes it all）の結果である低成長（経済、生産性）、格差拡大による上位五〇〇社への巨額な例外的利益（abnormal profit）の集中集積に対する一億四〇〇〇万人の労働者階級（その賃金水準は移民労働者との競争もあり十数年来ほとんど上昇していない）を先頭とする米国民の憤りである。しかし「経営者の唯一最大の任務は利益最大化」（ミルトン・フリードマン）という新自由主義の強欲資本主義信仰は揺らぎなき地歩を占めている。

米（英）主導のアングロ・サクソン型のグローバル化においては、エリート層と人民大衆との「格差拡大」や（企業変革やM＆Aにおける）大量人員整理を是認し、最高経営者の天文学的な額の給料取得は現代の「アメリカンドリーム」と礼讃されている。しかるに、国民大衆の暮らしの安全性の確立や過度の不平等の解消の政策はなされてこなかった。

米欧知識人の間で「反動的ポピュリズム」とも呼ばれるトランプ政権の政策には、国民の生活安全網構築への配慮はなく（オバマケアの縮小）、逆に軍事費増大・軍事産業の振興を促しつつ自己破壊的通商政策へ進む恐れがあり、大企業減税、所得税の最高税率の引き下げで、国民の負担・不安が増す中で、「格差の拡大」がさらに進もうとしている。

コロンビア大学のジョセフ・スティグリッツ教授らは、「グローバル化や市場主義にかわる選択肢」は現代資本主義世界には他になく、必然的に生ずるひずみや格差を是正していくグローバルビジネスモデルを主張し、環境税の導入、「格差の是正」を兼ねた超過利潤への課税、所得税の累進化での財政を増大させつつ、教育、再生エネルギー、開発などへの投資、介護分野での雇用創出、AIなど技術革新で失われる雇用への積極対応を主張し、多くの賛同を得ている。

ただし、トランプ政権を生んだ社会的、経済的基盤を正視しなければならない。トランプ政権の中枢を握る金融テクノクラートは、オバマ政権の「金融規制改革法」（先述のドット・フランク法。正式にはDodd. Frank Wall Street Reform and Comsumer Protection Act, ドット＝フランク・ウォール

図3-14　米国企業の国内利益に占める金融利益の割合（%）

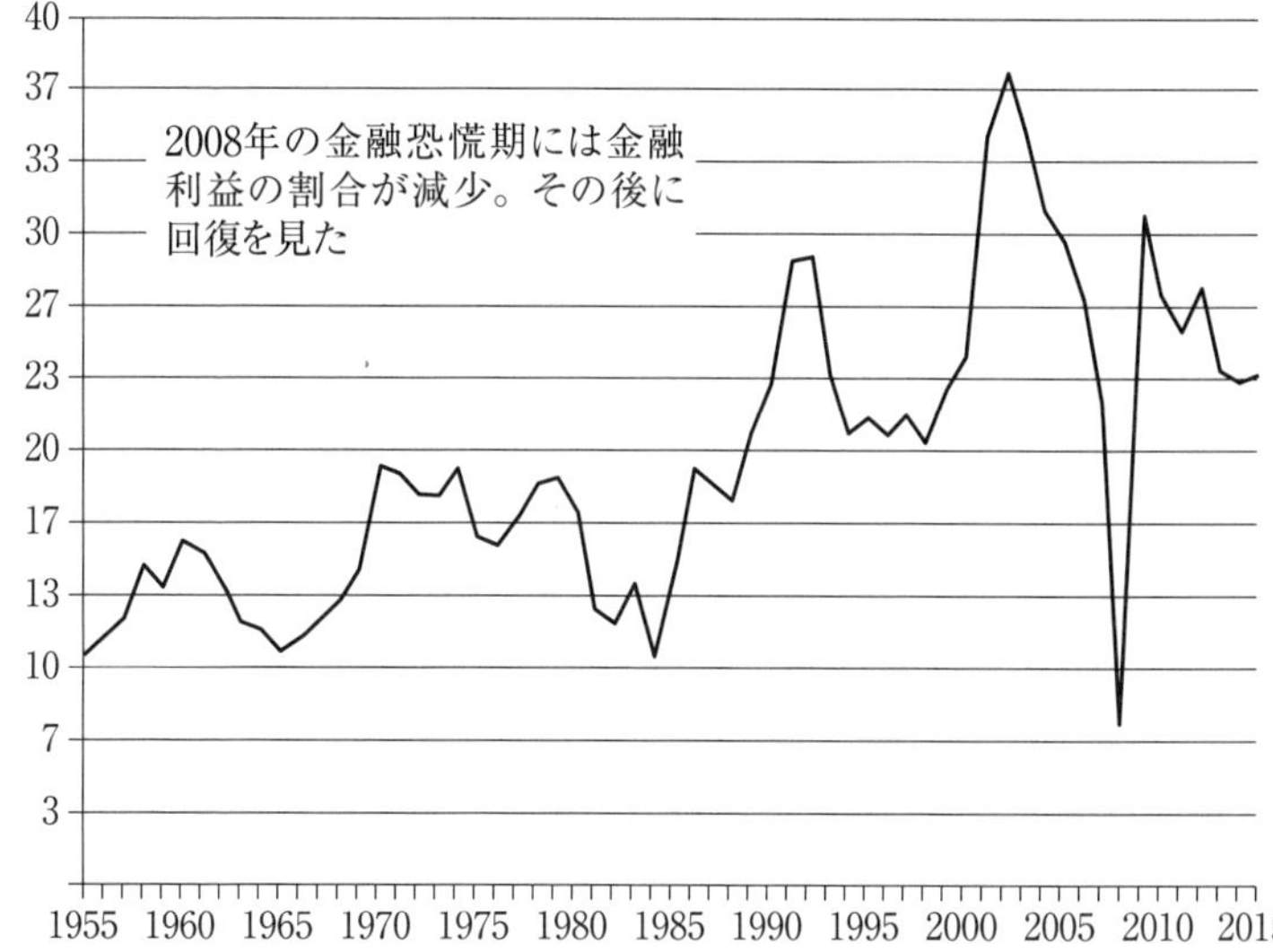

（出所）*Monthly Review*, July-August, 2016, P55

ストリート改革および消費者保護法、二〇一〇年七月成立）、とりわけ大銀行の高リスク業務を制限するボルカー・ルールの導入を阻止し、ヘッジファンド、CDSや金利スワップなど店頭デリバティブと証券化市場を規制し、巨大金融機関の破綻を国家財政で救済する原則（too big to fail）を終結させる改革を阻止しようという動きを進めている。

『マンスリー・レビュー』誌によれば、米国企業の利益総額に金融が占める割合は、リーマン・ショック以後は、大幅に低下したが、金融恐慌からの回復過程で再び経済金融化をめざす条件が台頭し始めているという[★23]（図3—14）。

★　23 By Costas Lapavitsas and Ivan Mendieta-Munoz, "The Profits of Financialization", *Monthly Review*,

July-August, 2016, pp50-59.

すでに、①グローバリゼーションの後退・内向き資本主義下の寡占化の進展で上位五〇〇社への利益集中、設備投資、イノベーション支出の減退と相まって空前の余剰金が出現し自社株買いが急増、「株主価値」最大化が多国籍企業の経営最優先目標となる。②多国籍企業内イノベーションや経営「規模と範囲」の拡大・再編を経て、経済活動における利潤が生産・取引過程で生ずる利潤よりも、金融経路を通じて生ずる利潤の方が相対的に多くなる（経済の金融化）。③上記ボルカー・ルールの骨抜きによってリーマン・ショック以前のように金融商品が次々と開発されマネーゲーム型のハイリスク、ハイリターン金融取引が復活し、金融機関収益の割合の拡大（破綻した巨大銀行は国家が救済の原則）――という経済金融化の高進である。すでにボルカー・ルール導入後の一四年において、ニューヨーク五大銀行のデリバティブ取引高は、ウォール街史上最大の四〇〇兆ドルを超えたといわれ、リーマン・ショックの金融恐慌の悪夢が風化し、金余りが長引くなか、「大きすぎて潰せない」巨大銀行が、「規制からの解放」「再生」を求めて、金融の暴走を再び開始する可能性もある。

〝反ウォール街〟を掲げて出現したトランプ政権は、実は〝ウォール街のための「プルート・ポピュリスト政権」〟として、世界最大の製造業国家アメリカを金融帝国へと変質させようと動き出したのである。

「米国を再び偉大に」と軍拡を叫び、北朝鮮に対する軍事戦略に熱狂するトランプ・ポピュリスト政権。その下で、大統領を囲むインナーサークルの軍事専門家のハイテクノクラートとペンタゴン、ウォール街—航空宇宙・軍需産業の軍産複合体の間で、北朝鮮のみならずアフガン、イラク、シリア、イランを中心とする、広域アジア地域に向けた軍事・外交戦略が展開されようとしている。

これは、オバマ政権からトランプ政権が直接受け継いだ負の遺産であり、この広域資源領域での秩序回復こそ、多国籍企業、金融資本がからまる国家的戦略テーマとして出現している。そこで、総資本の立場から、インナーサークルの「分別を持った〝大人〟の側近ら」や、元国防長官（ロバート・ゲイツ氏）らが、アフガニスタン（パキスタン）への増派を大統領に迫り、兵力引き揚げを公約していたトランプ氏は二〇一七年八月に、やむなく増派を決断した。

この決断を、ウォール街代表として、ゴールドマン・サックスの前会長・CEOのジム・ポールソン氏は、「いま内部変化を遂げ始めたトランプ経済に人々は喜んで賭けるだろう」と評価し、さらに「いまやトランプ大統領はより節度がありプロビジネスの人々に囲まれている」と述べている。[★24]

★24　David Galles, "Business Group Count White House even after CEO rift", *The New York Times*, August 23, 2017.

一七年五月に、二一世紀の国際安全センターとして、新NATO本部が完成し、同盟諸国首脳会議を前にトランプ大統領は、「老朽化したNATOは今や生まれ変わった。ただし、今後は同盟国の一層の貢献が必要である」と結び、南方への役割拡張の重要性を示唆した。それは、北アフリカ、中近東、アフガニスタン（パキスタン）を含む、紛争多発の「不安定の弧」地域での、軍事拠点の再編強化によるミリタリー・ビルドアップの開始である。

トランプ大統領の初の国防予算案は、一八会計年度（一七年一〇月～一八年九月）予算教書によれば、国防総省の予算は五七四五億ドル（国外作戦経費六四六億ドルを加えると六三九一億ドル）と、一七年度予算に比べて九・五％の増加である。米上院共和党軍事委員会は、「対北朝鮮ミサイル開発」も加えて、七〇〇〇億ドルを上回る国防権限法案を修正提出した。これが決まり、対一七年度会計費二割増となり、平時では史上最大となった。さらに宇宙軍創設を折り込んだ二〇二〇会計年度には七三八〇億ドル規模となっている。その内容は、北朝鮮対応に加えて〝新たな敵〟を求め、一七年末のトランプ政権の国家安全保障戦略は、中国をロシアとともに「米国秩序に挑む修正主義勢力」と断定し、米・ロ・中の中距離核戦力の軍拡競争を展開するものであった。

「北朝鮮の危険かつ予測不能な核兵器」を理由に、新型ミニットマン・ＩＣＢＭ、新型ステルス戦略爆撃機の開発から、ＴＨＡＡＤミサイル防衛システム、世界最大規模の同盟諸国との合同軍事演習の拡大も正当化された。そしてニューヨーク証券市場での軍需企業の株式が上昇を続け、大統領はこれを絶賛した。

米国軍産複合体は、対北朝鮮戦争瀬戸際状況を、ビジネスチャンスととらえ、日本や韓国にも新型ミサイル防衛システムなどの売り込みも拡大した。特に中国、ロシアもレーダーの範囲に収めるＴＨＡＡＤミサイル防衛システムを韓国に配備したことは重要である。

加えて、日本の安倍晋三政権は、日米軍事同盟による「集団的自衛権」の行使に踏み切るべく、戦争法（安保関連法。二〇一五年成立）を発動し、その延長線上に、迎撃ミサイル・システムのイージス・アショア導入にも踏み切ることとした。もともと、最初に朝鮮半島に核兵器を持ち込んだのは米国側であり（一九五八年）、「北朝鮮は実際に戦争を起こそうとしているのではなく、その最大目標は核抑止力を持つことであり、米国にも新たな戦争の余裕はない」というのが、米欧・中ロの常識である。

その後、二〇一八年と翌年二月にトランプ大統領と北朝鮮の金正恩朝鮮労働党委員長による会談が行われた。が、平昌オリンピックを契機に北朝鮮リスクは緩和されたと見え始めた段階で、トランプ政権は、中国とロシアを脅威の最上位に置く戦略転換を果たし、「核戦略見直し」で、米ロのINF条約（中距離核戦力全廃条約）破棄（一九年八月失効）による中距離核戦力の対中ロ核ミサイル軍拡競争を開始。軍産複合体を代表する米国政府高官たちは、日本はじめアジア・太平洋諸国への中距離核ミサイルを（中、ロに向け）配備すると公言し、米中対立を「新冷戦」化させている。

第4章　勢いづく軍産複合体

第1節　史上最強となった米国軍産複合体

（1）軍事費の大幅増大

「米国史上最も強力な軍事構築をはたした大統領の一人になる」と、米欧紙が評するドナルド・トランプ大統領は、その誕生以前から、史上最強と自他ともに認める軍産複合体に取り囲まれ、その指導を受けて登場してきた。★1 大統領選の時期を通じて、カーター、ブッシュ（父）、クリントン政権の下で、ペンタゴン、国務省、ＣＩＡの要職を務めたジェームズ・ウールジー氏が国家安全保障政策のシナリオを書き与え、当選してからは、米国の海・陸・空軍および海兵隊の再編と、米国の同盟国軍との一体化を中心に、世界規模の軍事再編を総監してきたジェームス・マティス海兵隊大将が国防長官として政策のすべてを束ねてきた。

★1　Katarina Manson, "Pentagon sifts focus to China and Russia", *Financial Times*, January 18, 2017.

マティス国防長官は、米統合戦力軍司令官とＮＡＴＯ再編連合軍最高司令官を三年間兼任したあ

図4-1　米国軍事費の推移
（9月末会計年度、単位10億ドル、2018年ドル価格）

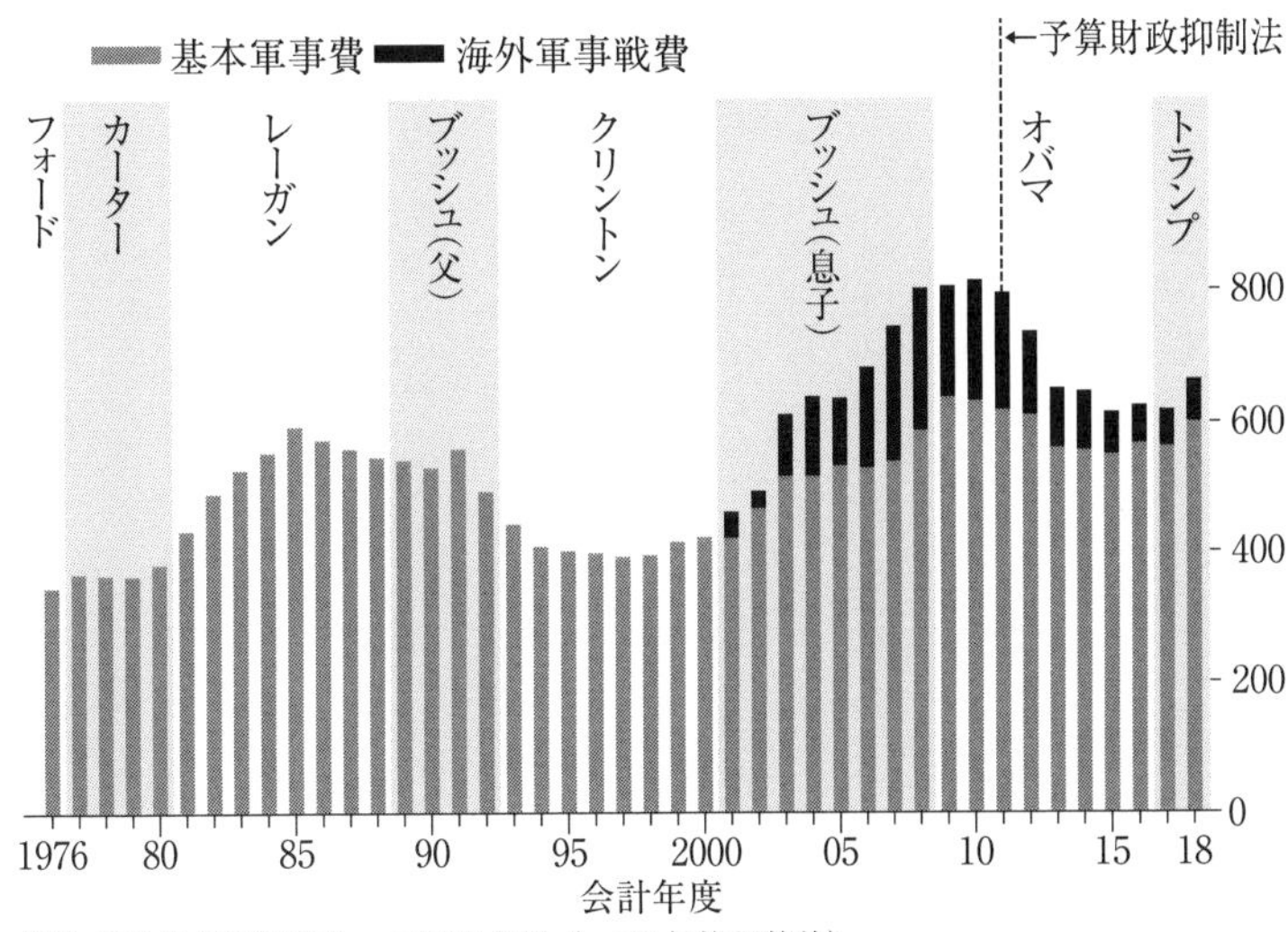

（注）18会計年度は議会への要求金額（・ドル価格調整前）
（原資料）Todd Harrison, CSIS　（出所）*The Economist*, June 17th, 2017

とで、米中央軍司令官として、北アフリカ・中東・アフガニスタンを含めた紛争多発の「不安定の弧」地域を所轄した。米主導の世界軍事再編の現場での指導者として、一九九〇年以来、米国主導のグローバル軍事再編を担当してきた。

マティス大将とその仲間たちの背後には、冷戦終結後、三度のM&A（買収・合併）再編・統合化を経て最も強大な企業連合体を形成し、ニューヨークの巨大機関投資家・巨大ファンドと組み、米国議会（上下両院の軍事委員会）と一体化して、史上最強力の体質を獲得した軍産複合体（MIC：Military Industrial Complex）がある。米国内では軍・産・議会を合わせたMICC（軍産議会複合体）とも呼んでいる。

冷戦終結後の九〇年代初頭から始まった

軍事産業の再編成には、軍事依存型の米国経済構造とミリタリー・スペンディング（軍事支出）に依拠した経済政策――軍産複合体と軍事的ケインズ主義がどのような展開をもたらしているのか。米国経済の金融化と軍事化の過程で民生部門の破綻（はたん）（オバマケアの否定、教育予算の削減）を進めつつ、トランプ政権下で軍事費は拡大の一途である。

軍事テクノクラートと軍産複合体に包み込まれたトランプ政権は、一九八〇年代初めのレーガン政権以来の大幅な軍事費増大を実現している。二〇一八会計年度は、国防費を七〇〇億ドル積み増して六二一五億ドル（海外戦費などを含めると約七〇〇〇億ドル）となった（図4―1）。さらに、二〇二〇会計年度（一九年一〇月～二〇年九月）の国防予算の枠組みは七三八〇億ドルとなり、海外援助・出費を加えると八〇〇〇億ドルを超え、財政赤字は一兆ドルとなる。二〇二一会計年度には米国の国防費は一兆ドルを上回る計算になる。[★2]

★2　ちなみに米国における軍事総支出額は、国防総省、国土安全保障省、エネルギー省の軍事用の核エネルギー関連支出の総計として算出されるようになっている。

国防費増大による軍事ビルドアップ・ミリタリースペンディング増大に支えられ、航空宇宙関連銘柄は、トランプ株高の先頭に立っている。ボーイング株価は、トランプ政権発足から九ヵ月で六六％も急上昇、ＧＥ（ゼネラル・エレクトリック）を上回る最優良銘柄となった。ミサイルの独占企業レイセオンは三〇％、ロッキード・マーチンとノースロップ・グラマンは二四％以上の上昇を見せた。右の四大軍事企業に続く企業、艦艇建造のジェネラル・ダイナミックスを加えた米国五大軍需企業の株価上昇率は、ダウ工業三〇種平均株価を上回り、シリコンバレー大手五社平均株価上昇率を上回った（図4—2、図4—3）。

トランプ政権発足直後の一七年三月、ワシントンにおいて、航空宇宙軍需企業とニューヨークの投資銀行・投資ファンドなど機関投資家の代表者数百人が集合し、国防総省の幹部と会合を開いた。席上シェイ・アサド防衛調達局長は、「今後四年でかなりの大型プログラムが推進される。エキサイティングな時が来た」と発言したという。

翌四月には、ワシントン郊外で軍事産業見本市が開催され、五大軍事企業のみならず、ハンチントン・インガルス（空母・原子力潜水艦）、ハリス・コーポレーション（政府・軍事情報通信）、L—3テクノロジーズ（軍事関連情報システム）などがブースを提供し、新型空母、次世代戦闘機、新型ステルス・ミサイル、シミュレーター・無人機ドローンなどの模型が会場を埋めて、調達・開発プロジェクトが決まる前の事前キャンペーンが行われた。投資・金融関係者、

図4-2　ロッキード・マーチン社の純利益率の推移（%）

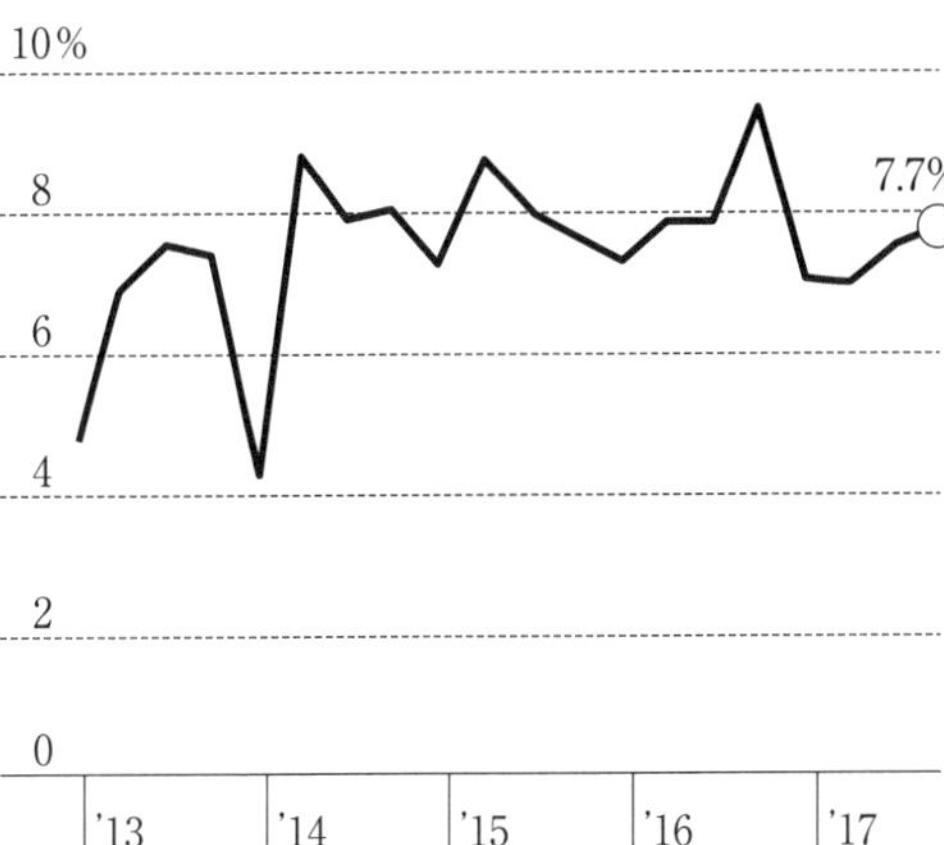

（原資料）FactSet
（出所）*THE WALL STREET JOURNAL*, January 30, 2018

図4-3　米国3大軍事企業の株価上昇とS&P
（ロッキード株価は5年間で250%を超えた）

（出所）図4-2に同じ

アナリストが多く詰めかけ、投資家たちは軍需関連株への見方を強め、「流れは変わった」と述べていたという。[★3]

★3　By Byron Callan, "The R & D Gamble-Pentagon wants retain advantages while expecting investment by industry", *Aviation Week & Space Tecnology*, December 9, 2013, p14.

投資家たちの関心はあくまで株価と株価収益率である。産業企業の成長性、経済性に対するものではない。軍需・兵器生産は、国家経済の基礎にはならず、財政、産業、技術開発の観点から見れば、他の産業や国家財政への依存性・寄生性の高い業界である。軍事メカニズムの武器・サービス発注は、政策、財政、国家収入、国際情勢によって制約される。これらの武器プロジェクトは冷戦後も研究開発が続けられた、冷戦型戦略兵器が中心を占めており、兵器メーカー各社は、ペンタゴンが正式採用するか否かも未定のまま「R&Dギャンブル」として、研究開発が続けられてきた。軍産複合体は正式採用に向けてロビー活動を行ってきた。

（2）北朝鮮リスクの軍需活況

一七年七月の北朝鮮によるICBM（大陸間弾道ミサイル）発射実験を受けて、トランプ大統領は弾道ミサイル防衛（BMD）予算の増額や、三〇年～四〇年前に建造したICBMや戦略爆撃機、核巡航ミサイルなどの更新や、新型・次世代型の開発を、最重要の課題として取り上げた。新型兵器の開発に時間がかかる場合は、増産をもって、これに代えるとした。冷戦崩壊直後の一九九一年に五〇〇隻あった海軍の艦艇は一六年には二七五隻に減り、空軍機は三分の一に減っているが、これを冷戦期の三分の二にまで急ぎ増産するという計画がペンタゴンで打ち出された。

そのトランプ軍拡論の延長線上に、上院共和党軍事委員会提出の法案では、北朝鮮のICBM撃墜用のTHAAD（超高度迎撃用中距離ミサイル。中国とロシア極東部もレーダーの範囲に収める）など地上発射型迎撃ミサイル二八基の追加建造が計上され、世界最大級の米韓合同軍事演習の主役であるロッキード（ボーイングはサブ・コントラクター）製のステルス戦闘機F35を、政府案の年間七〇機から九四機に増加することも盛り込まれていた。

さらに、ボーイング社が主契約者であるFA―18戦闘攻撃機を当面、年間一〇機から二四機に、その他、P―8対潜哨戒機を一三機増産するとした。ミサイル駆逐艦や攻撃型原潜の調達を前倒し、弾道ミサイル、サイバー対策の強化・充実も含まれていた。このペースで、北朝鮮（核兵器開発を除けば、本格的な空軍や海軍、陸上機動部隊も持たない相対的軍事弱小国）に対し、「拡大抑止力」を強めていけば、二〇三〇年までの累計軍事調達費は一兆ドル必要だといわれている。

北朝鮮危機を起点とするトランプ軍拡発動のなかで、新型ICBMについては、ボーイングとノースロップ・グラマンの二社間で、核巡航ミサイルではレイセオンとロッキード・マーチンの二社間で、受注競争が展開されている。さらに、冷戦時代の古い兵器システムとされたB―2戦略爆撃機の次世代型の開発にも、ノースロップ・グラマンやロッキードが取り組み始めている。さらに極超音速短・中距離ミサイル兵器開発・生産については、ロッキードとユナイテッド・テクノロジー＋レイセオンの間で受注が競われている。

これらは、ペンタゴンの政策決定にも人材を送り込んでいる軍産複合体企業が、米国議会へ強力なロビー活動を行い、共和党の上下両院軍事委員会を通じて復活させた兵器プロジェクトである。こうして、「国内雇用の増加」をスローガンに掲げたトランプ政権の、ミリタリー・ケインジアンの手法を用いた軍事スペンディング増大による軍事関連産業の活況が演じられることになった。

冷戦終結以来、国防費が落ち込んできたが、二〇〇一年九月一一日のニューヨーク（WTCビル）とワシントン（ペンタゴン）を襲った巨大テロ以来、イラク戦争、アフガニスタン戦争を通して復活してきた軍事費は、安定的膨張段階に達し、軍産複合体にとって安定市場が確立した。

一七年一〇月には、トランプ大統領は、ロッキード・マーチンの海外事業部門であるロッキード・マーチン・インタナショナルのジャン・ハート上級副社長を、米国国防総省（ペンタゴン）政策担当国防次官に指名した。ハート氏は、ＣＩＡで勤務の後にレイセオンでも勤務の経験があり、ジョージ・Ｗ・ブッシュ政権で国務次官代理（軍縮管理・国際安全保障担当）などを歴任し、ミサイル国際流通を見守り、「軍産議会複合体」の中枢にいる人物といわれてきた。続いてトランプ政権が一九年から中距離核戦力の米・ロ・中核軍拡競争へ進むと、国防長官にはボーイング上級副社長（ミサイル防衛システム、レーザー宇宙兵器担当）のパトリック・シャナハンに代わってミサイル王国・レイセオンの副社長・ロビイストのマーク・エスパーが就任（一九年七月）、アジアへの地上配備型中距離ミサイル配備と宇宙軍設立にとりかかった。冷戦終結後に、主要五社に集約統合され、ニューヨークの巨大投資銀行や金融・アセット・マネジメント・ファンドを巨大株主とする金融資本を形成するに至った軍産複合体の要求は、トランプ政権の国防安全保障政策のみならず国家戦略にも強力な発言力を持つのである。

（３）広域資源地帯――「不安定の弧」の確保

トランプ政権は、最初は、北朝鮮リスクに対応するなかで、冷戦期の大型戦略兵器の増産とその次世代型兵器の開発・生産・輸出に中心を置き、米国が十数年来、幾分たりとも手と足をとられているアフガニスタン、イラク、シリアからは手を引こうとしてきた。

だが、冷戦終結・ソ連崩壊後に米国が新たに支配領域に組み込んだ広域の資源地帯（西・北アフリカ、中東、中央アジア、南西アジア）は、イスラム過激派が活動する「不安定の弧」を形成しており、国際石油資本をはじめ多国籍企業とウォール街にとっては、この地域に「アメリカの秩序」を確立することが最大の国家利益であるとされる。犠牲が多く国民に不人気で高コストの遠隔地「ローテク戦争」は、冷戦型戦略兵器を必要としないため軍事企業にとっては利益率の低い不採算ビジネスでしかない。

オバマ政権下で、米国がアジア太平洋地域に米海軍力の六割を集中したのも、「不安定の弧」の広がりを防ぐためでもある。北朝鮮リスク発生以後のアジアにおいても、冷戦型の大型戦略兵器が持ち込まれ、日本、韓国、オーストラリア、インド、サウジアラビア、台湾、インドネシアにも売却されようとしている。とりわけ「不安定の弧」地域に入るサウジとインドは最大の米国製武器輸入国へと躍進している。

米国が冷戦終結後に広げたイラク（巨大石油資源）、アフガニスタン（非鉄およびレアアース、レアメタル資源が豊富）には、大量の軍事力投入が行われており、十数年にわたって、終わりの見えない「クギづけ」のまま進退両難状態で今日に至っている。その一方で、隣国としてのロシア、中国、イランが、南西アジア（アフガニスタン、パキスタン）、中近東や中央アジアへの、鉄道、原子力発電、港湾開発を含むインフラおよび資源開発で、勢力浸透を図っている。米国は「不安定の弧」に対処するため、インドやトルコ、オーストラリア、日本、韓国を同盟者として引き入れる一方で、イスラム過激派のテロに対処するためには、ロシア、中国との協力（グルーピング）も迫られている。

国際石油資本のエクソンモービルの会長兼CEOのレックス・ティラーソン氏がトランプ政権で初の国務長官に推薦され、紛争多発の「不安定の弧」地域統轄の中央軍司令官に就任していたジョージ・マティス海兵隊大将が国防長官に指名されたのも、そのためである。さらにハーバート・マクマスター国家安全保障担当大統領補佐官（元イラク・アフガン派遣軍司令官、陸軍能力統合センター長）、そしてジョン・ケリー大統領首席補佐官（元中南米・カリブ海地域を含む米南方軍司令官、元海軍大将）も、ティラーソン国務長官と同じく、米国エスタブリッシュメント＝総資本の立場（二一世紀型の戦略）に立つ認識を持ち、旧冷戦時代から続く戦略の復活には批判的であった。

トランプ大統領もその圧力に押され、一七年八月には三〇〇〇～四〇〇〇人規模のアフガニスタン増派に踏み切り、インドやＮＡＴＯ諸国に対して軍事協力を要求し、広域資源地帯での戦争維持を決断せざるを得なかった。

同時に、トランプ軍事戦略は、軍産複合体の経営拡大・収益安定に向け「新冷戦」による大型戦略兵器の市場拡大へと進み続けた。

（4）ロシアと中国を戦略的競争者に

一七年一二月、トランプ政権は、「国家安全保障戦略」を発表し、一八年一月には「国家防衛戦略」、二月には「国家軍事戦略」と「核戦略見直し（NPR）」――など米国の新改正安全保障政策の中心となる重要文書――を相次いで発表した。冷戦後の「最大の脅威はイスラム過激派の米国に対するテロ行為」という基本的論点から、中国とロシアを「戦略的競争相手（adversaries）」として、脅威の最上位に置くこととした。いわゆる「新冷戦の始まり」といわれる軍事戦略を打ち出した。

「不安定の弧」と呼ばれる、冷戦終結で出現した米国優位の支配的領域・広大な資源地帯を、時には戦略的競争相手の中国、ロシアを活用し、主力同盟者のNATO諸国と協力しつつ安定させ、ここに米国の秩序を確立すべきと、あくまで主張するティラーソン国務長官とマクマスター国家安全保障担当大統領補佐官は辞任に追い込まれた（マクマスター氏の場合は、北朝鮮リスクを先制攻撃で早期解決し、長期間を要する交渉には反対したといわれている）。

ポスト冷戦期には細々と生き残るか、縮小ないし廃棄されると考えられ、実際そうされ始めていた大型戦略兵器、核兵器の復活と新規拡大開発が北朝鮮危機を契機として、始まっている。製造から四五年を過ぎたミニットマンⅢ型大陸間弾道ミサイルの新型開発が二〇一七年に開始されて、ボーイング社に三五億ドル、ノースロップ・グラマンに三三億ドルの発注がペンタゴンから届いた。戦略爆撃機B―2、超高度中距離迎撃ミサイルのTHAADの再活用・追加配備は、ボーイングを先頭に、ロッキード・マーチン、ミサイルの独占メーカー・レイセオン、長距離戦略爆撃機・無人攻撃機メーカーのノースロップ・グラマンの株価を上昇させた。

軍需・防衛関連部門の主要五七銘柄からなる株価指数（スペード・ディフェンス・インデックス〔DXS〕）の強気相場は、「金融市場は軍事力の行使を嫌気する」との新古典派経済学者の主張を覆すものである。五大軍需トラスト企業による寡占支配体制が確立し（その相互共同開発・生産も強まり）、その金融・経済権力が政府への影響力を増し、外交政策の軍事化をもたらしている。ニューヨーク株式市場では、軍需企業銘柄は機関投資家や金利生活者投機筋にも商機となり、彼らの熱狂は収まる気配はない。

平昌（ピョンチャン）オリンピックを契機に、北朝鮮リスクは緩和されるとも見え始めた段階で、トランプ政権は、中国、ロシアを脅威の最上位に置く戦略転換をはたしたことによって、今後とも軍事費が削られることはなくなり、「国家軍需市場」の安定的拡大が保障された。中国とロシアを戦略的脅威と見立てた「核戦略見直し」は、新たな高度破壊型の戦略・戦術兵器の開発・製造をめざすこととなった。

それは、米国とロシアとの核軍縮交渉で全廃していた海軍の戦術核兵器を復活させるところから始まる。これには、ロシアがINF条約（中距離核戦力全廃条約）に反して、地上発射型巡航ミサイルを配備したことへの対抗策という理由付けがなされている。そしてこのまま進めば、中距離核戦力と海軍戦術核兵器が復活、核軍縮の流れに逆行することとなる（イラン制裁による緊張関係の演出はその正当化に活用される）。

米海軍はさらに、退役保管していたトマホーク巡航ミサイルの核攻撃型を一二年までに廃棄していたが、新たな核攻撃型巡航ミサイルを開発・配備することを決定した。米空軍の戦略爆撃機用に新規開発されている空中発射型核巡航ミサイル「ＬＲＳＯ」を改造して、潜水艦用の水中発射ミサイルとして調達する。これらを攻撃型原潜に搭載して、核攻撃型トマホーク後継の海軍用戦術核兵器として配備しようというものである。ただし中国とロシアの間に、米国としては冷戦時代のような軍事的・イデオロギー的対立があるわけではなく、本来は「使用しないことを前提とした」戦略核兵器である戦略原潜用の水中発射弾道ミサイル（ＳＬＢＭ）に低出力核弾頭を装着して「使える」戦術核として、中国、ロシアとの核限定戦争を「理論上」可能にしようというのである。

現在、米国が保有している戦術的に使える核兵器は、戦略爆撃機に搭載する自由投下核爆弾と空中発射型巡航ミサイルの二種類である。これらを亜音速の遠距離爆撃機で着弾目標地まで運ぶと数時間を要するが、マッハ５～８で飛翔（ひしょう）するミサイルなら数十分以内に届くことができる。このような海軍戦術核兵器は対ロシアだけでなく、北朝鮮での使用も想定され、史上最大の米韓（日）軍事演習でも模擬核爆弾の投下訓練もなされているという。★4

★4　最初に朝鮮半島に核兵器を持ち込んだのは米国であり、一九五八年、休戦協定を破っての持ち込みであった。引き揚げたのは一九九一年の米中ロの冷戦終結後であった。By Wolter Princus, "The dirty secret of American nuclear", *The New York Times*, March 22, 2018.

クリントン政権時代の国防長官であったウィリアム・ペリー氏は、「新しい軍拡競争はすでに始まっている」、「冷戦時代には、二つの超大国が核弾頭の数を競い合い、とてつもない数の核兵器を積み上げげた。今日の軍拡競争は、その質的内容が問題で、二国間ではなく複数国間で競い合うことになる。現今の核戦争の危険性は旧冷戦時よりも高くなっている」と述べている。★5

★5　W. J. Hennigan, "New Nuclear Poker? — more players, Looser Rule, Everything at state", *Time*, February 12, 2018, p18.

ロシアの軍産複合体も、兵器の新市場を求めている段階であり、対米関係は冷戦期のように「柔軟反応戦略」といった一触即発の関係にあるわけではない。特に米中相互依存関係は、中国のWTO加盟以来「チャイメリカ」(Chimerica)とも表される世界最大の貿易関係を構築しつつ、国家最高レベルの経済安全保障戦略対話をクリントン政権以来続けており、二〇一七年七月以来、北朝鮮リスク解決をめぐって、両国間の密談(日本や韓国を除外して)を重ねてきた。同時に、米中摩擦・対立は軍事領域へ進み、中国は軍・民・学融合の軍事技術革新を進める中央軍民融合発展委員会を設置し、習近平国家主席自らがその長に就任。米・ロに次ぎ中国軍産複合体が完成した。同年一二月にはトランプ政権の国家安全保障戦略は、中国を米国秩序に対する挑戦者、「修正主義勢力」と規定した。

（5）「新冷戦」下の限定核軍拡

ロシア・中国との〝競争〟をエスカレートさせつつ、米国軍産複合体は、戦略核兵器を用いての全面的なスケールでなく、「限定的核戦争」を演ずることができる（広島型原爆の一五％から五％ないし二％の破壊力）と考えているようだ。二国間でなく数ヵ国を巻き込む規模の戦争に焦点があてられている。このような性格の〝新軍拡競争〟（new arms race）がすでに始まっているというのが、前述、ウィリアム・ペリー元国防長官の警告である（*ibid.*,p18）。

「新冷戦」時代を迎え、開発競争も激化しており、さらに新たな戦略の枠組み形成も進んでいく。その主導・調整役が、一七年一〇月に国防総省政策担当国防次官に就任したロッキード・マーチン・インタナショナルのジョン・ハート上級副社長である。

九〇年代中葉から二〇〇六年にかけてでき上がった航空宇宙・軍需産業の再編統合による巨大軍事コンツェルン五社体制は、さらに高度化と寡占化を進めつつある（図4―4、5）。

五社体制に加えてハンチントン・インガルス（一〇〇年以上も米国海軍に艦船を納入、米国で唯一原子力空母を建造する能力を有し、バージニア級潜水艦も建造）、ハリス（コンバット・コミュニケーション・システム、電子システム、作戦司令システム、航空管制システム、衛星システム、売上高の七四％が国防総省向け）、ユナイテッド・テクノロジーズ（民間・軍用航空エンジン製造のプラット＆ホイッ

図4-4　米欧軍需企業の売り上げ収入上位10社（単位10億ドル、2016年）

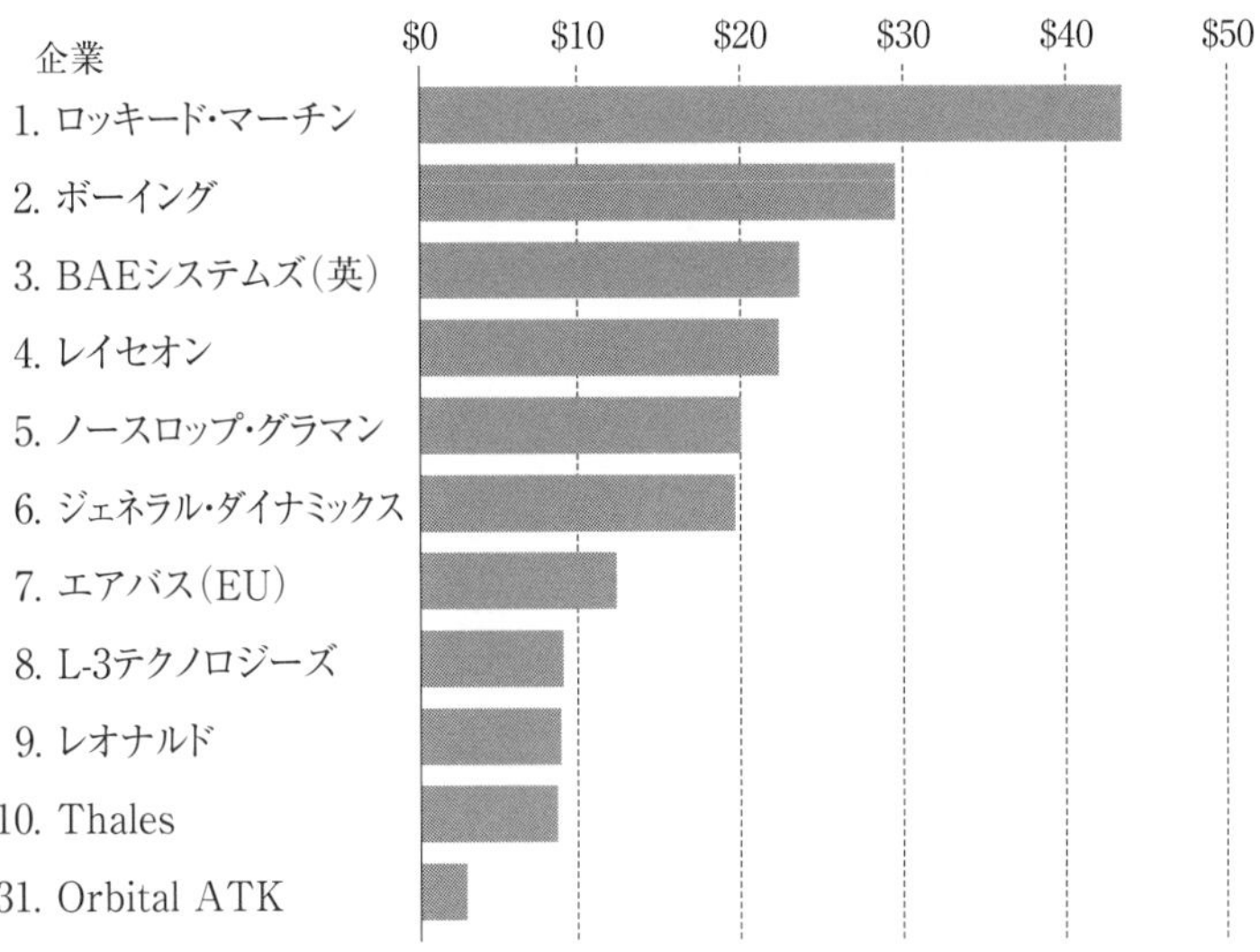

（原資料）Defense News (Revenue); Dealogic (M&A)
（出所）*THE WALL STREET JOURNAL*, September 9, 2017

図4-5　米国航空宇宙軍需企業のM&A活動の推移
（単位10億ドル）

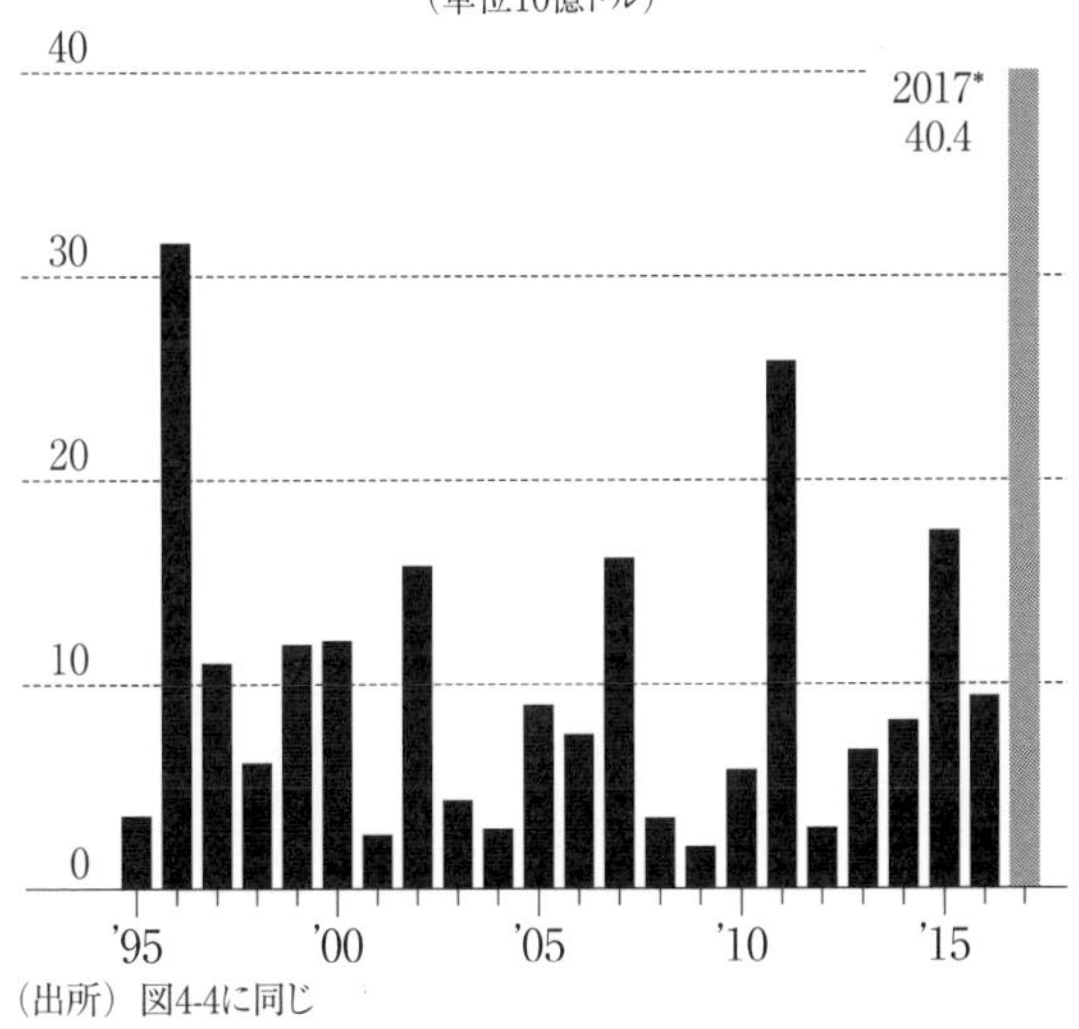

（出所）図4-4に同じ

トニーを所有、世界最大級の航空部品メーカー)、L—3テクノロジーズ・Inc(米国政府・国防総省向け航空宇宙・国防分野の情報・監視・偵察システム及び機器・重機。一八年五月に同業のオープン・ウォーターパワーを買収)なども一流企業群に列せられようとしている。

新たな開発競争で最初に引き金を引いたのはノースロップ・グラマンで、北朝鮮危機でもっとも注目を浴びた。新世代の長距離核戦略爆撃機と新型核ミサイル・メーカーとして、ボーイング—ロッキード・マーチン連合に対抗しようとしている。同社は、冷戦末期にペンタゴンからステルス戦略爆撃機B—2を一三二機受注したものの、二一機を製造した段階で冷戦が終わって、残りの機数はキャンセルされてしまったため、経営危機に陥り、ロッキードに買収されかかった苦い経験がある(一九九三年、米国防総省の介入で買収中止)。

ノースロップ・グラマンはさらに、大中小型のスパイ衛星や軍事衛星、高々度・高速ミサイル・システムの製造能力をつけて、中・露という「戦略的ライバル」に向けた兵器メーカーとしての地歩を固めようとしている。一七年九月には、同社は宇宙ロケット・衛星監視システムのメーカーであるオービタルATKを九二億ドルで買収する交渉をまとめあげた。

なお、ジェネラル・ダイナミックスには、次世代を担うコロンビア級弾道ミサイル潜水艦建造受注が決まった。

（6）シリコンバレーと結び宇宙兵器開発

ペンタゴンのＤＡＲＰＡ（高等技術開発企画局）は目下、宇宙兵器技術を高度化しようとしており、小型衛星を大量に打ち上げて時速五〇〇〇キロメートルの超高速スーパーソニックのミサイルを誘導するシステムの開発で、中・露を引き離そうとしている。

これを受けて、これまで軍事衛星のすべての打ち上げを担ってきたボーイングとロッキード・マーチンの宇宙ロケット合弁会社（ユナイテッド・ローンチ・アライアンス）は、イーロン・マスク氏率いるスペースＸ（正式名はスペース・エクスプロレーション・アライアンス）との提携で、ロシア製ロケットエンジンに代わって超安値の米国産ロケットエンジンで大量の軍事衛星を打ち上げる能力を完成させようとしている（二〇年五月には回収可能型ロケットによる実験を行って成功した）。さらに、ペンタゴンのＤＡＲＰＡ・シリコンバレー・ボストン近郊のハイテク・ベンチャー集中地域に現地出先機関を設け、提携強化をはかり始めた。

軍事通信衛星・コミュニケーション専門会社であるハリス・コーポレーションズも、二〇一五年のエクセリスＩｎｃ買収（四六億ドル）に続き、シリコンバレーのＩＣＴ（情報通信技術）・ＡＩ（人工知能）大手五社（アップル、アマゾン、アルファベット［グーグル］、フェイスブック、マイクロソフト）のいずれかと戦略提携を結ぼうとしている（五社の一七年の研究開発費合計は七一六億ドル。同年の米連邦政府の軍事部門を除く科学技術予算七二二億ドルに迫る)。

ユナイテッド・テクノロジーズは、F—35最新鋭ステルス戦闘機と次世代長距離爆撃機の共通エンジンを開発しているが、一七年九月にコクピットの通信システムと軍事通信のロックウェル・コリンズ社を二三〇億ドルで買収している。一九年六月にはミサイルの独占者レイセオンと合併(UTCレイセオン、時価総額合計一六六〇億ドル)をはたした。

ミサイル潜水艦や戦車の最大手メーカーであるジェネラル・ダイナミックスも、一八年二月にペンタゴンやCIAの専用宇宙通信会社でサイバー・セキュリティの大手でもあるCSRA社を六八億ドルで買収すべく合意した。クラウドおよびサイバー・セキュリティの能力をつけて、ペンタゴンの新兵器開発の新たな要請に応えようとしている。新型空母の唯一の独占的メーカーであり、原子力空母、ミサイル潜水艦、ミサイル駆逐艦製造でトップを行くハンチントン・インガルスは、筆頭株主ブラックロック(世界最大の資産管理会社)の支援の下でM&A戦略に乗り出している。

ペンタゴンの地上発射の新型核ミサイル計画(八〇〇〇億ドル)受注をノースロップと競うボーイングは、新たに航空宇宙関連企業を買収しようと、コロラド州の部品メーカー、ウッドワード社の買収(五一億ドル)に着手した(一八年四月)。

このようにして世界中の注目点は、軍需生産とシリコンバレー企業との戦略的な結合に集まっている。金融と政治・軍とのつながりの強化の一方で、ミリタリー・セキュリティ・システムのなかで、情報通信技術(ICT)やAIの役割が大きくなっており、それが新たな「二一世紀戦争」の

あり方を変化させている。★6

★6　By Cade Metz, "The Pentagon Looks to Silicon Valley for Help on Artificial Intelligence", *The New York Times*, March 18, 2018.

セルビア、アフガニスタンやイラクでの戦闘も、ICTを活用・駆使した「ネットワーク・セントリック・ウォーフェア＝ネットワーク活用型戦闘」（NCW）へ進化しつつある。NCWを遂行するには、組織された設計構図を要し、「システムのシステム」の統合化、高度にセキュリティを効かせたソフトウェアやハードウェアを必要とする。軍産複合企業は、民生用に活用されているシリコンバレー生まれのシステムを高度活用（応用）することによっても、この「ニューセキュリティ市場」に位置を占めることができる。

しかるに、中国やロシアはAIを高度活用し、米国に先駆けて暗号を読みとられない量子コンピュータの開発を手がけているという。

ペンタゴンは、オバマ政権時代に、シリコンバレーのマウンテンビューに出先事務所を設けて、軍事に応用できる技術とアイデアを求め、アップルやアルファベット（グーグル）と対サイバー戦争対応への構想を練り上げてきた。続いてボストンにも事務所を設け、同様の活動を開始している。

ロバート・O・ワーク国防副長官は、一八年三月に、AI技術の軍事応用に向けて、アンドリュー・ムース（カーネギー・メロン大学）やグーグルCEOのエリック・シュミットやテラ・リヨンズ（パートナーシップ・オン・AI）など、一八名のAI関連のトップ経営者・技術者・研究者を集めて、「センター・フォー・ニューアメリカン・セキュリティ」を設立した。かくして、ワシントン（ペンタゴン）とシリコンバレーには、ＩＣＴ・ＡＩ兵器開発のパイプができ上がった。[★7]

一七年秋には、米空軍内に「宇宙軍団」（Space Corps）の宇宙ドミナンス計画の下、前述のように、ボーイングとロッキード・マーチンの宇宙軍用ロケットの合弁会社ＵＬＡとイーロン・マスク氏設立のロケット企業スペースＸやアマゾンの創立者ジェフ・ベゾス氏のブルー・オリジンが、超低価格の軍事衛星で協力することになった。シリコンバレーのＩＣＴ大手企業と軍産複合のロッキード・マーチンを先頭とする有力企業との未来軍事プロジェクトの共同設立機構やＭ＆Ａも、新たな軍需株値上がり要因となろうとしている。

アップルとグーグルの時価総額合計で、米国軍事企業全体の時価総額を上回ることを考慮すると、シリコンバレー企業群が、米軍事産業に取り込まれることは重大な意味を持ち、米国経済の軍事化を飛躍的に進めることになる。ハーバード大学客員教授で、ペンタゴンの「防衛力革新研究機関」（Defense Innovation Unit Eyperimental）のクリストファー・カーチホフ氏は「第二次大戦以来、米国の軍事力が国を守り、世界は相対的に平和的に保たれたのは、新技術や一つのシステムに統合されてきたことによる」と述べている。グーグルの持つ機械学習・アルゴリズムが、ペンタゴンのＡＩビッグデータ計画「プロジェクト・マーベン」に使われたことに三〇〇〇人以上の技術者の抗議の署名活動を行ったことや、「我々は戦争の技術は創らない」というスローガンを掲げ、この件で

★7　By Cade Metz, *ibid.*, March 16, 2018.

の国防総省との契約を打ち切った（一八年五月）ことに一定の理解を示しつつ、民主的な企業体制下、開発された軍事技術は、民主国家を守るために使用されるのは合理的だという立場に立っている。「ペンタゴンとのパートナーシップは企業の利益になる」として、軍産複合体へのシリコンバレーの参入を合理化している。★8

★ 8 Christopher Kirchhoff, “Why Silicon Valley must go to war?” , *The New York Times*, May 4, 2018.

かくして、トランプ政権下の軍産複合体は一九九三年以来の三つの集中統合化をウォールストリートの巨大金融機関の支援の下、ペンタゴン本体組織、上下両院議会（軍事委員会）と結びつき、その産業基盤（政治・経済・金融・技術的）が強化され、「米軍事力は近々史上最強となる」（トランプ大統領、一七年九月一九日、国連総会演説）なか、その軍需市場も史上最大に拡大しつつある。

トランプ政権の場合、拡大しつつある軍事予算資源を、既存の軍事能力および国防産業基盤の保持に費やすほうに力点を置き、将来的な軍事技術への投資に振り向けることに優先度を置いていないと評価されてきたが、ジェームス・マティス国防長官の戦略（北朝鮮先制攻撃論を排し、イランを中心にすえた中東油田地帯での緊張に備え中国、ロシアが進めるＡＩや量子コンピュータ使用の二一世紀型軍備の体制を構築する）が優先されたと考えられる。

そこで、米国がリードし世界中の軍産複合体（欧州からロシア、中国、インド、サウジアラビア、ブラジル、イスラエルなど）に火をつけた軍需産業拡張はどこまで、どの方向にすすむのであろうか。まず、二〇世紀末、冷戦終結から現在にいたる軍産複合体の復活・強化の過程、現代軍産複合体（時には「軍産議会複合体」ともいわれる）体質がどのように強化されてきたかを見よう。「国家より大きく強い」といわれるニューヨークの巨大金融機関と結びつき、ペンタゴンの「経営と戦略の最終的裁定者[★9]」（アーネスト&ヤングのアナリスト）となる兵器企業トラストの集合体は、いかに試練を乗り越え強靭な体質を築いたのかを検証してみよう。

★9　Michael Oden, 'Defense Mega-Mergers and Altanative Strategies: The hidden Costs of Post Cold-war Restruction', edited by Gerald I. Susman and O Keofe "*The Defense Industry in the Post Cold War Era*", Pergamon, 1998, pp121-130, pp147-169.

第2節　巨大金融機関主導の軍産複合体復活

（1）五大軍事トラストへの再編統合化

米国軍産複合体にとって、一九八九年の東欧諸国の体制転換に伴う冷戦終結は、国防費削減圧力がさらに強まる「大災害」（disaster）であった。同年の「ベルリンの壁」の崩壊は、過重な軍事支出負担が米国の政治・経済の世界的地位をおとしめているという国民的議論が高まり、ベトナム戦争を主導したロバート・マクナマラ元国防長官のように、「米国は五年間で軍事支出を半減しても安全保障は万全で、国内の社会インフラ再建投資に数千億ドルを当てる余地ができる」（連邦上院予算委員会公聴会発言）という〝平和の配当〟の主張に、全米が賛同意見に包まれた。

そこで米国軍事当局―航空宇宙軍需企業は、軍事能力の保持強化を正当化する理論の構築が急がれた。米国が唯一超大国となって、冷戦対立の「歴史の終わり」（フランシス・フクヤマ）において、西・北アフリカ、中東、中央アジア、南西アジアを「アメリカの新拡大秩序」のなかに組み込まなければいけないという米国の国際石油資本をはじめとする多国籍企業の要請もあった。

そこで、打ち出されたのが「強大な軍事力を持ち、大量破壊兵器を製造・保有しつつあり、世界秩序の破壊をめざす『ならず者国家』（Rogue States）」が、旧ソ連に代わる仮想敵国として位置付けられた。これらの国々は本格的な空軍や海軍も持たず、兵力規模も小型の国で分散しているので、複数の国々が同時に米国の秩序に挑む場合を想定している。二ヵ国以上で同時に戦える軍事能力を保持する必要があるとする「新戦略」「地域防衛戦略」と名づけて、一九九〇年春、チェイニー国防長官から、ブッシュ（父）大統領へ提出された。

ブッシュ＝チェイニー政権の湾岸戦争は、「新戦略」が仮想敵と位置づけた「ならず者国家」の現実の「脅威」とされ、軍産複合体にとって貴重な国民への説得力と好機ともなった。⑴ハイテク兵器の有効性と卓越性、⑵空軍力の優勢の保持、⑶陸・海・空・海兵隊の国防四軍の統合力と多国

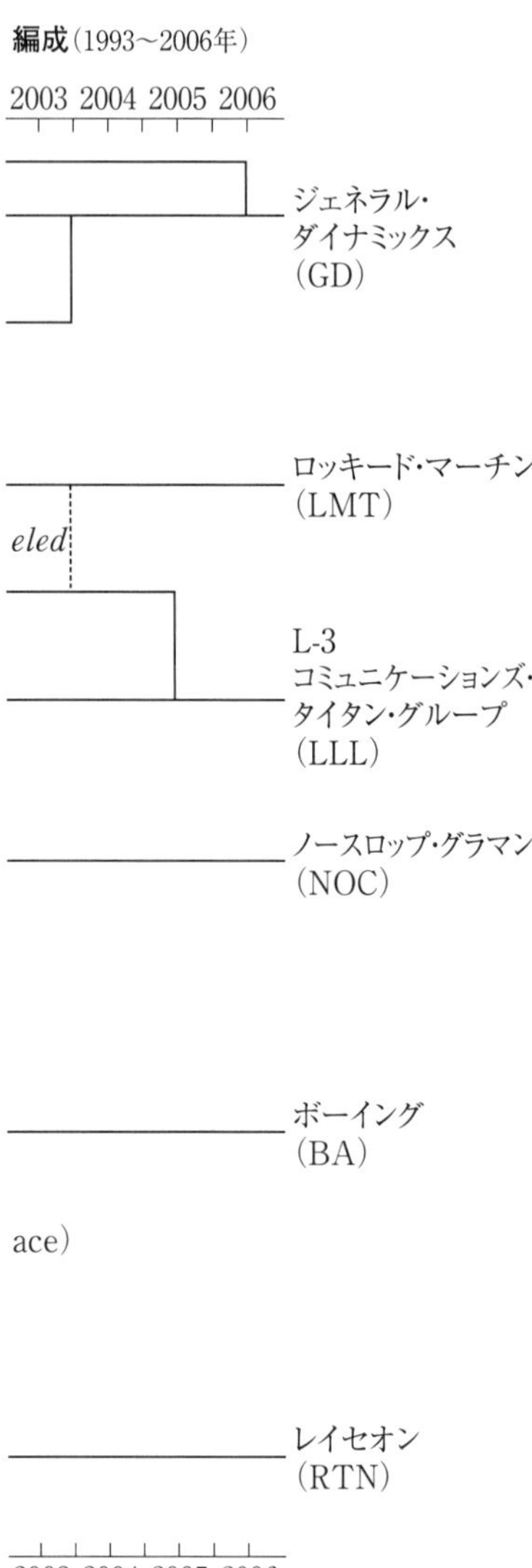

籍軍との連携、(4)大規模な軍隊と戦略物資を本国から戦場まで輸送する戦略的な機動性、(5)日本、ドイツ、サウジアラビアなどの同盟国の戦費肩代わりによる多国籍軍の形成――という冷戦終結後の新しい戦争が遂行された。

「新戦略」は、クリントン政権下で、「ボトム・アップ・レビュー」（ＢＵＲ＝Bottom-Up Review）という形で精緻化されていくことになる。ＢＵＲは冷戦後の軍事能力を基準として、湾岸地域から中央アジア、南西アジア、朝鮮半島における「地域の強国における大規模な侵略」を想定。二つの大規模地域紛争の同時発生に即対応できるだけの戦力の構築を今後の戦略目標としていた。九〇年

図4-6　米国航空宇宙・軍需メーカーの冷戦終結後のM&A・再

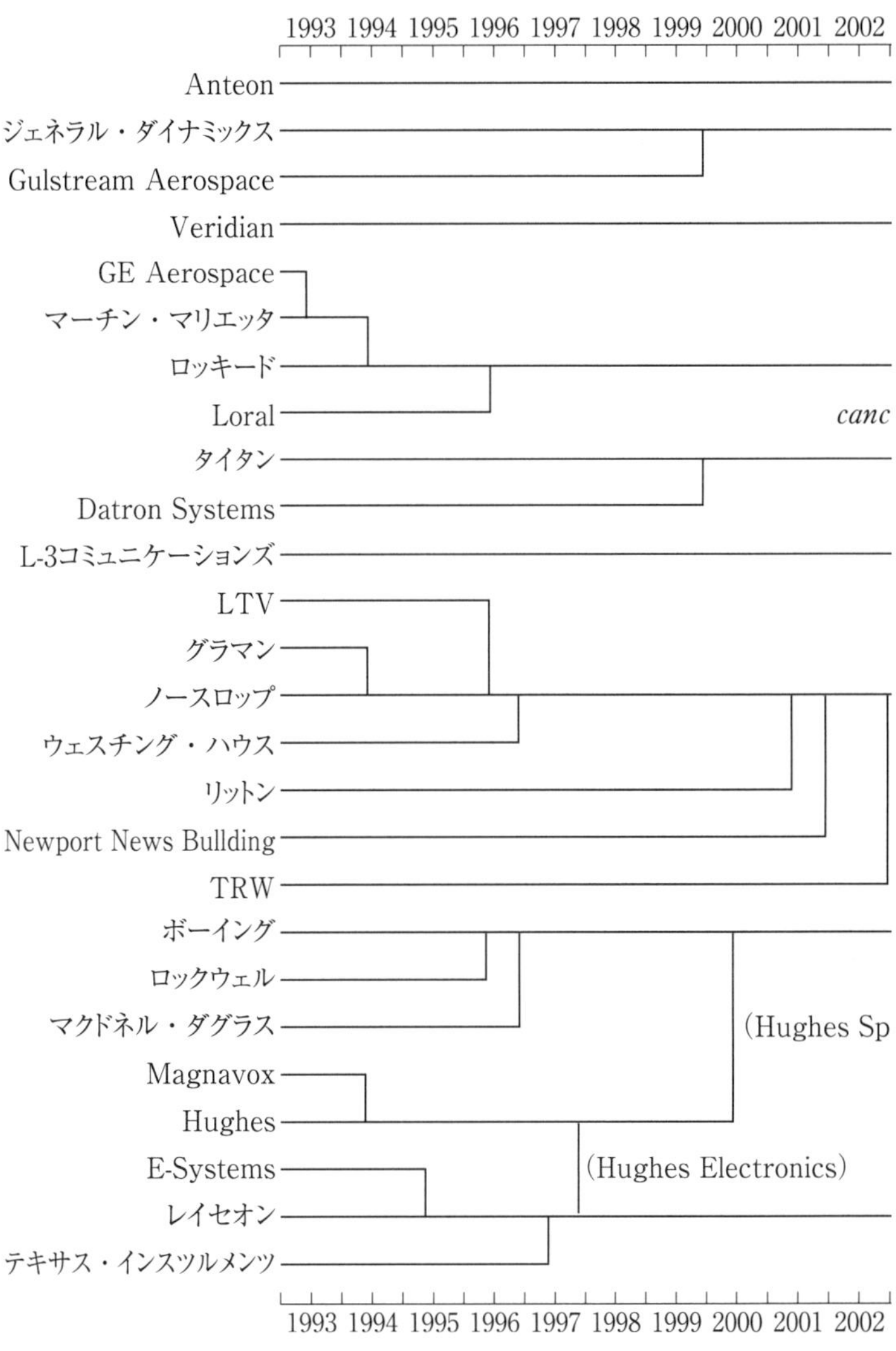

（出所）Luc Mampaey, Claude Serfati作成。*The Economist*, July 20. 2002等を活用し補充

代はほぼこの「地域防衛戦略」として軍事予算獲得に活用された。

ペンタゴンは巨大軍事企業の集約化に積極関与して、巨大軍事トラストの合併を推進し、国防産業基盤強化に向けても集約・再編成をはかった。軍事産業の生産能力の顕在化もはかろうとした。九三年七月に、クリントン政権のペリー国防長官は、主要軍事企業の最高経営者を招集し、夕食会に招き、国家兵器市場縮小のなかで、国防省が劇的な産業集約化に着手する構想を表明した。いわゆる「最後の晩餐」（the last supper）で、ペンタゴンは劇的な産業集約化に向け、早急なM＆Aの策定を要請した。同時にM＆Aに伴うリストラ費用への政府補助の実施もつけ加えると言明した。

ただしペンタゴンだけでは、業界集約化と再編の明確な業界基盤の構図を実現できなかったために、ウォール街のモルガン・スタンレーなど投資銀行やブラックロックなど巨大投資ファンドと大手軍事トラストに、M＆A、業界統合化すべてを、事実上まかせることになっていた。[★10]

★10　Edited By Efrain Imbar and Benzion Zelberfarb, "*Politics and Economics of Defense Industry*", Frank CASS, 1998, pp51-70.

これを契機として、巨大軍事トラストによるM＆Aが頻発、一九九三年から九七年末までに三五件の大型企業買収・合併が発生した（図4―6）。

最も動きが速くM＆A再編統合をペンタゴンと共同してリードしたのはロッキードとマーチン・マリエッタであった。九三年にはロッキードがジェネラル・ダイナミックス（GD）からF―16戦闘機部門を、マーチン・マリエッタがGEとGDから宇宙部門を買収し、九五年ロッキードとマーチンは合併し（九〇億ドル）、同年ローラルを買収（九五億ドル）した。ロッキードによる買収を拒否したタイタンはL―3コミュニケーションズと合併（〇五年）。L―3コミュニケーションズはその後、傘下にあったL―3テクノロジーズに統合・改名した。

ボーイングは、一歩遅れて、九六年一二月にB―1Bの爆撃機の主契約者だったロックウェルのスペース&ディフェンス部門を買収、九七年にマクドネル・ダグラスと合併した。これらの合併により、ボーイングはF―18戦闘機、F―22戦闘機（ロッキードと共同）、C―17超大型輸送機、V―22オスプレイ（ベル・ヘリコプター・テキストロンと共同生産）、RAH―66コマンド攻撃ヘリコプター（シコルスキー共同生産）などを製造し、そして民間航空機で世界最大となった。NASAの契約者第一位であり、最大の航空機輸出企業となっている。

レイセオンは九六年、テキサス・インスツルメンツの国防部門とGM（ゼネラル・モーターズ）の子会社ヒューズの買収に成功（ノースロップ・グラマンの買収では敗退）。司法省の反トラスト・レビューにより、半導体チップ製造部門とセンサーおよび電子光学部門の売却を余儀なくされたが、米国第三の軍需企業として、四〇〇〇社以上のプログラムに関与している。パトリオット地対空ミサイル、トマホーク対地攻撃ミサイルやAIM―65空対地ミサイル、AIM―9サイドワインバー空対空ミサイル、AIM―120最新型中距離空対空ミサイルなどを生産。さらにレーダーやサーベイランス&ターゲッティング・システムの技術を持ち、武器輸出企業としても高い実績を持つ。

ノースロップ・グラマンは、B―2長距離戦略爆撃機、F―14戦闘機、グローバル・ホーク無人偵察・爆撃機のメーカー。ＡＷＡＣＳ（Airborne Warning and Control System）などを主力製品としている。九〇年代のＭ＆Ａにおいては出遅れ、九三年にはロッキード・マーチンの買収対象となったが、ペンタゴンと反トラスト法当局・ＦＴＣ（連邦公正取引委員会）の反対で中止となり、九〇年代の軍事産業再編・集約化の過程は事実上の終了をみた。

その過程の開始時期は、国防総省の縮小再編成に向けた産業政策に主導されたものであるが、実態は、巨大宇宙トラスト企業とニューヨークの巨大機関投資家の戦略のままに再編統合化が進められたといえよう。五大軍需トラストを主軸に約五〇社の軍産複合体企業群が構築された。

九七年にコーエン国防長官によってなされた「国防計画見直し」（Report of Quadrennial Defense Review）が最終となって、軍事システム高度化計画は一応の決着をみて現在にいたっている。九八年には、軍事産業界の第一段階でのＭ＆Ａ再編統合化も終了と同時に、国防予算も下げ止まり、「二一世紀」型戦争に備えて、「新たな敵を求めて」軍拡期が準備され始めた。

（２）ＮＹ巨大金融機関とペンタゴン合作の再編成

ペンタゴンの縮小再編に積極的に従ったのはジェネラル・ダイナミックス（ＧＤ）で、将来、競争優位を見込めない事業を分割・売却しコアビジネスへの特化をはかり、産業再編の先駆となった。九一年から九三年にかけて、ＧＤはミサイル事業のヒューズをＧＭに、Ｆ―16戦闘機部門をロッキードに、宇宙システム部門をマーチン・マリエッタに、加えて民生部門のセスナ事業部門もテキストロンに売却した。

GDは、ロッキードへの戦闘機部門売却時点においても、八〇〇機以上の受注残をかかえ、日本のFSX（次期支援戦闘機）開発の源流ともなっていた。低コスト・大量生産を売り物にして国際競争力も持っていたが、旧シカゴ集団に属し、金融力もニューヨーク集団系の大手企業よりも弱いとみられ、将来の米国戦闘機開発競争では、いずれの開発計画にも参入できていないことから、当面の収益性ではなく、将来の競争激化分野では生き残れないと判断して、主力部門の事業売却に踏み切ったのである。

その結果、GDは戦闘車両、原子力潜水艦、情報システムの三部門となった。一九八九年時点で一〇〇億ドルあった純売上高は、九四年には三分の一の三〇億ドル、同じく従業員は一〇万二〇〇〇人から二万四〇〇〇人へと四分の一に縮減した。このようなスリム化が「平和の配当」として好評を呼びGD評価は、九一年から九三年の間に五倍以上に高騰化を見せた。

その一方で、GDは、主力艦艇メーカーのバス・アイロン・ワークスとナショナル・スティール&シップビルディングを買収し（その結果、艦艇建造企業は六社から三社に集約）、主な最大手のニューポート・ニュース社に買収提案を仕掛けたが、この二大艦艇メーカーの合併は価格上、技術上、国防総省の裁量を脅かすと判断され、FTC（連邦公正取引委員会）もこれを認めなかった。★11 GDは、冷戦終結後の軍需市場拡大の限界を読んで主力分野を手放したが、そのメダルの裏側では、原子力潜水艦はじめ艦艇の独占者として、ペンタゴンへの発言力を強化する地歩を確保しようとしていた。

★11　河音琢郎「国防費削減下におけるアメリカ軍事産業の再編過程」『立命館経済学』第四八巻第四号。

クリントン政権成立後の九三年のペリー国防長官による国防総省の企業合併推進において、同省はFTCや司法省といった反トラスト当局に対して、航空宇宙・軍需の合併規制の緩和を数度にわたって要請し、九〇年代の超大型合併における反トラスト当局の認否についても、すべてペンタゴンの意向（その裏には巨大金融機関の金融力を背景とする主力軍需トラストの意向）を反映していた。

クリントン政権下の九六年六月の反トラスト当局も、合併政策を大きく転換し、⑴最上位企業間の合併、⑵産業分野を越えた合併、⑶将来のイノベーションの視点を織り込んだ合併――についても大幅に緩和の方向性を打ち出しており、軍事産業分野の巨大M&Aの実現を促した。

現実には、この方針転換の前に、ロッキード・マーチンのノーマン・R・オーグスティンCEOら大手軍需産業のCEOと、巨大M&Aをバックアップする巨大投資家や投資銀行の圧力のもとに主要な合併は成立していた。ロッキード・マーチン、ボーイング、レイセオンの三大勢力が一応の成立をはたしていた。

さらに、ペンタゴン首脳が軍需企業のM&Aを積極推進することを宣言した九三年七月と時を同じくして、ジョン・M・ドイッチ国防調達副長官は、その合併に伴って必要とされるリストラ費用

（レイオフされた労働者への退職金支払い、工場閉鎖・移転に伴う設備費用等）について、その費用をペンタゴンとの調達契約支払額に加算できるという条件を提示した。この条件も、前述のロッキード・マーチンのオーグスティンCEOなどの要求にペンタゴンが応えた条件である。M&Aによって生じたコスト削減額の分だけ（実際には算出確定は不能）、M&A費用として国防総省が補助金として支払額を確定するという方式は、企業側の一方的な政治圧力で設定された条件である。

生産力の縮小集約再編を目標に掲げた軍需企業のM&Aは、主な買収企業だけでも九一年から九七年の間に三五〇件におよぶといわれ、ロッキード・マーチン、ボーイング、レイセオン、ノースロップ・グラマン、ジェネラル・ダイナミックスの五大企業グループに集約統合され、さらに、ハンチントン・インガルス（フォード級航空母艦、サンアントニオ級LPD）、ハリス（コンバット・コミュニケーション・システムズ、電子システム、衛星システム）、L―3テクノロジーズ（情報・監視・偵察関連システム）など、約一〇社の準大手企業グループを形成することになった。

これらの合併は、ペンタゴンの戦略と指導によって遂行されたというより、軍需トラストによる「国家独占軍需市場」の支配力拡張要求と巨大金融機関・投資銀行のフィナンシャル・アドバイザーの密接協力の下で組織されるM&Aによって、メガ・グループ創出に向けた産業再構築（the industrial restructuring）という形でなされた。

ペンタゴンの国家軍需市場に向けた競争を狭くする少数メガ・グループへの統合化は垂直統合も含んでおり、いっそう強固な「企業基礎条件」（fundamental）を整え競争力と収益性、効率性を保持することになった。寡占的軍需トラスト構築への大型合併遂行の過程で、巨大機関投資家（運用資金額四・五兆ドルのブラックロックをはじめバンガード、ステート・ストリート、フィデリティ、J・Pモルガン・アセット・マネジメント、BNYメロン・インベストメント等）が、全株式の七割から九割を握る大株主となり（特にロッキードは一〇〇％近い）、金融資本の代表的機関として、ペンタゴンの同意・承認の下で兵器メーカー間の集中統合化プロセスの有力エージェントを形成した。その機関投資家は、投資銀行やアナリストやアドバイザーの支援を得て、株式市場におけるM＆A「気運の形成者」（shapers of sentiment）となった。その狙いは、企業資産の株式売買における市場価格を最高に吊り上げることである。フィナンシャル・コミュニティは、にわかづくりの「産業組み立て集団」（industrial meccano）形成への市場気運を盛り上げていった。より多くの軍需企業が、この動きに参入することになった。有力企業の最高経営者たちは、ストックオプション（自社株買取）などの金融報酬を与えられて、この新合併企業集団の形成に駆り立てられ、ワシントンの軍事企業に支援されるロビイストや政治家（上下両院軍事委員会）と共同で政治的障害を取り除くために協力した。[★12]

★12　Wolfram Elsner（ED）, Luc Mampaey, Claude Serfati, "*Arms, War and Terrorism in the Global Economy Today*", 2007, pp121-123, Transaction Publishers（New Brunswick and London）.

集中合併をさらに進めるべくペンタゴンの最高幹部に身を投じていく最高経営者たちも少なくな

かった。ロッキード・マーチンのCEO、ノーマン・オーグスティンは二〇〇一年末に唯一の非軍事部門・コムサット（九〇年代末に買収）を売却したあと、陸軍副長官へと転進し、軍事政策担当となり、軍産複合体の強化に身を投じ、軍産複合体内部（政策・調達・研究開発）における地歩を固めた。[★13]

★13 Jeremy Lemer, "Industry's attempts to diversity marked unhappiness", *Financial Times*, July 15, 2010.

（3）巨大金融機関主導の垂直統合

金融アドバイザーと軍需企業の最高経営責任者は、軍需産業界のM&A・再編統合を進める中で、業界全体の垂直統合を進め、より大型で技術的にも高度かつ効率的な企業グループを形成しようとした。九〇年代の前半には、ロッキード、ボーイングはじめ大手五社企業は、国際自動車企業（GM、フォード、フィアットクライスラー）や、IT企業（IBM、ユニシス、テキサス・インスツルメンツ、GE）、原子力エンジニアリングのウェスチングハウス、情報通信のAT&Tから軍需部門を買収・吸収した。多国籍企業は巨大金融株主の主導の下で軍需部門を手離し、航空宇宙軍需トラストは軍需生産を多角化し、垂直統合していくことになった。

国防総省は、軍需生産の集中化・寡占化過程を大手企業の株主たちや機関投資家にゆだねはじめた。一九九八年にロッキード・マーチンによるノースロップ・グラマンの買収を司法省が禁じたのを最後に、軍需生産のM&Aブームは終止符を打ったが、二〇〇一年から始まった第二次M&Aは、軍需企業—金融資本のイニシアで遂行され、国防総省の介入余地はなかった。

また、旧地方集団に属していた有力軍事企業（ロッキードは旧カリフォルニア集団、レイセオンは旧ボストン集団、ロックウェル・インタナショナルは旧メロン集団、ジェネラル・ダイナミックスは旧シカゴ集団）も、ニューヨーク金融グループを最大株主とした金融資本として再編成され、金融力を背景とする政治力を持って軍産複合体を形成することができる。

軍用機専業のノースロップ・グラマン社による艦艇最大手のニューポート・ニュース・ビルディング（買収金額二六億ドル）とTRW（同七八億ドル）の買収は、二〇〇二年に合意に達した。二〇〇三年には、GDが一二億ドルでベリディアンを買収、二〇〇五年にはL—3コミュニケーションズが二六・五億ドルでタイタンを買収合併。GDがアンテオンを二二億ドルで買収。DRS社がエンジニアード・サギート・システムズを一八・八億ドルで、アーマー・ホールディングがスチュアート&スティーブンスンを七・五五億ドルで買収した。

これらの買収・合併と集中・統合化による独占的・寡占的産業集合体（industrial meccano）の形成は、JPモルガン・チェース、シティグループ、バンク・オブ・アメリカ・メリルリンチ、ゴールドマン・サックス、モルガン・スタンレーなどと結びつく巨大機関投資ファンドからなる金融連合体の主導で、最終的にはペンタゴンの黙認の下で進められた。巨大機関投資ファンドによる大手軍需企業の株式所有率は、他分野の米国ビッグビジネス（多国籍企業）よりはるかに高くなった（図４―７）。一九八〇年から二〇〇〇年代初期にかけてＯＥＣＤ諸国企業の機関投資ファンド（投資ファンド、保険会社他の金融機関）の株式保有率は、米国企業の先導の下で飛躍的に高まったが、米国軍需産業大手一五社銘柄であるアメックス・ディフェンス・インデックス（ＤＦＩ＝the Amex Defense Index）のそれは七九・二四％で、米国Ｓ＆Ｐ五〇〇社インデックスは六五・三三％であった（二〇〇五年五月）。なかでもロッキード・マーチンは九五％、ノースロップ・グラマンは八五・九四％、ＧＤは七九・〇八％であった。米国の最大手優良企業銘柄の〝ブルーチップス〟二〇社＝メジ

図4-7　米国兵器産業大手の機関投資家による株式所有比率（%）

社名	機関投資家の株式保有率 2005年3月現在
ロッキード・マーチン	95.00%
FLIRシステムズ	95.00%
Drsテクノロジーズ	92.91%
Alliant Techsystems Inc.	89.16%
ノースロップ・グラマン	85.94%
スチュアート&スティブンソン	84.90%
タイタン	81.48%
ジェネラル・ダイナミックス	79.08%
EDOコーポレーション	78.70%
L-3コミュニケーションズ	78.47%
United Industrial Corporation	75.79%
レイセオン	74.01%
ボーイング	66.33%
ロックウェル・コリン	61.21%
エンジニアード・サポート・システム	50.59%
アメックス軍需企業銘柄平均	79.24%
S&P 500社平均	65.33%

（注）上表はDFI銘柄インデックスによる（2005年5月）。タイタン社は2005年8月にL-3コミュニケーションズに買収された。エンジニアード・サポート・システムはDrsテクノロジーズに2006年1月に買収された。スチュアート&スティブンソンはアーマー・ホールディングスに2006年5月に買収された

（出所）*The Wall Street Journal* and *Reuters.* 資料を基にLuc Mampaey作製

ヤー・マーケット・インデックスの平均値は六六・〇八％であった。

軍事産業大手企業は、ブラックロック、バンガード、ステート・ストリート、フィデリティ、JPモルガン・アセット・マネジメントといった巨大金融資本を主力とする大株主金融統合体の経済権力を背景に、企業統治改善を遂行し、(1)主力部門の垂直統合をはかり市場支配力を強め、(2)業界を越えた企業買収をはかって統合企業体を形成（ノースロップ・グラマンの最大艦艇メーカー＝ハンチントン・インガルス買収、さらにエレクトロニクス・ロボット・システム、サイバー・セキュリティ企業の買収）、(3)巨大主契約者企業間相互の開発・生産共同化（ロッキードが主契約者のF—35ステルス戦闘機生産に、ボーイングが共同生産者として加わる）を進めている。「二一世紀」の戦争の形態変化に対応できる体制を構築、企業基盤を強固にしてきた。

さらに、巨大金融株主と軍事独占体の最高経営者の連合体は、軍事研究開発（R＆D）と兵器生産増大の推進を、「独占集中化の企業ロジック」（industrial logic of the concentrations）として進めた。一九九四年三月から二〇〇一年八月にかけて一六九の買収合併取引案件があったが、取り下げられたのはたった二件で、一七件は条件が緩和されて実行された。軍事企業の大型買収合併については、米国政府の反トラスト当局が最初から手を引いていたといわれる。米上院軍事委員会における国防副長官（産業政策担当）の証言（二〇〇二年三月一九日）によれば、「我々は、各企業は国防における自社の利益によって行動しており、金融シェアホルダーの経営参入は政府が過度に介入しなくても、コスト低下を支援するものである」というのである。つまり、軍事産業の再編と発展は、軍事企業と巨大投資機関の大株主にまかせ、政府の指導や介入は最小限にするというものである。

大型合併ラッシュの結果、九七年から九八年にかけて軍事産業の株価は一時的に低下した。機関投資家が短期運用株を大量売却したためである。そこで、国防総省は、「米合衆国の国家安全保障に死活的利害のある国防産業」の活力低下につながる株式売却には何の正当性もないと、「平和の配当」を信じていた米国民に唱え、一九九九年の軍事研究開発・調達額を大幅に増大させた。九九年から二〇〇三年にかけて一一〇〇億ドルの予算増額をもたらした。大手軍事トラストの機関投資株主の大口株売りによる株価下落圧力（九七年、九八年）が、クリントン政権末期のペンタゴンによって軍事費の増額転換から上昇軌道を導き出したのである。

まさに、世界最大のコンサルティング事務所アーサー&ヤングの二〇〇二年報告書が述べているように、クライアントの政府ではなく、兵器企業グループの大株主こそが、経営と戦略の最終的裁定者となるべきだとの主張がある。つまり、投資家が経営陣を判断する際の基準は、その企業の成長と全体的な業績であって、「特定の国の政府や諸国の連合体の利益に適合することはできない」。だから、軍事企業は「魅力的な収益をもたらすオファー（軍事発注）」でない限り、自国の国防省との契約に乗るべきではない、というのである。この報告書は特にヨーロッパの兵器産業について述べているが、右の観点から、「最も高い成長を見込める場所としてアメリカで発展を図らねばならない」と述べている。★14

★14　Ernst & Young, "Europe's aerospace and defense sector", *An Industry at the crossroades*

: September 2002.

第3節 「新冷戦」下の二一世紀型核軍拡へ

(1) 北朝鮮危機の次にイラン危機演出

軍事費増大の傾向は、ジョージ・W・ブッシュ政権の出現の下、二〇〇一年九月一一日のニューヨーク(世界貿易センタービル1・2)、ワシントン(ペンタゴン本部)を襲った同時多発テロ、その後のアフガニスタン戦争、イラク戦争を通じて、軍事的フィスカルポリシーは、軍事産業に拡大する商機を提供した。米国の軍事複合システムは、軍事安全保障システム(the military-security system)の発展と並行して進み、二〇〇一年九月以後は、「米国政府の軍事化」(militarization of government)が進み、米国経済と社会に、ミリタリー・インダストリアル・システムが定着し始めた。国防総省、国務省、CIA、大統領国防アドバイザー、統合安全保障本部の優越性が進み、これに国土安全保障省(Department of Homeland Security)が創設された。宇宙軍創設も一九年一二月に連邦議会の議決を経て決定された。

軍事産業グループには、金融、政治との結びつきに加えて、ミリタリー・セキュリティ・システムには、情報通信技術分野の市場が加わってきた。さらに、セルビア、アフガニスタン、イラクでの地域戦争の「新たなミリタリー・ドクトリン」である「ネットワーク中心の戦争」（Network-centric warfare）が出現し、兵器メーカーたちは、システム・インテグレーション技術の優位性を保持する必要性も高まった。軍事企業グループ各社には、情報通信技術の新たな市場が広がり、民生部門の高技術企業やシリコンバレー大手五社も、軍事とも結ぶ必要が出てきた。

唯一超大国となった米国が、中近東を越えて中央アジア、南西アジア、北・西アフリカの資源地帯に勢力圏を広げた結果、大量の軍事力投入が必要となり、イラク、アフガニスタンの「無限の戦場」（軍備民兵やテロリスト相手）にクギ付けとなり、いつ終わるともしれない戦闘に引き込まれている。[★15]

★15 By David Nakamura and Abby Philip, "On Trail, Trump called war in Afghanistan a 'total disaster.'", *The Washington Post*, August 22, 2017.

その一方で、ロシア、中国、イランが中近東への勢力浸透（インフラ建設と武器輸出）を図っている。米国が新しくその勢力圏に引き込んだ地域は「不安定の弧」として広がりつつある。武装した民兵やテロリストと戦う新しい戦争には情報・通信や宇宙兵器が必要となり、二〇〇〇年代からは、シリコンバレーやボストンのＩＣＴ、ＡＩ、ロボット企業とペンタゴンおよび航空宇宙軍需企業とのつながりが深まり、冷戦終結後二度目のＭ＆Ａが展開された。

ただし、ペンタゴンのR&Dプロジェクト（DARPAの開発プロジェクト）は、冷戦時代から続行されてきた開発プログラムが事実上そのまま残っており、九〇年代の国防予算縮小期にあっても減少をみることがほとんどなかった。★16

★16 Richerd Aboulafia, "Program Preservation-Disaster For U.S.military industry?", *Aviation Week & Space Technology*, December 30, 2014. p15.

北朝鮮リスク・緊張は、冷戦期の大型戦略兵器復活の大いなる商機となった。ポスト冷戦期に縮小ないし廃止され始めた大型戦略兵器、戦術核兵器の復活と新型開発が始まった。製造から四五年を過ぎたミニットマンⅢ型大陸間弾道ミサイルの新型開発が開始され、ボーイング社に三五億ドル、ノースロップ・グラマン社三三億ドルの発注がペンタゴンからもたらされた。戦略爆撃機B―2（ノースロップ・グラマン）、超高高度中距離迎撃ミサイル、THAADの追加生産・配備なども軍需企業を潤すのには十分だった。史上最大の軍事演習は「新冷戦」市場創出を正当化するものであった。

そして、この北朝鮮「特需」による「ウインド・フォール」（思わぬもうけもの）を得て、ウォール街はじめ全米の投資家たちの「信用を得て」、株価は史上最高値を実現したことをもって、これ以上、危機の深海に入ることを避けた。

北朝鮮問題に代わる「危機創設」はイラン危機の演出である。冷戦後世界で最も成功した核拡散防止の国際協定である「イラン核合意」（一五年六月成立。イラン・中国・ロシア・米国・EU・英・

独・仏）からの一方的な米国の離脱（二〇一八年五月）で、イランと中国・ロシアを敵方にまわし、その脅威に対応する「新冷戦」が準備されている。米国は「最大の経済制裁」（トランプ大統領）を再開し、イランと取引する英・独・仏など第三国の企業や金融機関も対象とし、国際金融ネットワーク＝ＳＷＩＦＴからもイランを外し、「経済武器」によってイラン経済を破局に追い込み、イスラエル、サウジアラビア、インドなど周辺親米国家には各々五〇〇〜六〇〇億ドル規模の武器売却契約を終え、ＮＡＴＯ同盟をも糾合してことにあたろうとしている。

　中国とロシアは、その背後にあって、核軍拡を行う米国の戦略的脅威、競争相手（adversaries）であり、「核戦略見直し」（Nuclear Posture Review）による戦術核体系の整備（総予算一兆四〇〇〇億ドル）をしなければならないというのが、米国軍産複合体の戦略シナリオである。ただし、このシナリオは冷戦時代の再現を意味するものではない。米・ロ両国の戦争状態を想定した「柔軟反応戦略」のようなものは何も準備されていない。中・ロによる北アフリカ、中東、南西アジア、南アジア諸国への武器、インフラ、資源開発など「ソフト」パワーによる浸透を防止すると同時に、イスラム教原理主義に発するテロリズムや国家破産状況とのたたかいには、米・ロ・中のある種の協力（戦略的曖昧性に基づく）が必要である。「不安定の弧」地域への中・ロの進出は、米国の支配力を脅かす一面は持つが、緊張の強まりは米国のみならずロシアや中国の軍産複合体を利し、相対的安定化をもたらす要因でもある。[★17] 米国はいまや自国と同盟諸国との協力だけでは、広大な資源地域を安定させる力量は持ち合わせていない。中国もまた中東やアフリカからの石油・鉱石や稀有金属をはじめ膨大な資源・戦略物資の輸入ルートの防衛を米海軍に依存していることをも認識している。

★17　Jams A. Milluard, "Is Chaina's Road Project the New Colonialism?" , *The New York Times*, May 5-6, 2018.

（2）中・ロを戦略的競争者とする戦術核軍拡の危険度

米国軍産複合体にとっては（ロシア軍産複合体にとっても同じだが）、軍事超大国間の軍拡競争が展開されて、相手よりも優位性が保てる「国家独占兵器市場」が形成されれば十分である（図4―8）。だが、「使える核兵器」の開発競争が展開されることによってもたらされる二一世紀型の核戦争の可能性については、ウィリアム・ペリー元国防長官や「ニューヨーク・タイムズ」「ワシントン・ポスト」などのエスタブリッシュメント高級紙の警告の通りだが、ペンタゴン―軍産複合体は、オバマ政権期から開発（実験）に着手してきている。

「核兵器なき世界」を唱えたオバマ政権は、二〇一〇年の「核態勢見直し」（NPR）で、世界の核弾頭の九割以上を保有する米ロ両国の新戦略兵器削減条約（新START）を一一年に発効させた。この時に米軍産複合体＋議会＝MICC（米軍産議会複合体）の猛烈な反対があり、議会での批准が困難を極めたので、オバマ大統領は、小型核弾頭による「使える核」の開発を認めざるを得なかった。世界の核軍縮に逆行するとの非難を浴びつつもMICCに屈せざるを得なかったのである。

トランプ政権のNPRは、その核兵器の使用条件の緩和と役割の拡大、特に通常兵器など核兵器

図4-8　米国とロシアの長距離ミサイルと戦略爆撃機の機数比較

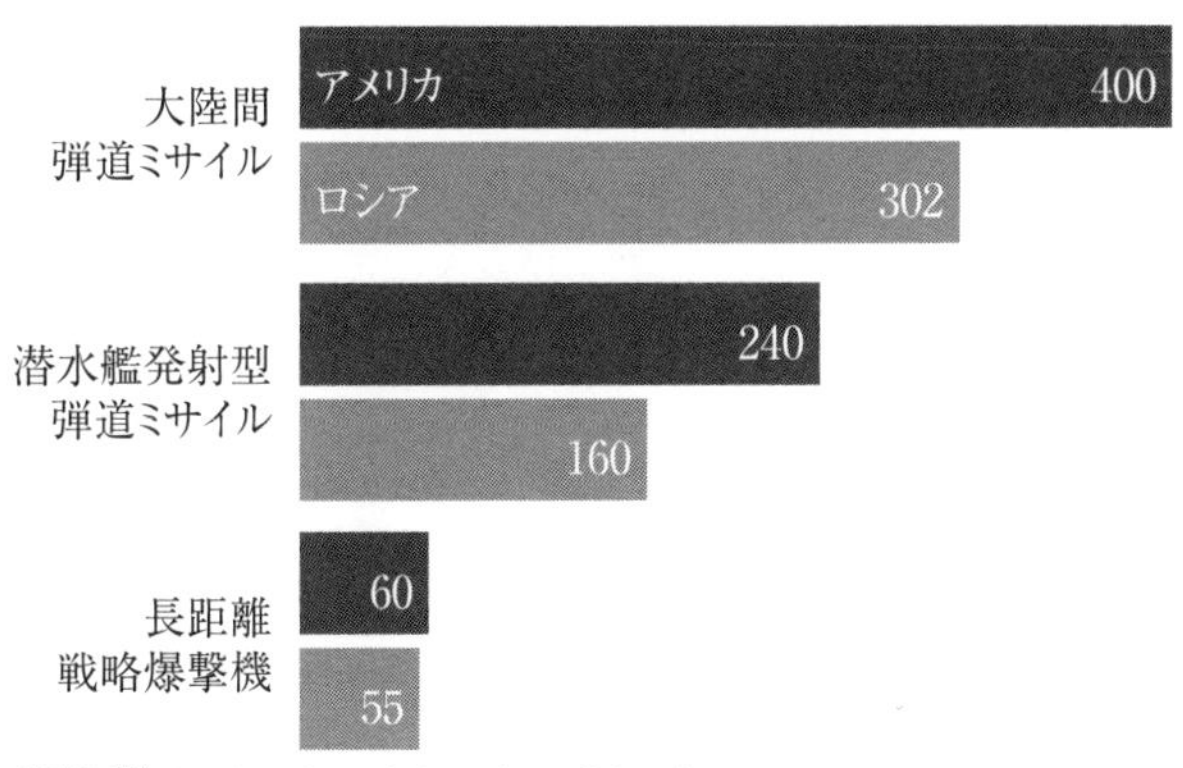

（原資料）Federation of American Scientists
（出所）*The Wall Street Journal*, January 16, 2018

以外の兵器による攻撃への反撃にも使う可能性を明記、局地戦を想定して、爆発力を抑えた小型の核弾頭★18を開発し、潜水艦発射型の弾道ミサイル（SLBM）に使用する方針も打ち出している。トライデント原子力潜水艦から打ち出すミサイルの小型化弾頭（low yield nuclear weapon）は一キロトンから二キロトンで、広島型原爆（一五キロトン）の一五分の一から七・五分の一。現在の通常核爆弾（一〇〇キロトンから四五五キロトン）よりはるかに小型。広島型の二％の威力の弾頭も米連邦エネルギーの核爆弾担当部門で「使える核兵器」として開発を進めている。

★18　By Michael. R. Gordon, "U.S.Plans New Nuclear Weapon", *The Wall Street Journal*, January 16, 2018.

オバマ政権時代に米海軍の戦力の六割が太平洋地域

に集中された後の、朝鮮半島での世界最大規模の軍事演習では、超小型爆弾の模擬弾の航空機からの投下訓練も行われた。トランプ政権下では、超小型の局所攻撃用の模擬弾の投下練習も行われたという。

しかし、米ロ関係は冷戦後最悪といわれつつも、すでに述べたように、この緊張エスカレーションの下で、旧冷戦下の「柔軟反応戦略」のような対ロシア軍事戦略はない。一七年の二月にジェームス・マティス米国防長官は、NATO国防相会談出席の際に、産油国アゼルバイジャンのバクーでロシアの参謀総長との会談を持ち、対イスラム国（IS）過激派組織、有志連合の作戦会議と連携し、対IS残党征伐をめぐる米・ロ間の軍事作戦調整が主要議題となっている。NATO同盟諸国もバルト海や東欧方面で軍事緊張を高めつつも、シリア情勢では軍事面で共同している。ロッキード・ボーイング社共同出資企業が独占的に打ち上げる軍事衛星打ち上げロケットのエンジンはロシア製である。対ロシア戦略的曖昧性を持ちつつ、米・NATO諸国は、軍事費増加―国家兵器産業市場の拡大をめざす。武器輸出や原発建設で急成長のロシア軍産複合体も緊張のエスカレーションで潤う。前駐NATO・ロシア大使でプーチン大統領の後継と目される副首相・軍事産業担当のロゴジン氏は軍産複合体のトップに立つ[★19]。

★19　谷口長世「トランプ劇場のまぼろし——安保政策と軍事再編から謎解く」『世界』一七年四月臨時増刊、一二四ページ。

国際石油資本はじめ米国多国籍企業・金融資本にとって最重要なのは、中東、中央アジア、南西アジア、北・西アフリカの広域資源地帯における米国支配秩序の防衛・再構築[★20]である。

★20 Michael T. Klare, "Nuclear Wake-up Call!", *The Nation*, July 31, August 7, 2017.

トランプ政権の中枢部に送りこまれたのは、冷戦後の米軍世界再編成と現地司令官を経験してきた将軍たち——ジェームス・マティス、ハーバード・マクマスター、そしてジョン・ケリーである。エクソン・モービルの会長兼CEOだったティラーソン国務長官も、広域資源地帯での米国支配秩序確立を「死活的国家利益」(vital national interest)とする立場にあった。「高くつき、長く続き、成果のない戦争」から手を引くとの立場を主張したトランプ大統領は、多国籍企業や軍産複合体の圧力の下で、一七年八月にはアフガニスタンへの増派等に同意せざるを得なかった。

「アメリカが理解していない戦争に勝てる訳がない[★21]」と、エスタブリッシュメント内で評されている戦争を継続する一方で、トランプ政権は、核開発問題を理由にイランという中東最大の軍事強国——ロシア、中国、インド、英、独、仏、日本とも深く結びついている——との国家的対立へ進もうとしている。北朝鮮リスクに代わるイランリスクという軍産複合体のための市場創出でもある。米国内の批判や政権内部の対立(ティラーソン国務長官とマクマスター国家安全保障担当補佐官は辞任・解任となったが、なおエスタブリッシュメント・軍産複合体のなかで強力な発言力を持つ)、独仏などNATO同盟国内部の猛反対を押しのけてまで、イランとの対立を激化させようとするトランプ政権の背景には、軍産複合体が推し進める「非核攻撃でも核で反撃する」小型核戦略という新軍事市場創設要求がある。

★21　Steve Coll, "America can't win a war it dosn't understand", *The New York Times* January 19, 2018.

（3）「新核戦略」に向けた新たな枠組み

米国政府・国防総省は、一七年一二月、「国家安全保障戦略」と一八年一月には「国家軍事戦略」、二月にはNPRと、相次いで国家安全保障政策の柱となる重要文書を発表し、「最大の脅威はイスラム過激派の米国に対するテロ行為」という見解から、中国、ロシアを「戦略的競争相手」として、その「脅威」を上位においた。

三〇年間にわたって一兆二〇〇〇億ドルの戦術核兵器体系を整備（現代化とオペレーション・システムを含む）する「核戦略見直し」プロジェクトは、軍産複合体の圧力の下、オバマ政権時代から密かに準備されてきた。米国の防衛産業アナリストのデービット・アイゼンバーグ氏や米議会上院軍事委員長のジョン・マケイン氏は、これを「〝軍産議会複合体〟（ＭＩＣＣ）の勝利」と論断している。[22] 年々の軍事予算の六・七％が投じられると推計される弾頭の開発はエネルギー省が担当する。

★22　Michael R. Gordon, "U.S. plans New Nuclear Weapons", *The Wall Street Journal*, January 16, 2015.

「新冷戦」（The New Cold War）の時代を迎え、内外の開発競争も激化、新たな業界の枠組みも進み始めている。アップル、グーグル、テスラ（電気自動車）、スペースX、アマゾン（ブルー・オリジン）などのシリコンバレー大手企業も、軍産複合体の有力勢力に組み込まれようとしている。

その調整役となるのが、前述の一七年一〇月に国防総省政策担当国防次官に就任したジョン・ハート氏である。ハート氏は、ロッキード・マーチン・インタナショナルの上級副社長であり、レイセオンやCIAでの勤務経験が長く、ブッシュ政権では国務次官補を務めた。

トランプ政権は、米ロの中距離核戦力（INF=Intermediate-Range Nuclear Forces）全廃条約を失効させ（一九年八月）、米・ロ・中の核軍拡競争をスタートさせると同時に、ミサイル王国・レイセオン社の老練ロビイストであるマーク・エスパーを国防長官に就任させた。その一ヵ月前にロッキード社は、核超音速ステルス・ミサイル開発成功を宣言した。

（4）「新冷戦」に向け新たな買収合併再編

そこで九〇年代前半から二〇〇二年までの間に再編・復活・統合された航空宇宙・軍需五大企業グループの体制は、いま「使える核兵器」の時代に向けて、冷戦終結後、第三回目のM&A再編の時代に入っている。最もアグレッシブに動き出しているのはノースロップ・グラマン社で、新世代の長距離戦略爆撃機と新型の超高速ミサイル・メーカーとして先んじようとして、ボーイング、ロッキード・マーチン連合と競い合っている。

同社は冷戦末期にペンタゴンから受注したステルス爆撃機B―2の多くがキャンセルになり、経営危機に陥ったことは先に述べた。だがその後、コソボやリビア空爆でその威力を発揮し、技術的改良を重ねてペンタゴンから見直され、対北朝鮮への史上最大の軍事演習では、核模擬爆弾投下実験でも活用されている。この実験に基づいての新型機開発の受注によって経営危機を確実に脱した。★23

★23 Bill Sweetma, "Take your Partner", *Aviation Week & Space Technology*, November 4, 2013. p23.

ノースロップ・グラマンはさらに、大中小型のスパイ衛星や軍事通信衛星と極超音速ミサイル・システムの製造能力をつけて、中ロという戦略的ライバルに向けた兵器メーカーとして新たに地歩を固めようとしている。一七年九月には、同社は宇宙ロケット、衛星監視システムのメーカーであるオービタルATKを七五億ドルで買収合意した。★24

★24 By Dana Mattioli & Doug Cameron, "Northrop Nears 7.5 Billion Deal", *The Wall Street Journal*, September 18, 2017.

ペンタゴンは、シリコンバレー企業も引き込み、宇宙軍事技術を高度化し、小型衛星を大量に打ち上げて、時速五〇〇〇キロ以上の極超音速の、「使える核兵器」とされる小型核を搭載できる中距離核戦力用ミサイルを誘導するシステム開発において、中ロと競うことになった。ペンタゴンの戦略通信部門の最高責任者は、宇宙軍事技術で中ロに追い越される懸念を表明している。★25 ロッキード・マーチンは、中距離核戦力全廃条約失効の一ヵ月前に、「極超音速（マッハ５）完全ステルス

図4-9　航空宇宙企業の買収合併上位5社

ユナイテッド・テクノロジーズのロックウェル・コリンズ買収（2017年8月）が最大

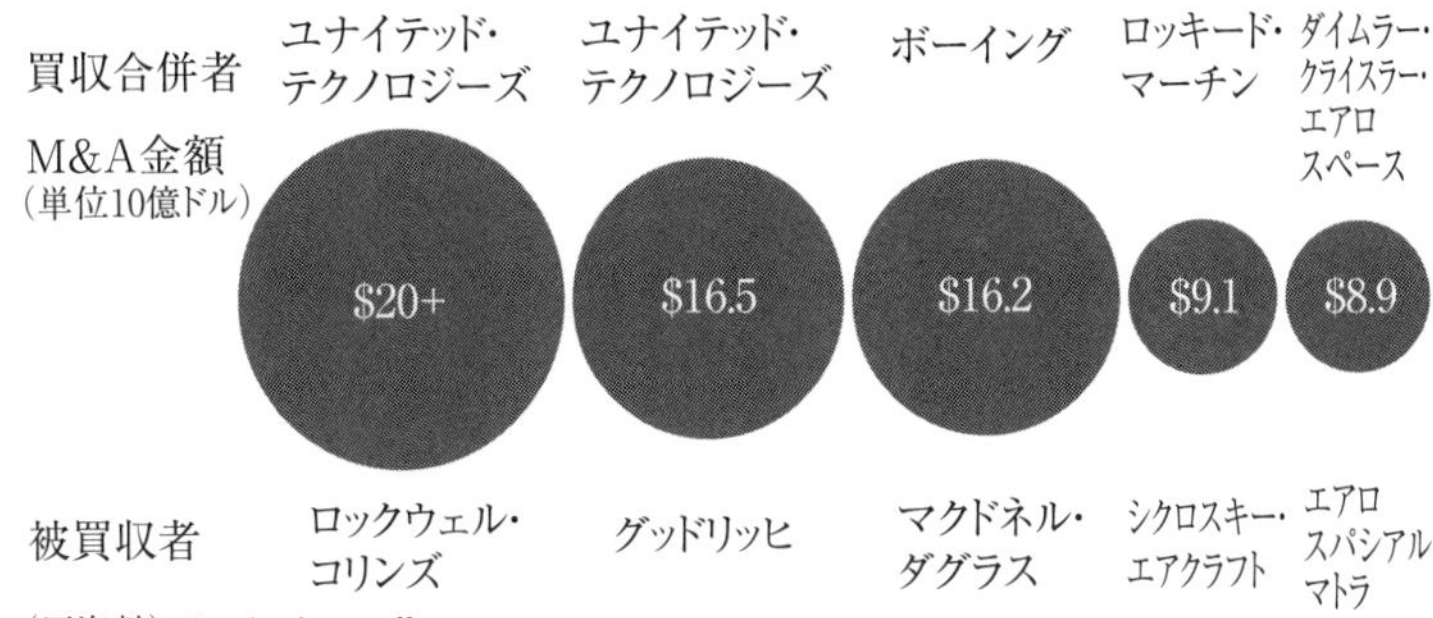

（原資料）Dealogic; staff reports
（出所）*The Wall Street Journal*, August 30, 2017

型ミサイル開発」を発表したが、ロシアの極超音速飛翔体＝アバンガルト（マッハ15～20）はその数ヵ月前に完成していた。

★25　Scott Malcomson, "Silicon Valley and the Pentagon", *The New York Times*, April 21, 2018.

これを受けて、米国軍事衛星打ち上げを独占しているボーイングとロッキード・マーチンのロケット合弁会社・ULA（ユナイテッド・ローンチ・アライアンス）は、テスラ・モーターズのオーナー＝イーロン・マスク氏率いるスペースX（正式名スペース・エクスプロレーション・アライアンス）との提携で、超安値で大量の軍事衛星を製造する能力や超大型ロケット開発能力をつける。米空軍内には一七年、「宇宙軍団」(Space Corps) が設立され、宇宙ドミナンス計画が発足した。二〇年には宇宙軍が発足することになった。

ロッキード・マーチンは、一四年三月に、インダストリアル・ティーファンダーを買収し、サイバー・セキュリティの分野でも影響力を拡大している。一二年にはＡＭＤ、インテル、ＲＳＡなどとともにＣＳＲＡ(Cyber Security Research alliance）を結成している。そして、極超音速飛翔体の開発に取りかかった。

軍事通信衛星の専門会社ハリス・コーポレーションズも、二〇一五年に同業のエクセリスＩｎｃを買収（四六億ドル）に続き、シリコンバレーのＩＴ、ＡＩ大手のいずれかと戦略提携を結ぼうとしている。最新鋭のＦ—35ステルス戦闘機と次世代長距離爆撃機の共通エンジンを開発中のユナイテッド・テクノロジー（ＵＴ）は、一七年九月に、軍用無線通信・レーダー・管制システムのロックウェル・コリンズを二三〇億ドルで買収している[★26]（図４—９）。

★26 By Mattioli, Joan S. Lublin David Benoiti, "Aerospace Firms Close In on Deal", *The Wall Street Journal* , August 30, 2017.

潜水艦や戦車の最大手となったジェネラル・ダイナミックスも、一八年二月に、国防総省とＣＩＡの専用通信システム会社で、サイバー・セキュリティの大手企業であるＣＳＲＡ社を六八億ドルで買収合併同意した。クラウド、サイバー・セキュリティの能力をつけてペンタゴンの新たな要請に先行し、応えようとしている。新型空母の独占メーカーで、原子力潜水艦建造の大手の一社でもあるハンチントン・インガルス・インダストリーズもまた、筆頭株主のブラックロック（世界最大の資産管理会社）の支援でＭ＆Ａ戦略に乗り出そうとしている。さらに、米陸軍の地上発射新型（核）ミサイル計画（八〇〇〇億ドル）の受注（主契約者）を、ノースロップと競っているボーイングは、コロラド州の総合部品メーカーのウッドワード社の買収に乗り出している。

冷戦後の軍需調達縮小期から開発された軍事企業と国防総省による合併統合化戦略が「平和の配当」、軍事経済から民生経済への資源の移転という軍民転換の本来あるべき政策とは逆に軍事経済の温存・強化・統合化によって、五大メーカーを中心とした世界最大の軍事企業グループが構築された。さらに今、二一世紀のトランプ軍拡の下で大手一〇社のグループに拡大され、米海軍関連企業はじめシリコンバレー大手企業、ITベンチャー企業も参入ないし引き込まれようとしている。

九〇年代からの軍事産業の再編が、従来からの軍事依存型経済構造、それに依拠した軍事スペンディングの経済政策——軍産複合体と軍事的ケインズ主義——は、その軍事産業集中統合化の動きのなかで、株主と巨大金融投資機関（投資ファンド、年金ファンド）によって、国家の軍事政策も思いのままに進められるようになってきた。★27

★27 Wolfram Elsner (Ed). Luc Mampaef, Claude Serfali, "*Arms, war and terrorism in the Global Economy Today*", 2007, pp22-24, Transaction Publishers (New Branswick LUSA) and London (U.K.), 2007.

総資産四・五兆ドル（二〇一四年）のブラックロックやバンガード（同二・八兆ドル）、J・P・モルガン・アセットMF（同一・六兆ドル）など上位一〇社の金融総資産額で米国のGDPを上回る巨大金融機関が、軍産複合体企業とその企業統治を背後から支え、その金融権力の政治的発言力は、軍事政策を左右できる。投資家が経営を判断する際の基準は、その企業の成長と全体的な業績であって、特定の国の政府の「国家利益」では必ずしもないのである。

図4-10　航空宇宙・防衛企業がグローバルに統合するには、自動車やエレクトロニクスなどの他の業界より長くかかる可能性が高い

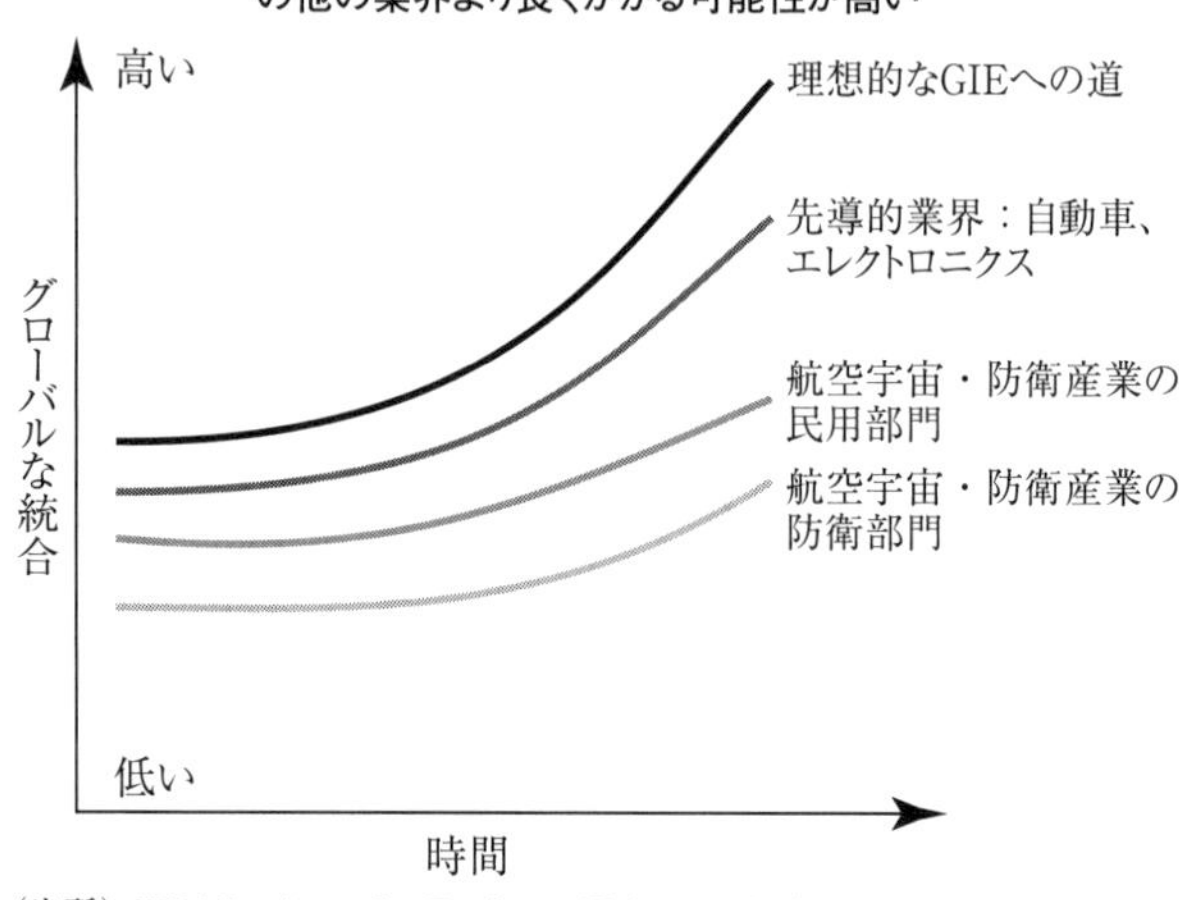

（出所）IBM Institute for Business Value analysis

軍事支出を需要創出策、所得政策として活用するという側面は後景に退き、「需要サイド」に代わって「供給サイドの効率化・強化」のために軍事予算が活用される。軍事産業が「国家軍需市場」の支配をめざして進み、国家の軍事市場行動を管理し、国民の間の社会通念を形成するに至るのである。ジョン・ケネス・ガルブレイス教授の「新産業国家」論における「逆ルート」の出現である。

この軍拡の流れをつくり出したのは米国だが、二一世紀の巨大軍事産業国家を再構築した米国軍産複合体企業はさらに、多国籍化の段階を迎えている（図4―10、4―11）。米国主体の国際開発方式（技術移転、現地生産、雇用創出）を活用し、インド、サウジアラビアなどの大量兵器購入国や同盟諸国（NATO諸国、日、豪、韓国、イスラエル）をより深

図4-11　オバマ政権下での米国武器輸出の飛躍

2010年にサウジの輸出成約600億ドル。同政権下の輸出実績額は478億ドルで、ジョージ・W・ブッシュ政権の160億ドルの3倍へ

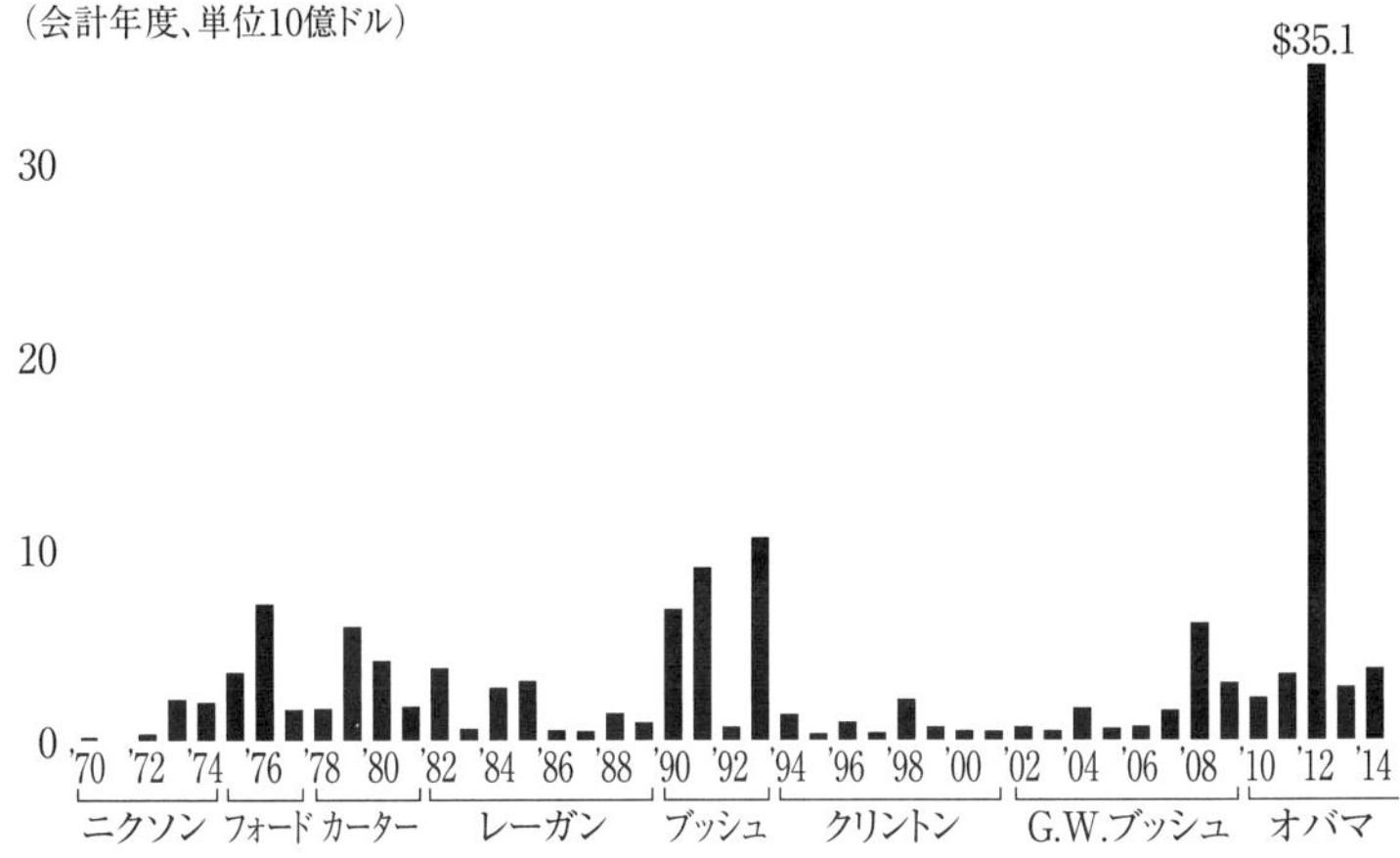

（原資料）Defense Security Cooperration Agency
（出所）ロイター社作成資料

く、米国のグローバル兵器生産ネットワークに組み込み、最高機密だけは秘匿のままで、技術へゲモニーは維持しようとしている。ただし、日本やブラジルのように、次期戦闘機の独自開発を進めようとしている国は、自主選択・自主開発を許されず、米国企業との共同開発・共同生産下に組み込まれている。

ボーイングは、まず民間機部門で787型機開発・生産を、日本、イタリア、オーストラリアと行っているが、737型機については韓国も加えて、同国に関連工場を建設・それと引き換えにF—18新鋭戦闘機を米国から購入（ライセンス生産）する。ボーイングはさらに国有インド航空公団（ヒンドスタン・エアロテックス）と共同でFA—18戦闘機（一一〇機）の共同生産へ進む。またAH—64型迎撃ヘリコプター「アパッチ」の共同生

産も一八年に開始した。

ロッキード・マーチンも、最新鋭のF―35ステルス戦闘機について、二〇一四年から英国はじめ九ヵ国と、主力戦闘機として買い入れることを条件に共同生産を行ってきた。米英をはじめ日本、韓国、ノルウェー、イタリア、ドイツ、オーストラリアなどに、一八年に三〇〇〇機強の生産・販売を計画していた。また、インド最大のタタ財閥（持株会社＝タタ・サンズ）と一七年八月にF―16戦闘機の共同生産を開始した。その結果として、ロッキード・マーチンは今日では、三〇ヵ国に六〇〇以上のサプライヤーによるバリューチェーンを持ち、「グローバル統合企業」（global integrated enterprise）と称している。ただし、将来ライバルとなりうる日本に対しては、米国政府・ペンタゴンはF―35の開発からは事実上除外し、日本の次期FX戦闘機として冷戦時代の戦略兵器であり、米国内では生産中止となっていたF―22戦闘機と現有のF―35の混合モデル型機を導入するようロッキード・マーチンと米ボーイング、英BAEシステムズの三社が米国防総省の承認の下で日本政府に打診してきた（一八年七月）。

トランプ政権では、大統領が先頭に立って武器輸出外交を推進し、現地ライセンス生産を基礎に、グローバル生産に結びつけ、現代世界をアメリカの軍事秩序再構築に結びつけている。

米国の二一世紀世界戦略の長期基本戦略はユーラシア大陸の支配である。端的にいって、「一帯一路」戦略でアフロ・ユーラシア・スーパー大陸への展開を開始した中国への包囲戦略である。「アジアへの回帰展開」に加え、中東再進出を開始したロシア封じ込め戦略でもある。米国の平和・安全保障NGO「アメリカ・フレンド奉仕委員会」のプログラム・ディレクター＝ジョセフ・ガーソン教授が述べるように、「米国の日本および韓国との同盟は、いまや地球的規模の同盟」となり、米国の「アジアへの旋回」政策の中心である。[★28]

★28 ジョセフ・ガーソン、「パックス・アメリカーナ」『日本の科学者』二〇一六年一月号、七ページ。

トランプ政権下でもこの戦略は強化され、北朝鮮問題、中国の南・西シナ海、インド洋、中東への拡張政策を口実に、ベトナム、シンガポール、フィリピン、マレーシア、インドネシアとの軍事協力を進め、オーストラリアとインドとの新たな軍事協力（米国海兵隊の増強や戦闘機の共同生産＝ライセンス生産）により、外交政策の「日米共同推進」による、「インド・太平洋戦略」を具現化している（一八年七月）。だが、これらのアジア・インド・太平洋圏諸国にとっては、中国との経済関係が日米との経済関係よりはるかに重要で、オーストラリアを除いて、日米軍事同盟に積極参入しようとはしていない。

そこで、トランプ政権が軍産複合体の圧力のもとで打ち出した軍事冒険の一石が、アジア中距離ミサイル網構想である。エスパー国防長官は就任直後にアジア・オセアニア歴訪で、地上発射および巡航ミサイルを日本、韓国、フィリピン、豪州に配備する「アジア核ミサイル網」を二年以内に実現させる計画を表明した（一九年七月）。ロッキード・マーチンは同月に極超音速飛翔体（マッハ5）開発成功と二年以内の配備可能性を公表、年内に海中発射型極超音速核ミサイル・プログラム受注（三五億ドル）を表明した。クレディスイスの分析では、二〇年以内に、ロッキード、UTCレイセオン、ボーイング、ノースロップ・グラマンに三五〇億ドルの発注が見込まれ、関連の軍事インフラ建設、予備のパーツ購入も含め一三七〇億ドルになるという。

中・ロ両核保有国はエスパー発言に、こぞって「反撃」と「報復」の用意完了を表明し、米・ロ・中の核軍拡競争に加わる覚悟を表明した。中・ロとも米国に続いて軍産複合体が成長し核ミサイル軍拡へ進んでいる。ロシアは先述のアバンガルトの開発成功を一九年春に発表。中国は一九年一〇月の国慶節に米国全土（七〇都市）を射程に収める多弾頭型の大陸間弾道ミサイル「東国（DF41」と極超音速飛翔体兵器（DF17）および巡航ミサイル（DF100）を公表した。

米国防総省は、中国の中・短距離核ミサイルはさらに、(1)「東風21」（在日米軍、フィリピン、日本を射程内に）、(2)「東風26」（航行中の空母を攻撃。〝空母キラー〟）、(3)「東風11」「東風15」「東風16」（台湾、韓国攻撃用）を配備していると分析している。

トランプ再選が有望となれば、米中ロの核軍拡狂乱（nuclear madness）が、三国軍産複合体による〝核ミサイル・ルネッサンス〟という形で始まる。日本が迎撃ミサイル・システム導入に続き、中距離核戦力・INF配備の要求に屈すれば、対中ロ核攻撃の最前線に立ち、その「核ゲーム」は、北朝鮮、インド、パキスタン、イランへとアジア全土に広がるおそれもある。

核兵器禁止条約が世界十数億人の署名もあって実現し、新型コロナ・パンデミックが軍事超大国三国の社会を危機に陥れている時に、米中ロは破滅的な国家行動へ突き進もうとしている。

第5章　多国籍企業とタックスヘイブン

第1節　多国籍企業のグローバル展開とタックスヘイブン

（1）タックスヘイブンの急拡大と格差の拡大

〈多国籍企業、メガ銀行の発展とタックスヘイブン〉

一九八〇年代から本格化し、東西冷戦終結以降に加速、二一世紀に入って完成した野放図な多国籍企業の新自由主義的グローバリゼーションの覇権構図は、世界中を大恐慌以来の金融危機に陥れた二〇〇八年の金融崩壊以後、逆回転せざるを得なくなった。何十兆ドルともいわれる略奪資産の保管所たるタックスヘイブン（租税回避地）やオフショアセンター（国際金融取引の拠点）のネットワークに裏打ちされたグローバル資本主義世界の下で、多国籍企業は金融権力を拡大する一方で、どの国にも税負担をほとんど負うことなく利益を隠蔽（いんぺい）、蓄積し、それを投機的に活用しつつ全地球的なグローバルリーチの発展を遂げてきた。

ウォール街とザ・シティ・オブ・ロンドンを双軸とする金融ネットワークの規制緩和とグローバ

リゼーションのなかで、オフショア・タックスヘイブンは、その深層の中心に位置しており、これなくしては、多国籍企業は、現在ほど巨大かつ強力なグローバルリーチの組織にはなり得なかった。

巨大投資銀行のゴールドマン・サックスや、マネーセンター銀行＋投資銀行の総合機能を持つJPモルガン・チェースのようなニューヨークのメガバンク、あるいは二〇〇〇以上のオフショア法人を持つHSBC（香港上海銀行）や、スイスに本拠を置くクレディスイスやUBSのようなロンドン（シティ）中心に活動する国際金融コングロマリットもまた、オフショアの産物である。多国籍企業がオフショアでの移転価格操作で急成長してきたように、メガ銀行もオフショア進出によって巧みに急成長を遂げてきた。タックスヘイブンを利用して税金を逃れ、準備金規定や各種の金融規制を回避して借り入れを増やすことができる。オフショアの口座を通じて、米英欧アジア市場で株式、債券、投資ファンドなどの金融証券を購入するのであろう。プライベートエクイティ・ファンド（非上場企業による投資ファンド）やヘッジファンドも、オフショア・タックスヘイブンが成長の基盤を提供してきた。アップルはじめ高度に複雑な企業組織管理を完成させている多国籍企業が高収益を達成してきた要因は、中国で生産した製品を欧米市場で販売し、香港、ダブリン、ケイマン諸島、バージン諸島などのタックスヘイブンで富を蓄積する企業モデルを構築してきたためといわれる。

米英両国でのベストセラー『タックスヘイブンの闇』（邦訳、朝日新聞出版、一二年）の著者、ニコラス・シャクソンの調査では、米国大企業一〇〇社のうち八五社、欧州大手一〇〇社の九九社がオフショアの子会社を持ち、世界の貿易取引の半分以上が少なくとも書類上はタックスヘイブンを通過している。全銀行資産の半分以上、多国籍企業の海外直接投資の三分の一がオフショアを経由して送金されている。国際的な銀行業務や債券発行業務の約八五％がユーロ市場で行われる。★1

★1　Nicholas Shaxson, *"Treasure Islands : Uncovering the Damage of Offshore Banking and Tax Havens"*, p.10, Palgrave Macmillan 2012.

同時に、リーマン・ブラザーズ、ＡＩＧの破局に始まる大恐慌以来の金融崩壊をはじめ、二〇世紀末からの世界のあらゆる重大金融破綻（はたん）は、オフショアをプラットホームとして展開した。

その結果、⑴米国はじめ多くの先進国における製造業の衰退、経済成長の劣化、生産性の伸び低下、⑵企業の独占化、寡占化の極度の進展による寡占競争の激化とカルテル化、新成長産業創出の減少、⑶経済の金融化（とりわけ資本蓄積過程の金融化）が進んで、スタグネーション・長期低迷期へと突入しようとしている。そして、格差の絶望的な拡大、社会インフラの劣化や建設の遅れ、地球環境悪化への恐怖が進行している。

（注）金融セクターが経営陣にきわめて大きな影響力を与えるようになり、ＣＦＯ（最高財務責任者）を対象とする最近の調査では、ウォール街の期待通りに順調な収益を上げるためなら「経済的価値を諦める」と答えた者は七八％、「正味現在価値（ＮＰＶ）がプラスのプロジェクトでも中止する」――つまり自社の利益を損ねてさえも――と答えた者は五五％に達した。多くの企業幹部は、ウォール街に服従する理由について、株主利益を最大にする「信任義務」を負っているからだと述べている。一九七〇年代に、ミルトン・フリードマンが、「ニューヨーク・タイムズ」紙で「経済

幹部がはたすべき唯一最大の責務は利益を最大化することである」と論じて以来、この考えは金科玉条となっている（"The Price of Wall Street Power", by Gautam Mukunda, *Havard Bujiness Review*, June 2014）。

米欧金融・多国籍企業の首脳部・中枢支配層の間では、独占化し金融化する資本主義の成長性（生産性の低下・停滞）への不安が増し、米欧諸国民の間ではグローバル資本主義―巨大企業批判が高まった。二〇一六年の米国大統領選では、「ウォール街の解体」「巨大銀行の分割」を主張したバーニー・サンダース氏が健闘し、国民的盛り上がりを達成し、英国の国民投票では「シティ解体論者」も勢力を占めるEU（欧州連合）離脱論が、意外にも過半数を占めた。EU離脱を決めた英国民の投票決定について、「ニューヨーク・タイムズ」のロジャー・コーエン論評は、「グローバル資本主義への反攻（a revolt against global capitalism）」であり、「英国民は世界の政治、金融、ビジネスのエスタブリッシュメントに強撃（a massive kick）を浴びせたのだ」という。そして、「大多数の英国民は、被害の大きかったイラク戦争、二〇〇八年の金融崩壊、欧州緊縮政策、労働者階級への賃金抑制そしてスーパーリッチのタックスヘイブンを擁護する金満政治家にがまんできない」と。[★2]

★2　*The New York Times*, June25・26, 2016, Roger Cohen.

〈史上最大の内部告発＝「パナマ文書」〉

どこの国にも納税義務を負うことなく、タックスヘイブンに利益を隠蔽秘匿したまま投機的手法

図5-1　タックスヘイブンにある金融資産（2013年）

2013年、世界規模でみると、世界の金融資産の8%は、タックスヘイブンにある計算になる。そのうちの3分の1はスイスにある

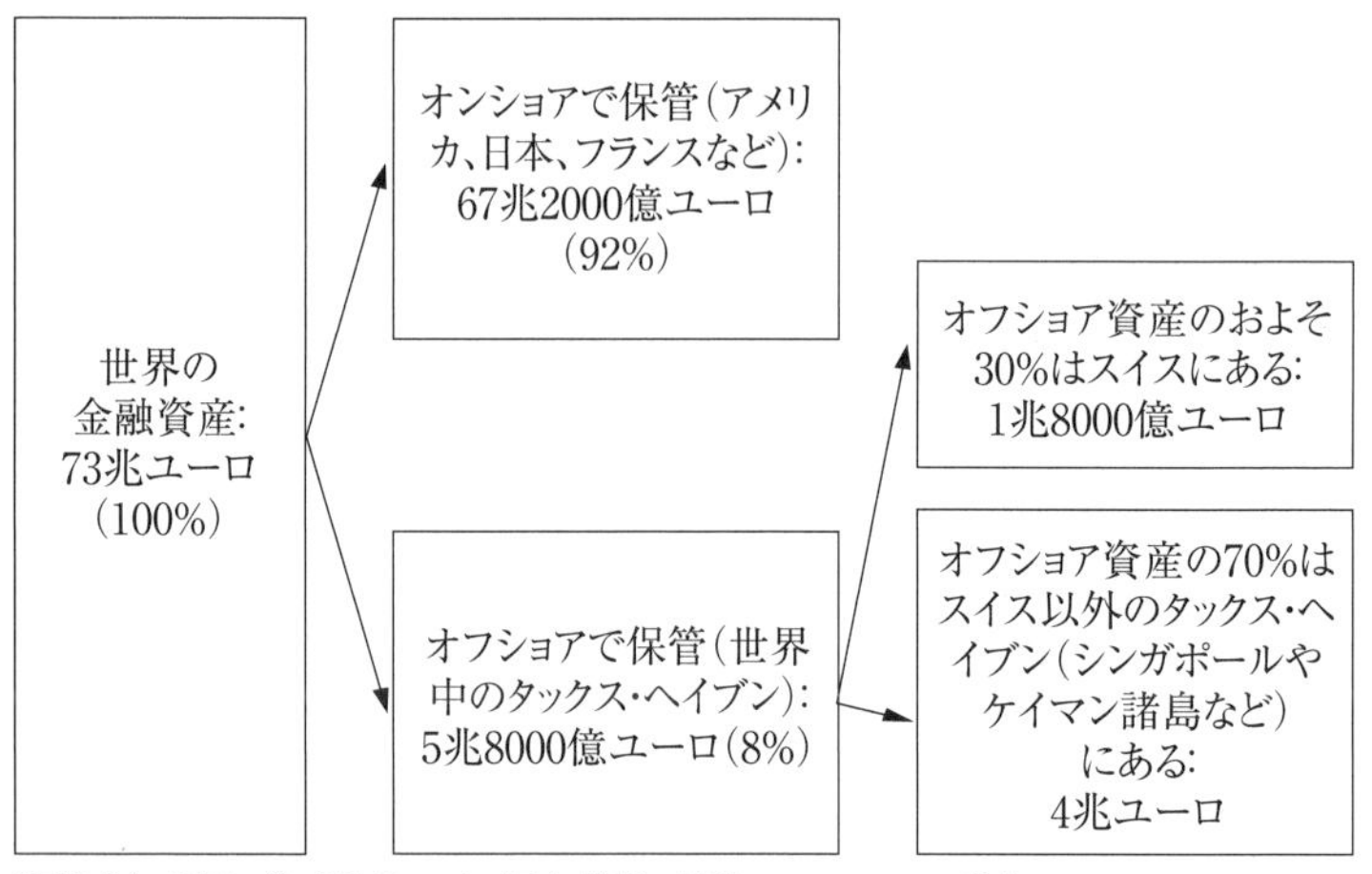

（原出典）各国の資産統計、スイス国立銀行の統計、G. Zucmanの計算
（出所）Gabriel Zucman, "Larichesse cachce des nation, 邦訳『失われた国家の富』（NTT出版）2014年、p65

でこれを増幅し、巨大企業間の合併を重ねて金融権力の増大をはかる多国籍企業・巨大金融機関に対する批判が、グローバル資本主義の中心たる米・英・西欧で広まり、次第にその周辺国と途上国（多国籍企業が展開する）にも広がり始めたのである（図5―1、表5―1）。

オフショア・タックスヘイブン・ネットワークの巨大な（数十兆ドル規模）裏金金融を暴いた「パナマ文書」による史上最大の内部告発（調査報道）が、世界同時発信で解き放たれたのは、必然の要求によるものであった。

米系多国籍企業数百社が中南米事業統括本部を置き、米ドルが実質的な現地通貨で、ウォール街出身者も多く、ニューヨーク金融市場とつながりが深いタックスヘイブン

＝パナマの会社法律事務所、モサック・フォンセカによって作成された文書には、一九七〇年から二〇一五年までの総件数一一五〇万件とオフショアセンターを活用する二一万四〇〇〇社の企業、株主、取締役などを含む詳細なデータが盛り込まれている。

一五年初にドイツの有力総合紙「南ドイツ新聞」に匿名で送りつけられたこのパナマ文書は、米国の慈善団体＝CPI（Center for Public Integrity）が設立した組織で、その傘下の国際調査報道ジャーリスト連合（ICIJ・世界八〇ヵ国一〇七社の報道機関に所属する四〇〇名以上のジャーナリスト）が分析にあたった。ICIJはこれまでも多国籍企業とルクセンブルク政府との租税回避契約を含め、一連のタックスヘイブン関係のリーク文書を調査解明してきた。

一六年四月三日にその一部が世界中に同時発信された。この日の「歴史上最大のリーク」は、多国籍企業の野放図なグローバル展開を許すグローバル資本主義の糾弾の始まりとなった。その二日後の四月五日、オバマ米大統領は、パナマ文書に掲載されている多国籍企業や巨大金融機関、英国や中国、ロシアなどの政府首脳に対して、問題の重要性について内密に警告したといわれる。

「フィナンシャル・タイムズ」の金融専門記者ジャン・キャッパー氏による論評は、米国多国籍企業の六割が米国内のタックスヘイブンのデラウェア州に本社を設立し、上位三〇〇社のため込む年間二兆一〇〇〇億ドルの利益を、カリブ海のタックスヘイブンであるバミューダやバハマに隠して蓄積しているという事実（つまりタックスヘイブンから次のタックスヘイブンへと消える）は、国民の不興を買っていると述べた。そこで彼は、一一〇年以上前にモルガンの鉄道トラストはじめAT

表5-1　世界の主要なタックスヘイブン（租税回避地）

「世界で最も主要なタックスヘイブンはマンハッタン。2番目はシティ・オブ・ロンドン」

国内・地域名	特性と役割	金融機関のある国・地域
英国王室属領 ジャージー ガーンジー マン島	英国王室の所有の属領、英連合王国のタックスヘイブンのネットワークの一部をなす。1860年代から、ハンブローズ、ヒル・サミュエル（現在はロイズTSBの子会社）などのマーチャントバンクが進出し、預金を受け入れる。イギリス流の銀行業務、外交と防衛、法律は英国政府が担い、副総督が女王の代理。税金逃れに富裕な人々が移住。電子的に行われる有価券券が保管されていて低コストで効率的かつ安全なサービスを提供。堅固な銀行機密があって、信託の構築には便利。不正な活動（テロリストや麻薬密輸組織）の資金の一部も扱う	英国
アイルランド	法人税率は12.5%だが、「ダブルアイリッシュ」と呼ぶ優遇策によってさらに低い税率も可能。国際的な批判の高まりを受け、2015年以降に設立した法人への優遇措置は中止。優遇策を受けている法人も2020年末で猶予期間が終了する	英国
ルクセンブルク	1929年からオフショア企業誘致を開始し世界最大のタックス・ヘイブンのひとつに。さらに世界最大の金融センターのひとつに。自国の統治権を商品化して、多国籍企業に自社の法人税を決める権利を販売、多くの国際企業・銀行が進出。ルクセンブルクの成長モデルは金融部門の成長の一方で製造業が衰退	フランス スイス
スイス	スイス国外でビジネスをすることを目的にスイスに設立した法人は、実効税率10～20%の優遇税制が適用される。このスイス法人を活用して節税していた米スターバックスは2012年に「英国での売り上げ規模の割に納税額が極端に少ない」として英国で強い批難を浴びた	フランス 米国
オランダ	大規模な導管的タックスヘイブン。2008年には18兆ドルの資金がオランダ・オフショア法人を通過（同年のオランダGDPの20倍）。銀行秘密保護法を法制化	
リヒテンシュタイン	法人税率は12.5%。スイスと並ぶ銀行の守秘義務が厳格な国だったが、国際的な批判の高まりを受け方針を転換。近年はOECDが進める税逃れ対策などにも協力する姿勢を見せている	特になし
英領バージン諸島	バージン諸島内で活動をしない法人に対する法人税やキャピタルゲイン（譲渡所得）が非課税。アイルランドの「ダブルアイリッシュ」など、多国籍企業や投資ファンドに節税スキーム構築の際に管理運営会社などで活用されることが多い	英国

英領ケイマン諸島	1967年にタックスヘイブンとして設立。世界5位の金融センター8万社が登記。所得税、キャピタルゲイン税、相続税が非課税。バージン諸島同様、多国籍企業や投資ファンドの節税目的のペーパーカンパニーが多数登記されている	英国
パナマ	歴史的に米国企業や富裕層のタックスヘイブンとして活用されてきた。設立した法人は、パナマ国外からの所得が非課税となる	米国
バハマ	法人税、個人所得税、キャピダルゲイン税、相続税が非課税	英国
英領バミューダ諸島	法人税、所得税、キャピタルゲイン税、贈与税、相続税が非課税。米グーグルが2014年に節税対策として同諸島に117億ユーロ（約1兆4000億円）を送金していたことが報告された	英国
米国デラウェア州	州内で事業をしていない企業は同州法人税が非課税。米上場企業の半数以上が同州に登記上の本社を置く	米国
米国ネバダ州 ワイオミング州 サウス・ダコタ州	州法人税が非課税。デラウェア州と並ぶ、米国のタックスヘイブンとして台頭中	米国
香港	法人税は16.5%。株式の配当、投機的でないキャピタルゲイン税、認可銀行の預金利子分は非課税、1997年に英国が香港を中国に返還すると中国はこのオフショアセンターを「特別行政区」としてそのまま残した。問題の多い英国最大の銀行HSBCを通じて深く中国とかかわる。近年、中国やインドネシア企業とのつながりを強化している	英国 中国
シンガポール	英国とのつながりが深く、香港と並ぶアジアのタックスヘイブンとして有名。法人税率は17%だが、多くの税務優遇措置があり、さらに低い実効税率を享受している企業も多い	英国 中国
モーリシャス	英国の旧植民地、フランス語が公用語、シティ、ジャージー、マン島の助けで1989年にオフショアセンター設立。導管的タックスヘイブン（サービス中継地）欧州・アジア・アフリカと取引するのに理想的タイムゾーン。公式には独立国だが英連邦の一員。HSBC、バークレイズ銀行が首都ポートルイスの巨大高層ビル群に入る。新しいオフショアタックスヘイブンとして成長開始	英国 インド

（出所） Nicholas Shaxgon,*“Treasure Islands”*、Gabriel Zucman,*“Larichesse chachee des nations”* Herve Falciani and Angelo Mincuzzi,*“La Cassatorte Degte Evasori”*

&Tやスタンダード石油トラストが分割された一九〇一年以降のセオドア・ルーズベルト政権時代のトラスト・バスター（企業トラスト退治）と同じ事態を招く可能性を指摘している。★3 同じ警告は、有名なトマ・ピケティ教授の著書『21世紀の資本』でも、「グローバル経済を放置すれば、一〇〇年前の極端な格差社会に逆戻りする」と述べている。

★3 *Financial Times*, January 7, 2016.

さらに、パナマ文書が明らかにした分野は、中国本土・香港・バージン諸島を結ぶ、中国マネーとタックスヘイブンとの結びつきで、最終的にはニューヨーク・ロンドン国際金融市場への収斂（しゅうれん）を示唆する（後述）。

（2）多国籍企業が欧州小国の課税主権を買収

〈新旧多国籍企業の「節税」と資本蓄積の拡大〉

フェイスブックやグーグル、アップル、マイクロソフト、スターバックスといった新興多国籍企業から、歴史あるエスタブリッシュメント巨大国際トラスト企業のGE（ゼネラル・エレクトリック）、エクソン、IBM、ヒューレット&パッカード、ファイザー、メルク、ダウ、モンサント、キャタピラーまでが、世界のどこに本拠を置いているのかわからない、〝根無し草の無国籍企業〟となって全地球を覆い、他方でワシントン政府・ホワイトハウス・議会に圧力をかけ、法の網の目をかいくぐり、合法的に納税を回避する。一種の所得分配である納税を避け、「節税」「納税コスト削減策」を打ち出して利幅を拡大し、その利益をオフショア・センター／タックスヘイブンに蓄積し、ニューヨークやロンドンの国際金融センターで活用し、資本蓄積を拡大している。

途上国では、多国籍企業はタックスヘイブンに本社を置いて生産活動を拡大し、そこで得た利益はホスト国には納税せず、その本社のあるオフショアの無税法域に持ち去っている。途上国の国家指導者、開発独裁者がこれに深くかかわり、多国籍企業はタックスヘイブンへ利益を持ち去り、そのあとには、途上国のインフラ不足、教育、衛生は以前の貧しい状態のまま取り残され、一部の特権層を除き、国民大衆の貧困は人口増加で深まるばかりである。二一世紀型の帝国主義的経済システムであり、多国籍企業の世界システムの下に、欧州小国や途上国のエリート（国家最高指導者）も深く関わっている。パナマ文書の公表の数日後に、アイスランドのジグサンドゥル・グンロイグソン首相が、自国民に対する背任行為（資産隠し疑惑）への怒りのデモを受けて辞任に追い込まれた。

国の最高指導者や富裕層も大企業とともに、その渦に巻き込まれていくパターンが常態化すれば、先進国、新興国を問わず国家財政が細り、諸国民大衆、中小・民族企業にしわ寄せが向かわざるを得ない。巨大企業、銀行（新興国・途上国・旧社会主義国の国有企業・金融機関、財閥企業も含む）が納税義務を放棄した分だけ、国民大衆は高く重い納税を強いられ、格差が拡大する。ミルトン・フリードマンの新自由主義ドクトリン（経営幹部の唯一最大の責務は利益最大化）の下、新旧・巨大多国籍企業の特権は維持・強化されたが、義務（納税義務、地域貢献義務）や「企業の社会的責任」「社会に対する説明責任」は消え失せようとしている。

税金を払わないか、ごくわずかしか払わずにタックスヘイブンに秘密裡に置かれ運用されているマネーは、ロンドンのＮＧＯ「税公正ネットワーク」（ＴＪＭ＝Tax Justice Network 二〇〇三年設立）によれば、一〇年末の時点で二一兆〜三二兆ドルで、同年の米国ＧＤＰ（国内総生産）一八兆ドルを上回ったという。

また、フランスの若手経済学者のガブリエル・ズックマンは、一五年末現在で、世界のオフショア・タックスヘイブンに蓄積されている金融資本は、五兆八〇〇〇億ドル（約七二〇兆円）と推定している。世界の主要タックスヘイブンという秘密（略奪）資産の保管所の金融資産は、中国やインド、ロシア、サウジアラビアも加わって拡大中ではあるが、その膨大な金額を正確に知ることは困難である。

ＯＥＣＤ（経済協力開発機構）やＩＭＦ（国際通貨基金）の取り決めで、各国のオフショア金融資産額を国際決済銀行（本部はスイス・バーゼル）に向けて報告することになっているが、一五年の時点で、タックスヘイブン活用をあまり進めていない日本が七四〇〇億ドル、英国が六〇〇〇億ドル、米国が五五〇〇億ドルとなっている。しかし、オフショア・タックスヘイブンに向け地下茎を地球規模に拡げるウォール街とシティ・オブ・ロンドンを擁する米英の公表・報告金額は年々減少している。

米国では、多国籍企業・巨大銀行のグローバル展開とタックスヘイブン活用・「節税」の結果、法人税の比率が一九五〇年代は三割だったが、タックスヘイブン・ネットワークが完成した九〇年代以降は、一割弱となっている。税負担は、庶民にのしかかり（米国のスーパーリッチは、資産をパナマやバハマ、バミューダに移す）、インフラや教育支出は減少の一途で格差拡大を加速している。

ＯＥＣＤの推計では、全世界で失われた法人税は、一三年の時点で約二四〇〇億ドル（二六兆円）といわれ、全世界の法人税の一割を占めているという。

〈「アップル現象」とアイルランドの多国籍企業への特権的優遇税制〉

米国のアップル、マイクロソフト、グーグル、スターバックス、アマゾンなどの新興多国籍企業は、欧州（税務）本部をアイルランドやルクセンブルク、オランダに置いて、特別に安い法人税で優遇されている（各国では国家主権の一部を多国籍企業に売り渡したとの非難があるにもかかわらず）。

二〇一二年にスターバックスが、英国に実質的な欧州本部が置かれているにもかかわらず、オランダ（欧州統括会社）、スイス（原料調達会社）とタックスヘイブン（英領バミューダ）を組み合わせた「節税方式」を活用して、同国では法人税をほとんど負担していないことから英国民の不買運動が発生した。

一四年には、アップルが欧州統括本部を置いているアイルランドで実質二％以下という破格の法人税優遇措置を受け、大市場の英国を含めた欧州全土ではほとんど税金を払っていないことから、

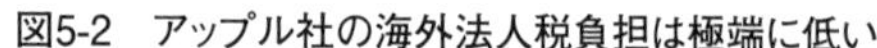

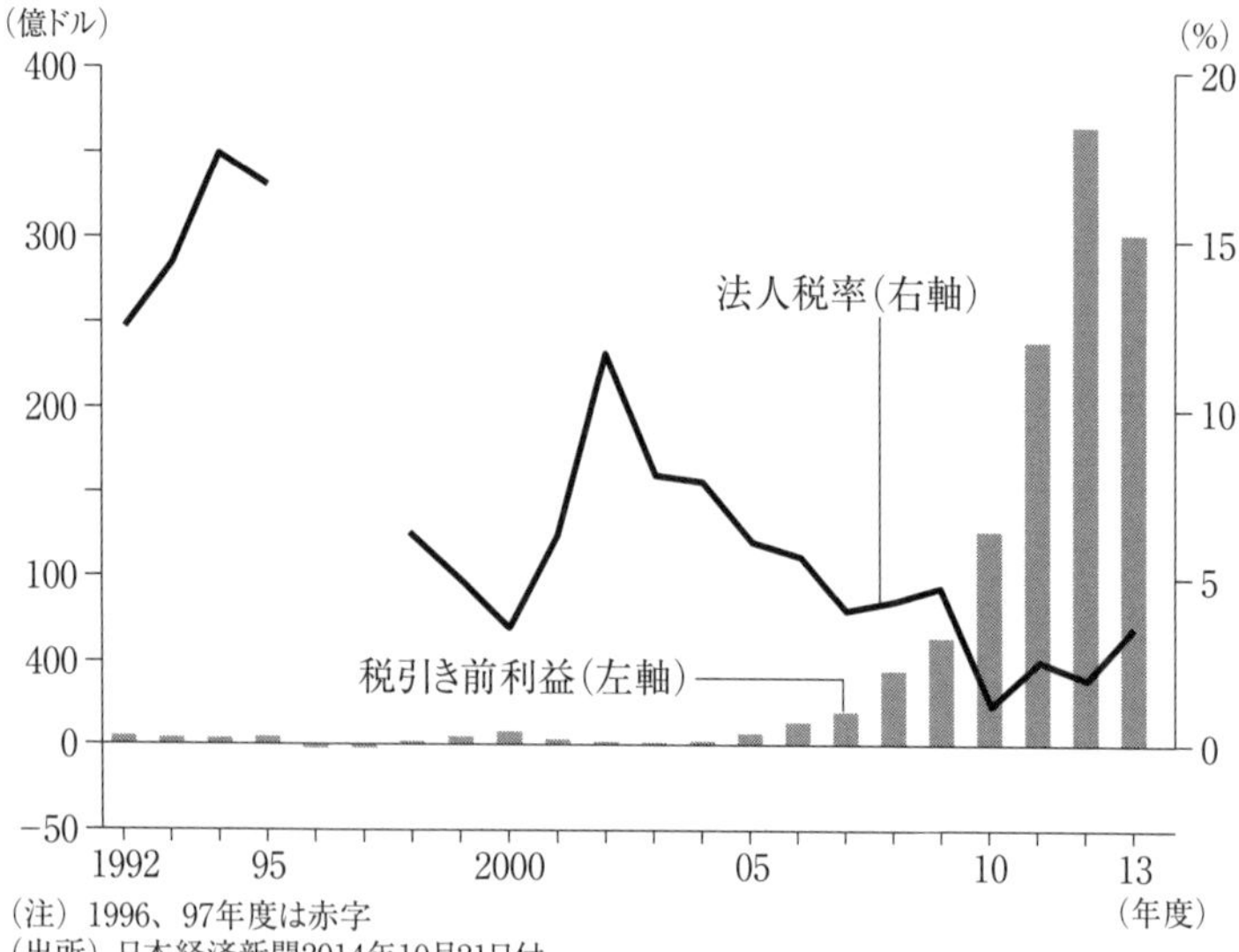

（注）1996、97年度は赤字
（出所）日本経済新聞2014年10月21日付

不買運動にまで発展した（図5―2）。

これには、「ダブルアイリッシュ・ダッチサンドイッチ」というアイルランドの多国籍企業優遇税制が設けられていた（図5―3）。⑴多国籍企業は、アイルランドに営業実態のない会社と事業会社の二つの法人を設立する。⑵オランダの別法人を経由して商品販売などの利益を特許使用料として、アイルランドの事業会社から営業実態のない法人へ移転する（両国間の租税条約で特許料のやりとりは非課税扱いになる）。⑶営業実態のないアイルランドの法人を英領バミューダ諸島などの租税回避地から経営すると、アイルランドの法人税を免れることができるため利益はこの法人に集中する。一連の取引によって企業は大幅に「節税」することができ、最も先端的な経営方式として、「ダブルアイリッシュ・ダッチ

図5-3　アイルランドの優遇税制の仕組み

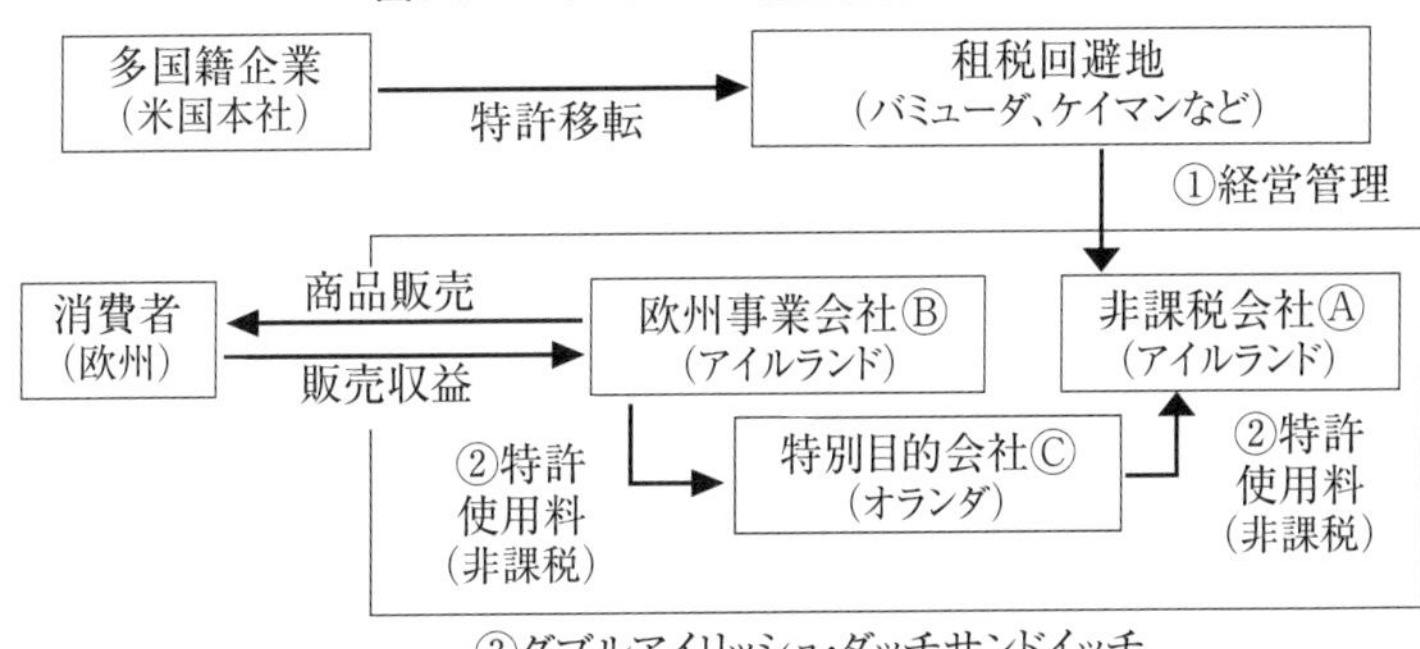

①海外の租税回避地から経営することでアイルランドの会社Ⓐ（営業実態なし）の法人税が非課税に
②アイルランドとオランダの租税条約により特許使用料が非課税に
③アイルランドの事業会社Ⓑからオランダの会社Ⓒを経由して欧州事業の収益を非課税会社Ⓐに集約

（注）国際通貨基金（IMF）報告書をもとに作成
（出所）図5-2に同じ

サンドイッチ」と米欧ビジネススクールでも絶賛された。

二〇一〇年以来、先進各国の法人税引下げ競争＝「税の競争」は、「経済の効率化のために望ましいとする考え方は適正ではなく、その競争は市場における企業間の競争とは性格が異なる。税は経済活動のコストではなく、企業に対する減税は国民大衆に対する増税となり、国が競争上有利になるということはない」と、一〇年の先進国サミットやOECDの重要会議でも一致していた。

このような国際認識の高まりのなかで、一四年の夏、年間売上高二三三七億一五〇〇万ドル、純利益五三三億九四〇〇万ドル（一五年実績）のアップル社が、世界中でまったくといっていいほど税金を払っていないという事実が、欧州の新聞「フィナンシャル・タイムズ」「ザ・ガーディアン」で大々的に取り上げられた。世界中で法人税減税の意義が問われている時に、堂々たる税金逃れという「アップル現象」（一二年度の海外事業の法人税は二％に満たず、海外で保有する現金などは一三年九月時点で、一一一三億ドルとアップルグループ全体の七割強〔一五年末二一五〇億ドル〕）の追及が、EUの執行機関＝欧州委員会と米議会上院で開始された（一三年五月）。

アイルランドのアップル向け特別税優遇、ルクセンブルクのアマゾン・ドットコム優遇、オランダ（アイルランド）のスターバックス優遇、英国におけるグーグルやディズニーについての特別優遇が調査・追及の対象となった。

しかし、各国が米多国籍企業に供与した特別優遇の事例は多く（ルクセンブルクの場合は二〇〇〇年から三四〇社）、EUでの多国籍企業の租税回避封じは難航している。アップルやスターバックスにしてみれば税金逃れではなく「節税」なのである。アイルランドは、一三年六月、全欧州規模の非難の下で「ダブルアイリッシュ・ダッチサンドイッチ」の廃止の方針を決めたが、現行の優遇措置は六年先の二〇年末まで続けられる（猶予期間は六年）。さらに、特許使用料など知的財産権から生ずる所得への課税を優遇する制度を欧州委員会の判断を得て、一六年から導入することになった（アップルによると、一五年はアイルランドの法定税率一二・五％に相当する四億ドルを支払い、本国はじめ全世界で一三〇億ドルの税金を払い、米国の大企業が負担する税金も支払ったという）。

一六年八月末には欧州委員会のマルグレーテ・ベステア政策委員長は、数年に及ぶ調査の結果、アイルランドによるアップルへの複雑な税優遇措置により、アップル社の支払った税率は〇・〇〇五%で、特定の企業だけ優遇することを禁じたEUの「国家補助規制」に抵触するので、同社に与えた税優遇分一三〇億ドルを追徴課税するよう命じた。これに対しアップルのティム・クックCEO（最高経営責任者）はこれを「政治的たわごと（Political Crap）」として、EU権力とたたかう決意を表明していた。

スターバックスは欧州本社機能をオランダから事実上の拠点である英国に移転する計画を進め、租税回避との欧州での追及をかわそうとしているが、その後もEUの調査が進んでいる。

（3）M&Aの主目標は租税回避と利益極大化に

〈租税地変転と「ファイザー・モデル」〉

多国籍企業の租税回避のためのM&A（企業の合併・買収）展開である。外国企業を買収し税務上の本社を税率の低い外国に移転し、合併新会社を軸に資金の流れを再構築する「インバージョン」（inversion、租税地変転ないし課税転換）である。米ファイザーが製薬世界最大に向けて英・スウェーデン製薬資本のアストラゼネカを買収しようと計画した（一四年）。ワイデン米上院財務委員長とオバマ大統領までが「米国を見捨てる行為」と批判した。英国政府も最大手の製薬資本が、米国多国籍企業に呑み込まれ大量のリストラ解雇が発生することに反対の意を表し、国家と多国籍企業のたたかいの結果、ファイザーの「節税合併」は中止となった。

しかし、この「ファイザー・モデル」は、一四年以後の米欧企業の、国家の課税主権を抑え込むM&Aの主要目標となった。世界製薬一〇位の米アッヴィが、英シャイアーPLCを買収（五四〇億ドル）、本社を英国に移す。同じくサリックス・ファーマシューティカルが英コスモテクノロジーズを買収（二七〇億ドル）、アイルランドへ本社を移転した。米医療機器のメドトロニックがアイルランドのコビディエンを買収（四三〇億ドル、アイルランドに本社移転）、米中堅医薬企業ペリコがアイルランドのバイオ薬メーカーのエランを買収（八六億ドル、アイルランドに本社移転）、米外食大手のバーガーキングがカナダのティムホートンズを買収（一一〇億ドル、カナダへ本社移転）など、外国企業の買収と同時に法人税率の低い国へ本社機構を移すというシナリオが活用され始めた。

議会や大統領の税逃れ非難のなかでアッヴィをはじめ、アイルランド企業の買収はほぼ買収中止となったが、多国籍企業にとっては、「節税」（納税コストの引き下げ）が経営戦略の本流であり、インバージョン自体、違法ではない、というのが「強欲」グローバル資本主義の主張である。

次なる挑戦として、ファイザーは一五年一〇月にアイルランドの製薬大手資本アラガンの超大型買収（製薬業界最大の一六〇〇億ドル）に打って出た。税率が一二・五％と低く、年間二〇億ドルの節税効果をうたいあげたファイザーのインバージョン合併は、一一月に強行合意した。にもかかわらず、米政府・米財務省が節税目的の買収に対する規制を法改正で強化したことを受けて、一六年四月にはアラガン買収を断念せざるを得なかった。

ファイザーは、同年五月に、戦略を変えて新薬種拡張のため米国内の中堅バイオ企業の買収（五二億ドル）に進み、インバージョン買収のファイザー・モデルはひとまずひっこめざるを得なくなっている。

〈米国多国籍企業の海外金融資産留保へ高まる批判〉

米多国籍企業のグローバル展開による海外への金融資本の移転はすでに極限にまで進んでいる。知的財産権を海外子会社に移し、海外子会社を通じて製品を販売する経営パターンを完成させたマイクロソフトの金融資産は、その九一％がすでに米国外に置かれている。

キャタピラーもスイス子会社に利益を集中し二四億ドル規模の米国法人税を回避している。スイス政府と交渉して実質法人税率を四～六％に抑え、自国外で大半の利益を稼ぐ体制を整え、保有金融資産の八五％以上をスイスに保留している。

ファイザーの海外金融資産留保割合は八五％以上であり、同じくメルクは八五％、ブリストルマイヤーズは七五％、アップルは八八％、グーグルは五八％となっており、相手国の立場を考えれば、もはや動かすことのできない水準に達している。

このようにして、米国多国籍企業が一四年末現在、海外に留保している利益額は、アップルが一四〇〇億ドル、ＧＥが一二〇〇億ドル、マイクロソフトが九〇〇億ドルであり、ファイザー、ＩＢＭ、エクソン・モービル、グーグル、Ｐ＆Ｇ、シティグループが七〇〇億ドルから五〇〇億ドルとなっている。[4]

★4　Vanessa Houlder, "Taxing times ahead over offshore Rules", *Financial Times*, June 13, 2014.

米国では、公式の法人税率は三五％を超え、日本やドイツ並みの高さだが、多国籍企業がグローバル化して海外利益を国外で、無税でため込むことを許してきた（図5―4―A、B、C）。ビッグビジネスの、⑴タックス・インバージョン（租税地変転・転換）、⑵タックスヘイブンへの現金蓄積（米上位三〇〇社で二兆一〇〇〇億ドル）という手法が認められてきたのである。

図5-4-A　米国多国籍企業の総利益に占める海外利益の割合を国別（国家群）に見る

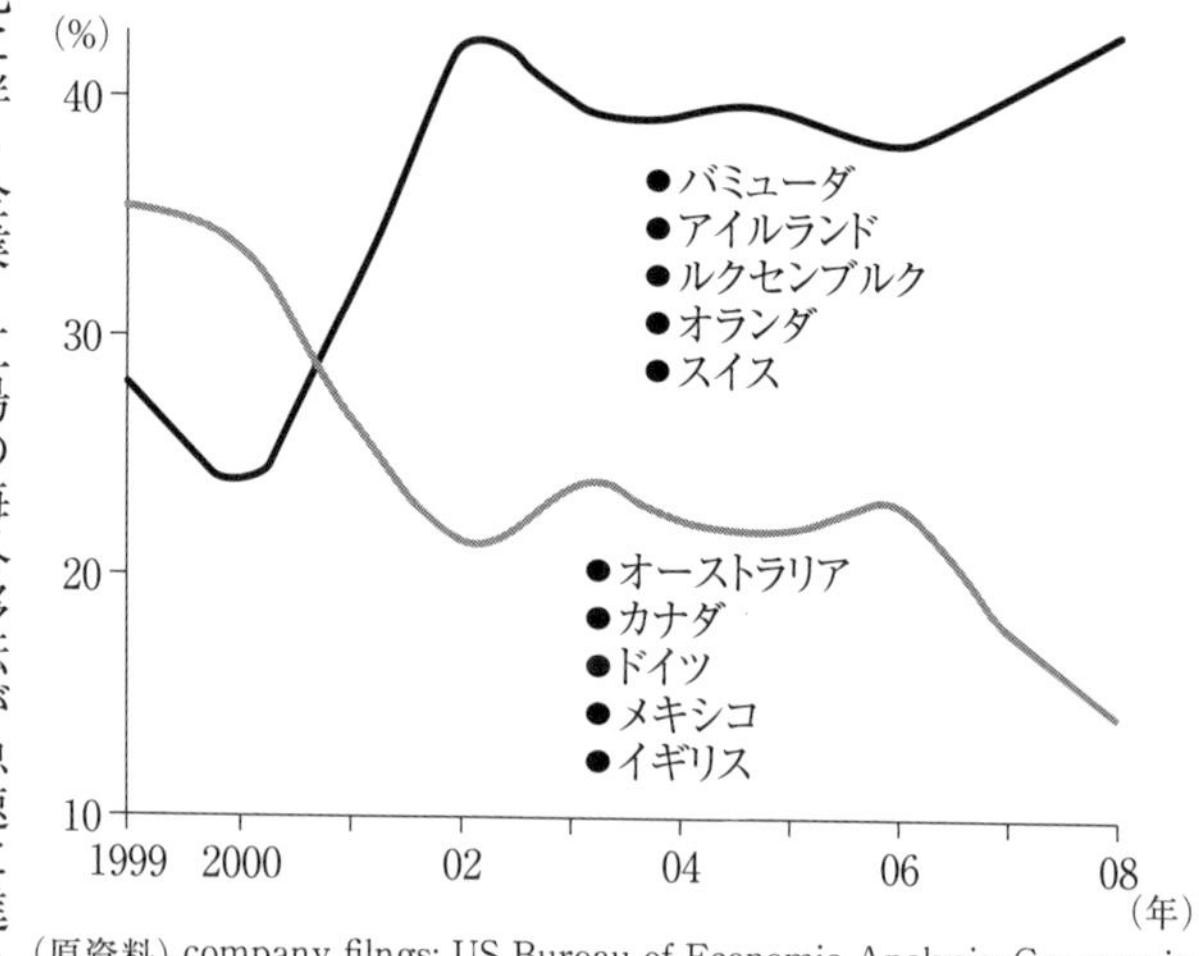

（原資料）company filngs; US Bureau of Economic Analysis; Congressional Research Service
（出所）*Financial Times*, June 14, 2014

二〇〇〇年以降、グローバリズムと貿易自由化に伴う企業・工場の海外移転が急速に進み、国民には賃金が伸びず、金融危機での打撃も大きかった。特に米国では中間層―労働者階級の不満が強まった。富は少数の富裕層に集中し、国民の多くはグローバル化の恩恵を感ずるどころではなかった。

図5-4-B　米国巨大IT企業のオフショア資金量の増大
——明らかになった現金保有5大企業——

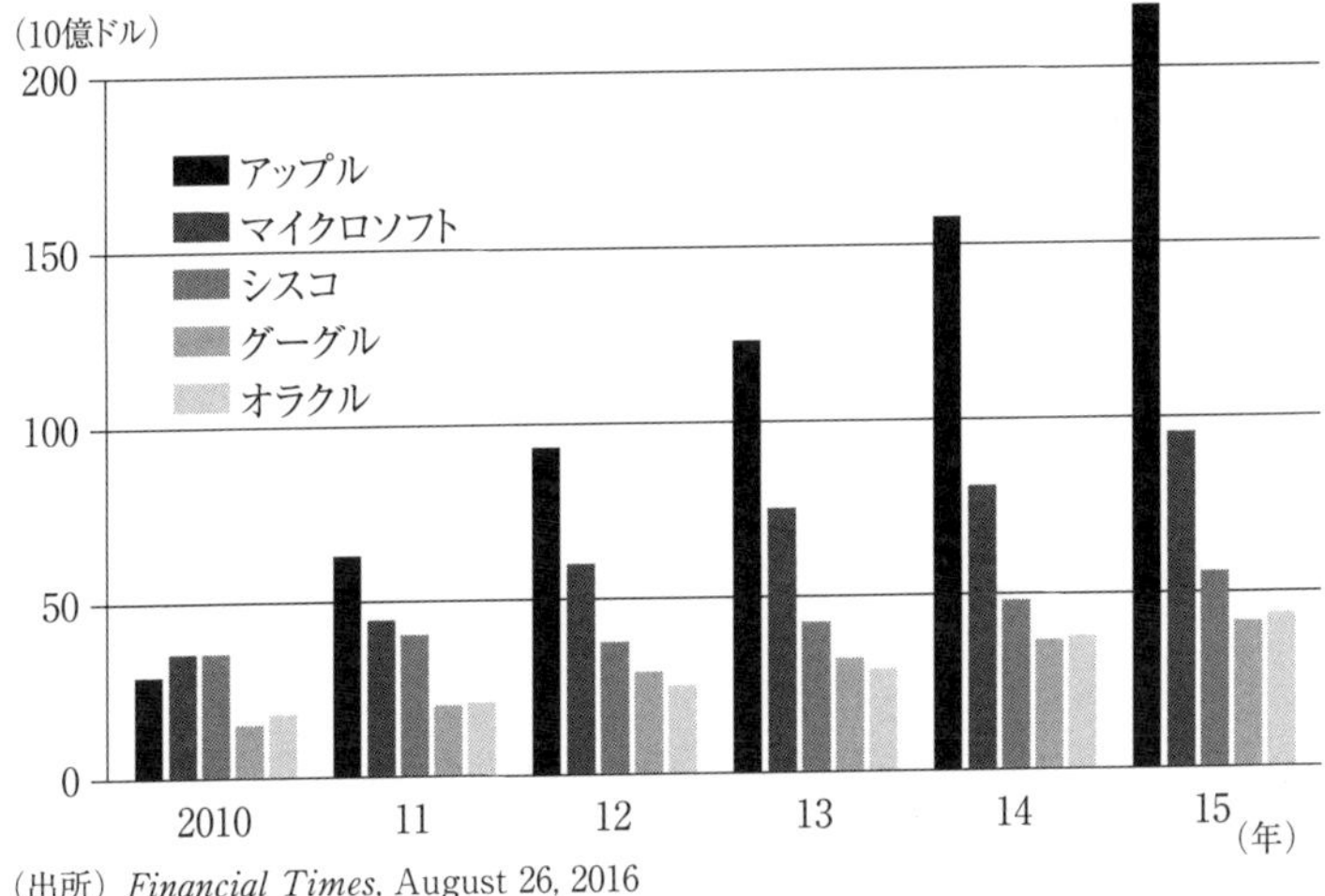

（出所）*Financial Times*, August 26, 2016

図5-4-C　米国多国籍企業の現地子会社のホスト国における利益の対GDP比率
—タックスヘイブンで米国企業の利益が急増—

（単位 %）

	日本	英国	スイス	オランダ	アイルランド	ルクセンブルク	英領バージン諸島	ケイマン諸島
●2010年	0.4	2.1	12.3	17.1	42	127	1,804	2,066
●2004年	0.3	1.3	3.5	4.6	7.6	18	355	547

（出所）*The Wall Street Journal*, September 7, 2016

図5-5　米国企業の海外収益の割合の増加

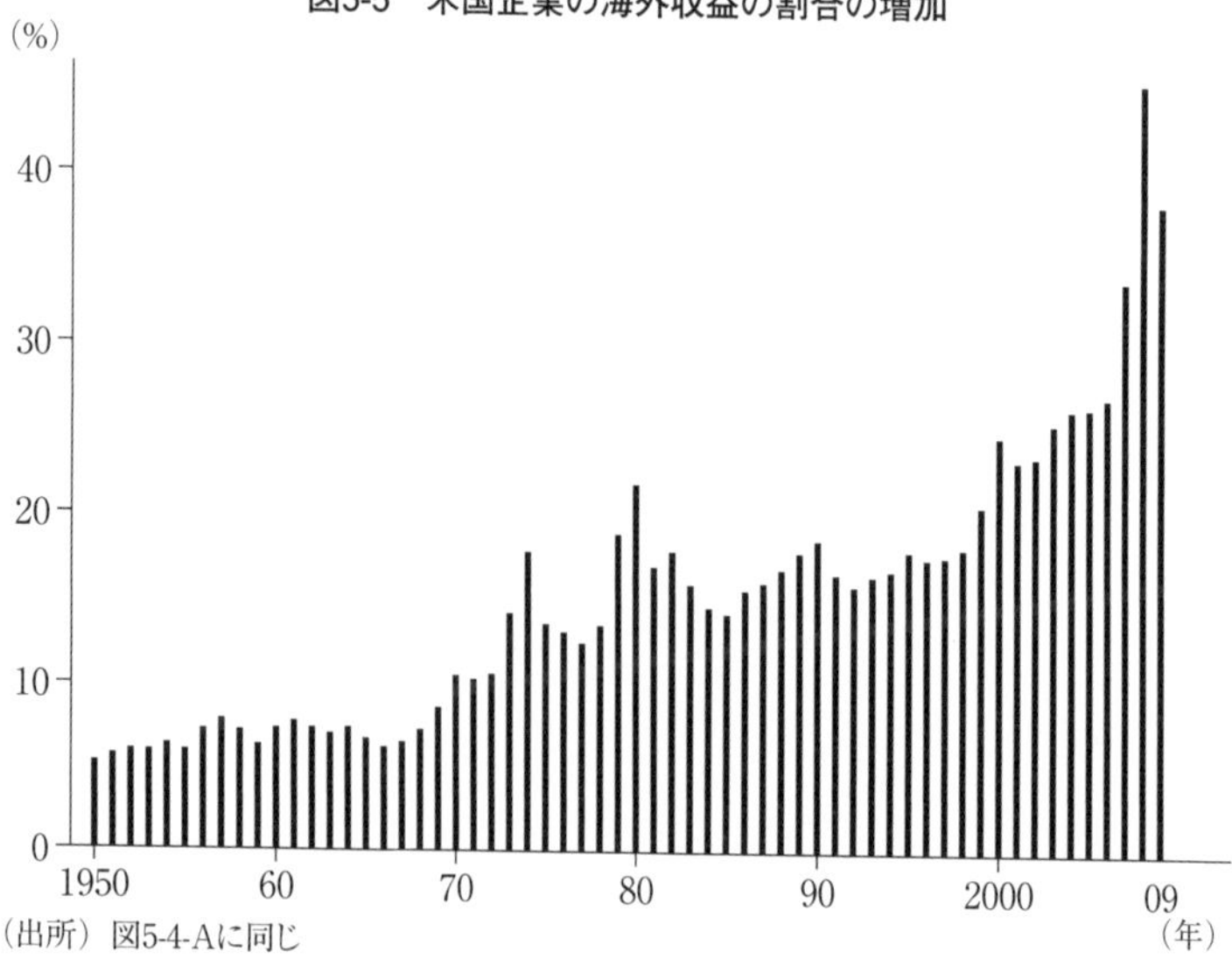

（出所）図5-4-Aに同じ

そこで、営業中心地で税金をほとんど払わない米国の新・旧多国籍企業に対し、リーマン・ショックの二〇〇八年あたりから米欧で反発が起き、格差拡大のなかで一二年以後、その勢いは強まっている。二〇一六年の米大統領選挙でクリントン前国務長官と民主党候補の指名を最後まで争い、ニューディール左派ともいわれ、民主社会主義者を自称するバーニー・サンダース上院議員は、ウォール街の独占批判に加え、「税逃れ多国籍企業一〇社リスト」をつくり、ボーイング、ファイザー、GEを名指しし、「二〇一三年までの六年間に三三九億ドル超の利益を国内で稼いだのに、法人税の実効税率は九％であり」「米国内の雇用を奪い税金も支払っていない」と批判している。

このような多国籍企業批判の高まりのなか

で、米国主要企業の一五年実効税率は二九％となっているが、法定の四〇％弱を下回った。税率四〇％を超えるカリフォルニア州でも、シリコンバレーに本社を置くアップルも、一五年は二六％となっている。

米議会調査局の調べでは、米国多国籍企業が一五年に海外に蓄えた利益は二兆ドルで、米国法人税収入の四年分にあたるという（図5—5）。事業活動の実態に見合った税金を母国には納めず、節税策を駆使して海外に利益を蓄えているという。そして、「法人、裕福な個人の課税逃れによって、米国が失う税金は一年で一〇〇〇億ドルにのぼる」というのである。

多国籍企業は、法人税引下げを政府に迫る一方で、タックスヘイブンの活用を強化してきた。中国やロシアの権力者、国有企業や新興財閥（オリガルヒ）の支配者も、この活用に参入し、タックスヘイブンは世界的になお、時には姿を変えて広がりつつある。これに対する批判も広まり、実態も明らかになってきているが、新自由主義の下でのグローバル化、金融化と、目を覆う格差社会の進行のなかでの略奪的な分配形態を保障すべく、最後の「砦（とりで）」ないし「聖地」として、現代の支配者たちはこれを死守しようとしている。

第2節　米欧のオフショア規制とグローバリゼーションの限界

（1）新自由主義と米国国内のタックスヘイブン

現代のオフショアシステムの主要な拠点が出そろって、急激に発展を開始したのは一九八〇年代である。ロナルド・レーガン、マーガレット・サッチャー、そして経済学者ミルトン・フリードマンの率いる新自由主義の下で、多国籍企業のグローバル展開が推進されると同時に、イギリスという国家の中の特権性国家ともいうべきザ・シティ・オブ・ロンドンと、アメリカ銀行界の中枢・ウォール街率いるグローバル金融センター／オフショアゾーンが築かれていった。米英の新しいオフショアゾーンは、欧州の古い秘密資産運用のヘイブンとは異なり、金融規制を逃れるために利用される。

米英オフショアゾーンの主役たち＝金融機関、多国籍企業は、国内・国外のタックスヘイブンのネットワークを率いて、相互のつながりを深め強めてきた（Anglo Saxon dom-Financial System）。金融規制の緩さと税制の低減化、守秘性で各国間の競争が展開され、オフショアの規模的拡大とともに力量を飛躍的に高めてきた。

国際協調と資本移動の管理を主柱とするブレトンウッズ体制は七〇年代に事実上崩壊しており、新自由主義的グローバリゼーションの新たなイデオロギーの下で、規制緩和と金融グローバル化のプロセスを進めていった。ロンドンのユーロ市場は、米国銀行が国内規制を逃れるために急膨張を遂げ、米国大銀行、ビッグ・ビジネスが自国内のオフショア法域を拡大することによって、大量の資金がアメリカに引き寄せられ、米国の銀行金融システムは強化された。ウォール街とザ・シティ・オブ・ロンドンの古い同盟関係は、復活・拡大強化された。多国籍企業と巨大銀行のグローバリゼーションの成熟期の到来であり、オフショア・タックスヘイブンのグローバルネットワークの上に築かれた楼閣である。法人の権力と金融の権力をあわせもつと同時に、説明責任を負わない（自社の活動に関する透明性と納税の義務を負わない）新しい特権支配層の創出につながる。タックスヘイブンやオフショアの秘密の無秩序かつ多層なメカニズムやシステムを解体・改造することは容易ではない。

「メガバンク——多国籍企業の金融秘密の時代は終わろうとしている」と、パナマ文書の公表以来叫ばれているが、史上最大のリークといわれる同文書の第一回公表には、主役の米国多国籍企業やメガバンクの名前はほとんど出ることはなかった。第二回、第三回の公表では若干出現する可能性はあったが、中国や欧州の件数に比べればきわめて少ない。

パナマには、米国多国籍企業や銀行の中南米統括本部と億万長者たちの資産隠し口座が集中しており、バハマやケイマン、バミューダ、バージンなどのタックスヘイブンとも地下茎でつながる。パナマの国家指導者たちは、米国留学経験者やウォール街出身者で占められ、同国の実質主力通貨も米ドルである。

じつは、先のタックス・ジャスティス・ネットワークによれば、二〇〇〇年代に入って、多国籍企業・金融資本によってタックスヘイブンとしての米国内諸州の機能は高められた。「フォーチュ

表5-2　多国籍企業本部制度(SEM)の対象業務と主な恩典

対象業務	○特定地域、世界的に行う活動の指揮・管理（戦略策定、営業、社員の管理教育、業務管理等） ○グループ企業が製造する製品の製造・組み立てに必要な中間財・部品の物流 ○グループ企業、顧客への技術支援 ○グループ企業に対する財務を含む金融管理・会計 ○グループ企業向けの設計・建設 ○グループ企業活動に係る電子処理 ○グループ企業が製造する製品・サービスへの助言、コーディネーション、フォローアップ ○グループ企業の製品・サービスに対する業務支援、調査、開発 ○閣僚会議の議定書を通じて事前に承認を受けたその他類似の業務
恩典	〈税制面の恩典〉 ○SEM利用企業の業務は国外業務とみなされ、法人所得税が免除 ○SEM利用企業のサービスは国外業務とみなされ、消費税（ITBMS）が免税 ○配当金税、配当金補助税の免除
	〈外国人の就労に関する恩典〉 ○貿易産業省（MICI）所管で最大5年間有効の多国籍企業本部駐在員査証が付与される ○労働法17条「社員の90％をパナマ人またはパナマ人を配偶者とする外国人とする義務」の不適用

（原資料）多国籍企業本部制度（SEM）事務局ウェブサイト、根拠法規などから作成
（出所）日本貿易振興機構 海外調査部資料より

ン五〇〇社」の大企業の六割強が本社を置くデラウェア州はじめ、有限責任信託会社（LLC）の設立が容易なネバダ州やワイオミング州、相続税回避の信託会社設立が容易なサウスダコタ州、州都のマイアミが中南米のウォール街と評されるフロリダ州をはじめ、米国内一四州が、株主や取締役会の承認なしで匿名ペーパーカンパニーを設立できるようになっている（表5―2）。

（2）「節税が主目的」のM&Aブームの崩壊

鉄壁の守りを固めた米欧多国籍企業だが、米国企業や銀行のオフショア活動の実態が、本格的にリークされれば、米国内の格差に起因する「富める最上位一％」に対する国民的な根強い反感の火に油を注ぐことになる。さらに現在のウォール街のメガバンクが指導する巨大M＆Aの目的は事業メリットやシナジー効果よりも、節税効果を最優先させるという米国資本主義体質の老化、退化現象が、米国エスタブリッシュメントの間に懸念を深めている。とりわけ、米国企業の資本蓄積過程の金融化の典型であり、経済の金融化の広がりは、米国の生産性劣化の主要因とされている。[★5]

★5　Rana Foroohar “Saving Capitalism”, *TIME*, May 23, 2016, p24.25.

形式上の本社を税率の低い欧州小国へ移し、タックスヘイブンを活用して保有マネーを隠し、米国本社へは貸付金として運用するという形のM＆A戦略が主流となりつつある。

民主党の米国大統領候補・サンダース上院議員はこうした一連の強奪型グローバル金融蓄積シス

テムを指揮するニューヨークマネーセンター銀行・金融コングロマリットについて、「ウォール街を解体せよ」と叫び、米国民に広範な支持を得ている。ドナルド・トランプ大統領のパトロンでもある「物言う株主」(activist fund)のカール・アイカーン氏でさえ、「過去十数年で五〇社以上の米国企業が海外に税務本社を移し、その時価総額はじつに五〇〇〇億ドルを超える」と批判している。

一五年一一月にファイザー社が一六〇〇億ドルでアイルランドのアラガン社との合併(医薬業史上最大)合意を発表し、税務本社をアイルランドへ移すことによって、節税効果は年間二〇億ドルに上ると公表した時、米国内には絶賛の声どころか、ごうごうたる非難が集中した。

オバマ大統領は、「米国社会に様々な恩恵を受けていながら節税のために本社を移転する行為は正義に適っていない」と批判し、サンダース上院議員も「世界一高い薬代を払っている米国民にとって災いである」と指弾した。そして、実父の代からの米国医薬業界ロビーの長=政治利権を受け継ぐといわれるヒラリー・クリントン氏も、大統領選の演説の中では、「わが国の税基盤を壊す租税地変換の取り締まりは緊要」と述べざるを得なかった。

ファイザーは、一四年五月に、英アストラゼネカ買収を英国政府の反対もあって断念したばかりだったが、ウォール街の支援のもとで、アラガン買収について高まる国民的批判に屈しようとはしなかった。折しも、ヒューレット・パッカード、マイクロソフト、キャタピラーなど、有数の多国籍企業が国外利益移転の様々な手法について、米議会と一四年以来たたかっており、ファイザーはその中心勢力として、「米国外の税率の低い国々の企業をどう取り込むかというのが、ここ数年のM&Aの主目標たるべき」として実行、追求を重ねてきた。

だが、ウォール街と多国籍企業の支援下で、「節税追求型合併」の最後の守り手としてのファイザー・アラガン合併は、米欧政府当局の規制強化によって阻まれたのである。ファイザーの主導した一連の医薬合併も否定されることとなった。

一四年一〇月の米医薬大手アッヴィのアイルランド同業シャイアー買収合意も撤回された。買収後、アッヴィは本社をタックスヘイブンである英王室領のジャージー島に置き低い法人税や特許収入への優遇措置のある英国企業に転身する計画であった。

同じく米薬局チェーン大手＝ウォルグリーンがめざしたスイスのアライアンス・ブーツ社の買収計画も一四年一〇月に崩壊していた。ウォール街と多国籍企業は「節税合併」の矛を完全に収めざるを得なかった。

オバマ政権が〇九年に発足してから一六年三月までに、トラストバスター（超独占解体）、節税合併禁止として中止させた合併の時価総額は三七〇〇億ドルで、ブッシュ政権（二期）の二六六〇億ドル、クリントン政権（二期）の二二五五億ドルをはるかに上回るもので、ここでも多国籍企業――金融資本の新自由主義的グローバリゼーションの限界を示すものであった。[★6]

★ 6　David Crow, "US companies ditch $370bn of deals during Obama tenure", *Finacial Times*, March 22,2016.

（3）欧州での課税強化――アップル、グーグル、フェイスブック

欧州でもグローバル企業の課税逃れに厳しい姿勢で臨まざるを得なくなっている。英国では、「特権的シティ解体論」まで出現するなかで、一六年一月、グーグルが過去一〇年間の税金の滞納分として一億三〇〇〇ポンドを追加納入すべく英国税務局と合意した。グーグルは、アイルランドに欧州本社機能を置き、複雑きわまる税務手続きと対策を駆使して節税を進めてきた。グーグルがもし法人税二〇％（日本よりはるかに低い税率で、二〇％を切ればタックスヘイブン水準）の英国に本社を置いていれば、納税額は二億ポンド（三〇〇億円）に達していたという。米スターバックスは、前述のごとく一九九八年以降に累計三〇億ポンド（四五六〇億円）の売上を達成していながら、法人税はわずかに八〇万ポンド（一二億円）しか払っていなかったというので、一二年からボイコットを受けてきた。

世界中のオフショア・タックスヘイブンのクモの巣の元締めとなっているザ・シティ・オブ・ロンドンをいただく英国が税金逃れのセンター・フィールドになっているというので、オズボーン英財務相は、英国外に不法移転されたと判明した企業の利益に対して、通常の法人税を上回る二五％の税率を課すこととした。通称「グーグル税」といわれ、租税回避の取り締まりのシンボル課税となっている。

米フェイスブックも、節税・脱税の名手とされてきたが、一六年四月以降は、法人税の納付拡大に応じた。これまでは、英国内での広告収入は、海外事業本部のあるアイルランド法人（法人税一二％）の収入と見なしてきたが、今後は英国での収益は、英国法人のものとし、英国で納税することとした。

図5-6　「国際金融資本の経済植民地」といわれタックスヘイブン化のルクセンブルク
―衰退する製造業・鉄鋼業、発展する金融業―
（GDPに占める割合）

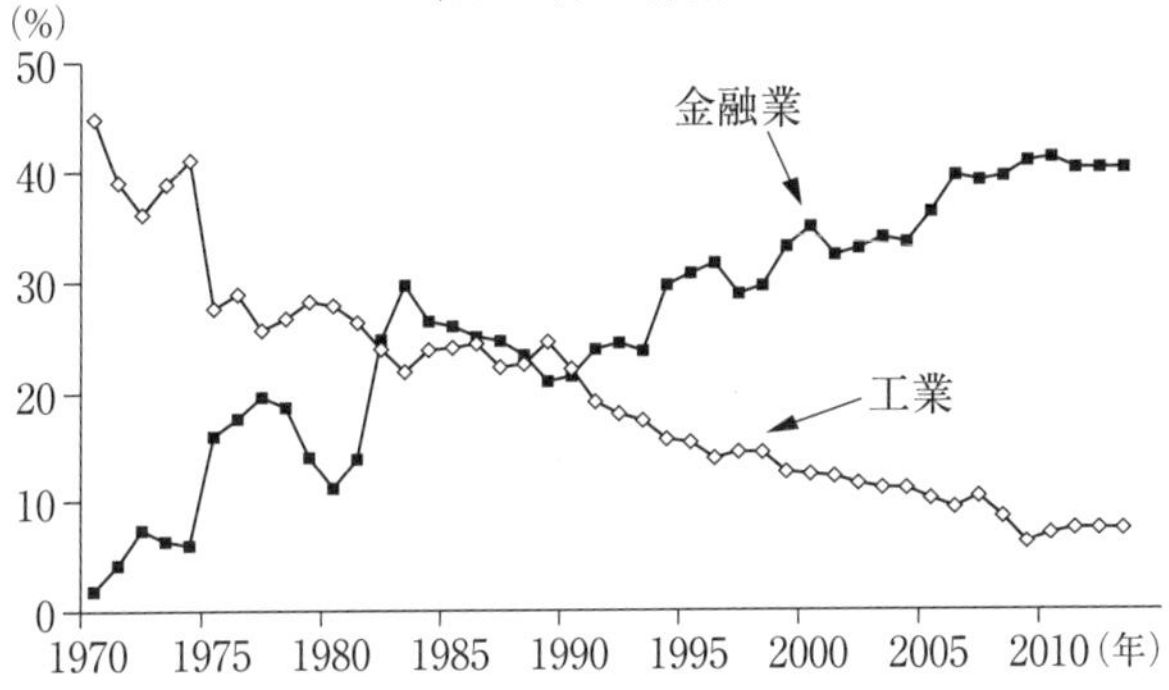

（原出典）ルクセンブルク国立統計経済研究所
（出所）Gabriel Zucman,"Larichesse cachee des nation, 邦訳『失われた国家の富』（NTT出版）2014,p123。

さらに、EUの欧州委員会は一五年一〇月、(1)オランダによるスターバックスへの優遇税制、(2)ルクセンブルクによるフィアット・クライスラー・オートモービル（ACO）への優遇税制を、ともに違法と判断して、両国に対して過去の優遇分を追徴課税するように指示した。

続いて、アイルランドによるアップル、ルクセンブルクによるアマゾン・ドット・コムへの税優遇（図５―６）も調査を開始している。欧州委員会は、利益を振り分ける怪しげな複数の税の取り決めを活用して、アップルがアイルランドで設立した二つの子会社の利益の大半が書類上にしか存在しない「本部」に移転されているうえに、この本部が税法上いかなる国にも属さない形になっていると指摘している。アップルはこれによって欧州で課せられる税率を一％をはるかに下回る水準にまで圧縮できたのだと同委員会は主張する。[★7]

★7 *The Economist*, September 3rd 2016, p55-56.

（４）過度な税逃れを許さぬ国際協調

ＯＥＣＤの試算では、多国籍企業がオフショア・タックスヘイブンなどを利用した節税によって、全世界で、年間一〇〇〇億から二四〇〇億ドルの税収入が失われた計算になるという。

米欧各国では、二〇一〇年から対策が講じられ始めたが、ＯＥＣＤとG20（二〇ヵ国・地域財務相・中央銀行総裁会議）が連携し、「ＢＥＰＳ（税源浸食と利益移転プロジェクト）」という節税対策の調査研究計画が一四年にスタートした。二〇一五年には、ＢＥＰＳプロジェクトに参加する四四ヵ国（一六年中には一〇〇ヵ国近くに）が一連の改革案で合意済みだが、改革は部分的にしか実施されない。欧州委員会がアップルへの追加課税を決めたのは、同委員会がＢＥＰＳプロジェクトを信頼していたからでもある。

ＯＥＣＤに多国籍企業規制強化のイニシアチティブをとられてはならじと、米国政府は早くも二〇一〇年に、海外の金融機関の口座に資金を隠すことを防止する「外国口座税務コンプライアンス法」（ＦＡＣＴＡ）を導入した（ただし、海外から米国内に入って来るマネーについては、米国は公表しない）。英国はじめ欧州連合でも規制強化の動きは始まった。

欧州委員会のアップルへの追徴課税決定で米国が不安視するのは、米企業が税の繰り延べ条項の下で海外に蓄えている二兆ドル超の利益の一部について、ＥＵが自分たちにも徴税権があると主張する意思を示したからだ。米国の政策担当者はこの利益が米本国に還流された際、課税できる権限を持つのは米政府だけだと考えている。アップルも欧米対立のなか、ＥＵへの対決姿勢を鮮明にしている。

各国の政治や国益追求の思惑もあり、完全な連携は困難である。特に米国は、ＦＡＣＴＡを実施する一方で、ＯＥＣＤが進めている加盟国の当局同士による金融口座情報自動交換への全面参加は拒否している（日本の経団連も同じ立場に立つ）。資本の移動は自由となり、拡大する一方で、法律や税制は国ごとに異なり、多国籍企業とメガ銀行はこの差異を活用して資本蓄積を進める。彼らはタックスヘイブンに深くかかわっており、これらをなくすことは考えておらず、米英はじめ各国ともオフショア・タックスヘイブン活用の再編・拡大を狙っている。欧州やカリブ海のタックスヘイブンには監視と規制が強まっても、アジア（香港・シンガポール）や中東のタックスヘイブンが、ロンドン・シティやＨＳＢＣの指導を受けつつ活動を強化・拡大し、注目を浴びている。

しかし、パナマ文書のグローバルスケールの公表で、ＯＥＣＤを中心に各国での対応策の検討が再び盛んになっている。一六年七月には、富裕層や多国籍企業による国境をまたいだ過度な節税を防ぐための国際協調策が動き出した。悪質なタックスヘイブンはブラックリストにし、制裁を課すことも話し合われている。

企業の行き過ぎた節税を防ぐ国際ルールには約五〇ヵ国が加わり、一六年末には、シンガポール、香港、バージン諸島も加わって八〇ヵ国となり、一七年にはバミューダ、ケイマン諸島も加わって一〇〇ヵ国地域体制とする方針も決まった。各国は、⑴タックスヘイブンの所得に本国から課税、⑵倉庫だけをもつネット企業にも課税、⑶金融口座の情報を各国が定期的に交換、⑷情報開示に非協力的な国に制裁も検討――現時点ではパナマが制裁の対象となる可能性が強い。ＯＥＣＤがつくった基準は、七月に中国で開かれたＧ20の財務相・中央銀行総裁会議で承認された。

だが、パナマ文書の案件の三分の一を占めている中国ケースがどのような対応を実際につくい、米国と英国がどう協力するかという最大の難問の課題が残されている。

第3節　中国経済の巨大化とオフショア進出

(1) パナマ文書にみる中国の進出

パナマ文書は、中国（香港、台湾）企業のオフショア進出が抜きんでて多い事実を明らかにしているが、モサック・フォンセカのオフショア企業設立数が、閉鎖数を下回った二〇〇九年前後（図5―7）から、中国企業関連が増加し始めている。

パナマ文書では、タックスヘイブンに設立された法人や関係者約二一万四〇〇〇件のうち、中国が三万三二九〇（法人数四一八三）、香港が二万五九八二（五万一二九五）、英領バージン諸島一万五二一一（六万九〇九二）と、中国関連が圧倒的に多い。中国本土（八拠点）と香港（八九年設立）拠点でモサック・フォンセカが一五年末までに右の拠点が管理し手数料を受け取った稼動中のオフショア法人は一万六三〇〇社以上に及ぶという。

図5-7　モサック・フォンセカのオフショア企業数
―金融危機以降、閉鎖数が設立数上回る―

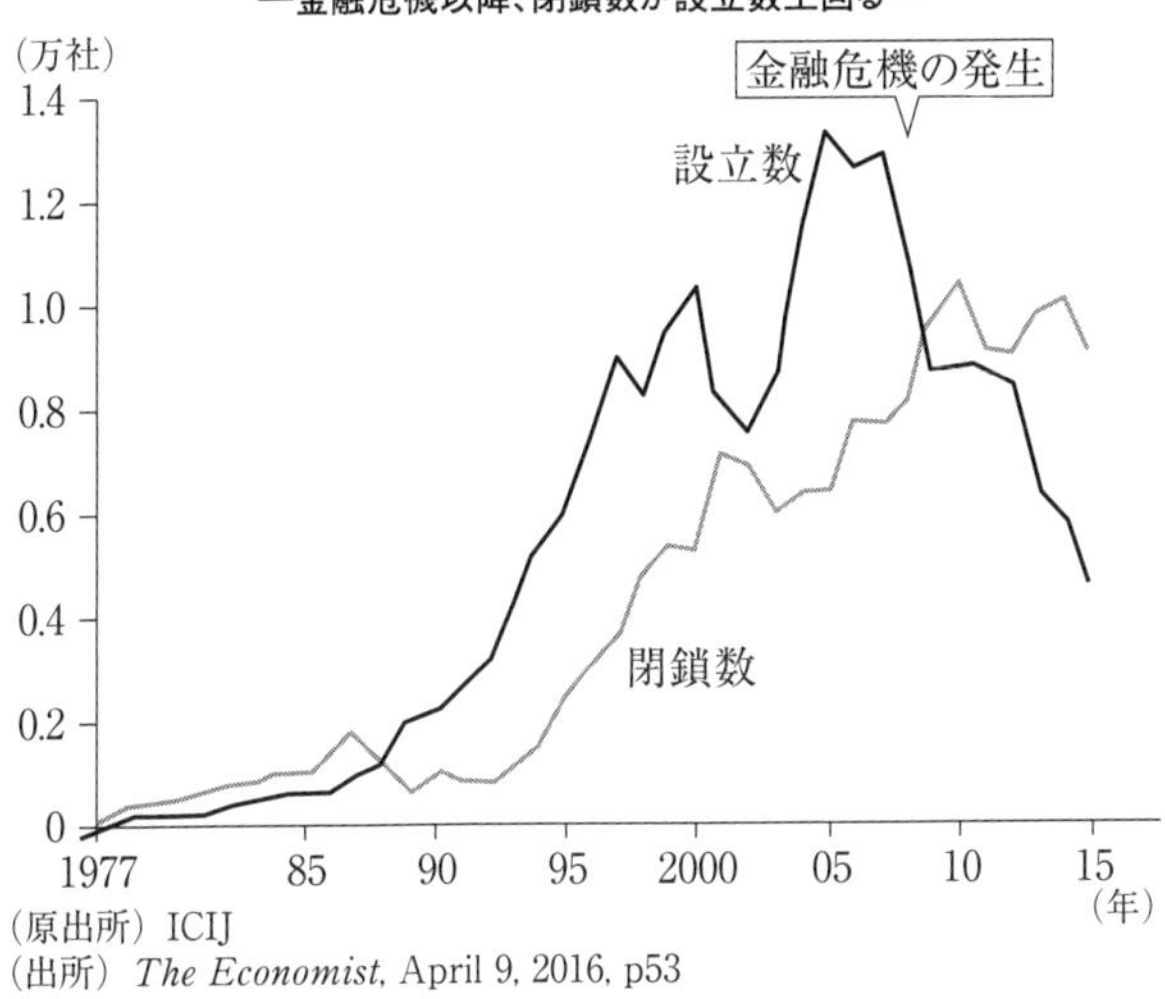

（原出所）ICIJ
（出所）*The Economist*, April 9, 2016, p53

香港は、「一国二制度」の下で英国流の司法制度が保たれ、欧米の金融機関が政府高官・富裕層（多国籍企業―国有巨大資本）向け業務を手掛け、世界的な「節税ネットワーク」（タックスヘイブンのクモの巣）と中国を結ぶ拠点となり、ザ・シティ・オブ・ロンドンが主導するタックスヘイブン・ネットワークに連結している。

現代のグローバル金融を主導するイギリスとアメリカの導きもあって、そのオフショア・ネットワークの「見えざる帝国」「投資の帝国」（ギャラガー&ロビンソンの非公式帝国論）に中国は積極的に潜入し経済成長に活用した。外国資金を呼び込もうと、外国資本を税制で優遇し、タックスヘイブンの活用を後押ししてきた。タックスヘイブンに会社をつくり、そこで得た資金を「外国資本」として中国市場に流し込む（不動産ブーム、設備投資ブーム）。その企業の実体が中国の会社であったとしても、それが中国では、優遇税制を受ける利権企業となった。

パナマ文書で際立つのは、中国と香港のカンパニー数と株主となった政府高官数が圧倒的な比率を占めることだ。年間で数千億ドルにのぼる中国からの逃避資金の最大の受け皿が香港である。香港経由でバージン諸島、ケイマン諸島などのタックスヘイブンに資金は移される。中国企業は、タックスヘイブンでつくられた会社によって「外資」となって、そこで得た資金を中国へ投資する。工場ばかりでなく不動産やインフラ建設、そして株式に投資する。その規模は巨大であり、値下がりすると見れば直ちに引き揚げる。中国の不動産や株式の相場が短期間で急騰しバブル現象をもたらし、たちまちにしてその崩壊をもたらす。ニューヨーク、ロンドン金融市場からも、オフショア・タックスヘイブン経由の資本が持ち込まれ、環境を無視した膨大な過剰生産設備が建設され、放置される。過剰生産が叫ばれても、持ち込まれるマネー圧力の下で新規設備が建設される。世界の株式市場の不安要因をもたらし、景気の不安定性を引き起こしている。

中国企業にタックスヘイブン活用へ背中を押したのは、ロンドン、ニューヨーク、スイスの銀行家、会計士、投資家たちであった。大手会計事務所の米プライス・ウォーターハウス・クーパース（PWC）は四〇〇社以上のタックスヘイブン案件を、英国最大の香港上海バンキング・コーポレーション（HSBC）とスイスの巨大銀行UBSは、中国企業のために一〇〇〇件以上のタックスヘイブン拠点の設立に加わったというのである。

ただし、香港は急成長しているが、オフショアの世界ではなお小型の市場に属し、二〇〇七年の非居住者の預金残高は一四九〇億ドルで、同年のケイマン諸島の一兆七〇〇〇億ドルの一〇分の一以下である。

中国と香港（そしてシンガポール、クック諸島）と英領バージン諸島、英領ケイマン諸島を経由したウォール街、シティ・オブ・ロンドンとの金融資本関係は、一九九〇年代、二〇〇〇年代の中国経済の急成長期において本格的なキャピタルハイウェーへと成長していった。

〈中国の国有企業と対外投資〉

中国社会主義市場経済の新自由主義的グローバル展開は、中国の巨大国有企業を中心とする一流企業の香港・シンガポールから英領バージン諸島、ケイマン諸島、バミューダ諸島のオフショア・タックスヘイブンへと展開していった。二〇一〇年代初期には三〇万社がオフショア展開をはたしていたとみられ、さらにオフショア金融センターを基地に数百社がニューヨーク、ロンドン、香港市場に、ゴールドマン・サックス、JPモルガン、モルガン・スタンレー、HSBC、クレディスイス、UBSをアドバイザーに上場している。

二〇一一年の中国の対外投資は、約七割を占めるのが英領バージン諸島、英領ケイマン諸島、あるいは香港、ルクセンブルクのようなタックスヘイブンないしそれに近い税制（税率二〇％以下）を定める国・地域に向けた投資であった。

中央国有企業と呼ばれる中央政府が管轄する大型企業を中心とする国有企業が、対外投資残高の六三％を占める（対外直接投資統計公報、一一年末時点）。上位三社はすべて石油関係の中央国有企業、四位は中国移動通信集団公司（通信インフラ）、五位は華潤集団有限公司（電力・ガス・不動産）、七位に中国五鉱集団公司（鉱物資源）、九位に中国アルミ公司（鉱物資源）など、戦略的重要性の高い資源・エネルギー・インフラ関連分野の中央国有企業が上位を占め、海外展開を行っている。

中国企業によるバージン、ケイマンなどの守秘法域への投資は、国有企業が多いといわれる。国有企業が海外企業としてこの地域で登記し、「ケイマン企業」「バミューダ企業」として、中国国内に投資し、中国では「外資系企業」として優遇策を受けて、経営コストの「削減」を合法的に行う。これが、大手国有企業のケイマンへの直接投資が多い要因となっていると考えられる。その投資額は、中国の対内直接投資額の二〇〜三〇％に達すると見られる。外国籍を得た中国系企業の本国・中国への投資は、ラウンド・トリッピング（Round Tripping）と呼ばれている。

中国企業が米欧投資銀行などに導かれて、タックスヘイブン・オフショア企業を登録すれば、税制上の特別優遇の他に貿易障壁の回避やグローバル事業の展開にも有利となり、同時に海外市場での上場も簡単になる。右のオフショア金融センターは、香港や米国などの法律と同様、英国法律体系に属しており、登録された企業が英法律体系の同地域で上場すると、複雑な法律手続きを省くことができる。

二〇〇八年の企業所得税法の改定で、オフショア会社は中国で多くの優遇策を受けることができなくなり、二〇一〇年代に入るとタックスヘイブンの英領ケイマン諸島、英領バージン諸島から中国に流入した「外商直接投資額」は減少に転じている。

ただし、中国からタックスヘイブンへ流出した「外商直接投資」は二〇一〇年以後も急成長を遂げている。これらの資金のほとんどは、タックスヘイブンを通して、第三国（ニューヨーク国際金融センター・ロンドン国際金融センター）へ流出していると推測されている。だが、これらの資金がどの国にどれだけ流出しているかは、金融守秘法域での活動であり、正確に算出することは困難をきわめる。

巨大な中国経済のグローバル発展の過程でのオフショア・タックスヘイブンの守秘法域は拡大の一途である。

ニューヨーク・ロンドンの国際金融センターの地下茎を通ずる米中、英中の金融結合の構築――新たな大国間関係の追求をめざすものである。パナマ文書中の最多数案件が中国の巨大企業＝政府高官の複合体で構成されていた。

（２）中国国有企業と政府高官

中国がGDP世界第二位の経済大国にのし上がる一方で、社会主義市場経済の資本規制を〝超克して〟、国家の手が及びがたいオフショア・タックスヘイブンを利用すべく、中国国有企業と国家指導部が経済行動で同一歩調をとってきた。

〈ＩＣＩＪの公表文書〉

非営利の報道機関「国際調査報道ジャーナリスト連合」（ＩＣＩＪ）が入手した秘密ファイルの調査分析（二〇一四年一月公表）では、中国の中央国有企業（中央政府直轄）が先頭を切ってタックスヘイブンを活用していた。

中国の三大国有石油会社は、英領バージン諸島の数十社のタックスヘイブン子会社とつながっていた。そのうちの一社・中国石油天然気集団の幹部・李華林氏はバージン諸島二社の取締役だったが、一三年八月に「重大な規律違反があった」として、中国当局の調べを受けた。国有海運大手の「中国遠洋運輸」もバージン諸島にオフショア会社を設立した。その取締役の宋軍氏は二〇一一年に着服と汚職の疑いで裁判にかけられ、「資金流用の目的でバージン諸島に会社を設立した」と指摘されている。

ICIJの調査（パナマ文書より二年前）では、英領バージン諸島などのタックスヘイブンに設立されたオフショア企業のうち、七〇〇〇社が出資と役員就任の形で中国本土の住人（国家幹部またはその親族）とつながっていたという。

温雲松（温家宝・前首相の息子）は、バージン諸島の「トレンド・ゴールド・コンサルタンツ」が二〇〇六年に、クレディスイスの香港支店の支援でバージン諸島に設立・登記された時に、ただ一人の取締役に就任、全株式を取得した。同時期に父親の温家宝は現職の首相であった。二〇〇八年には同社は解散したが、以後の経営行動は不明であり、クレディスイス側も守秘義務を理由にいっさい明らかにしていない。温雲松氏は、投資家として中国内で知られ、二〇一二年にはアジア最大の人工衛星運営会社をめざした国有企業「中国衛星集団有限公司」の会長となった。

また、習近平国家主席の姉である斉橋橋の夫・鄧家貴氏は、「エクセレンス・エフォート不動産開発」を二〇〇八年三月にバージン諸島に設立し、全株式の五〇％を所有し取締役に就任している。中国の人民大衆の間にも「姉の夫」としてブッラクユーモアとなっている（朝日新聞二〇一四年一月二四日付の「租税回避地に根を張る中国」参照）。

〈パナマ文書〉

さらに、「パナマ文書」では、新たな中国最高指導部（七人）のうち三人の親族のタックスヘイブン関与の事実が明らかになった。三人とは、最高指導部・政治局常務委員で国家主席の習近平

（党序列一位）、中央書記処書記の劉雲山（同五位）、筆頭副首相の張高麗（同七位）で、それぞれの親族がオフショア・タックスヘイブンにある法人に関与している。

さらに、引退した最高指導部で、曽慶紅・元国家副主席（江沢民・元国家主席の側近とされた人物）、李鵬・元首相、賈慶林・元全国政治協商会議主席の子どもや孫の名前が上がった。

中国経済が成長するにつれて、タックスヘイブンでの中国の存在感は増している。銀行界やタックスヘイブン関係業界では、二〇一三年あたりから「中国関係の需要が、同業界を成長させる原動力」とされ、バージン諸島のサービス会社の責任者たちは、「今後五年間のビジネスのなかで顧客を獲得するのに最も重要な場所は中国だ」としていたといわれる。

第4節　強欲――脱税グローバリゼーションの末路

タックスヘイブン――守秘法域を設立・擁護する支配者たちは、新自由主義的な立場から、守秘法域のサービスは資本の国際的な流れを円滑にし、促進して、資本不足の途上国に資本を効率的に送り込む手助けをし、すべての人々に利益をもたらすことができると主張してきた。しかしその主張は、今日ではむなしいものとなってきた。

日本を代表する経営者、小林喜光・経済同友会代表幹事（三菱ケミカルホールディングス会長）は、「金融資本主義とグローバリゼーションに潜む格差社会の矛盾が現れた」「経済界はグローバル化やROE（自己資本利益率）経営を掲げてきたが、従来の物差しでは通じなくなった」「『歴史的転換点』という捉え方をすべきだ」と述べる。そして、航空・宇宙、自動車、化学などの製造業が再編・売却され、「シティ」だけの国となって、「ゆりかごから墓場まで」の社会が崩壊し、EU離脱の国民世論に至った、イギリスの例を上げている（日本経済新聞二〇一六年七月三日付）。

オフショア・タックスヘイブンでは、多国籍企業がその国の「主権」（課税決定権）を買い取って税率を下げさせ、外部不経済をつくり出しつつ成長展開を行って、その国の産業を衰退させ、新産業成長の芽をつみとり、残りの大多数の人間は急拡大する格差に苦しむ。そして、巨大な犯罪経済を合法的に維持し、産業経済と金融の支配力を占有しながらも、社会的責任や説明責任を負わない、新たな特権的強欲階級をつくりあげる。

このまま進めば、「何の処罰をも受けずに富を略奪する国際的な共謀と絶望的な貧困の世界が迫っている――ごく少数の人間がブーツをシャンパンで洗ってもらい、残りの人間は格差が急拡大するなかで生き残るために苦しむことになろう」と、英国の二〇一二年のベストセラー『タックスヘイブンの闇』のニコラス・シャクソンは言う。だが同氏は「このような未来は、われわれの行動次第で避けることができる」とも言っている。★8

★8　Nicholas Saxson, “*Treasure Island : Uncovering the Damage of Offshore Banking and Tax*

Havens" p.231, Palgrave Macmillan.

パナマ文書は、二〇一四年のルクセンブルク税ファイル、二〇一五年英HSBCファイルなどに続く、史上最大の多国籍企業ファイルのリークであり、二一万有余の多国籍企業関連の公表とともに、先進国の巨大企業金融ストラクチャーに君臨する金融政治家（フィナンシャル・ポリティシャン）や途上国の開発独裁、富豪政治家も暴露され、全世界から糾弾されることとなった。経済的財政的衰退と格差拡大を糾弾した英国のEU離脱国民投票においては、英国の国民や民主的諸制度の制約を受けない部分があり、世界中からあらゆる金融資本（それがどんなにダーティなものであっても）を取り込んで利益を得る仕組みで、英国と世界全体に害をちらすザ・シティ・オブ・ロンドン・コーポレーションの特権的中枢の、「クモの巣」の解体の主張が、米国での「ウォール街の巨大銀行解体」（バーニー・サンダース上院議員）とともに、市民権を得て、国民的要求となり始めた。

「エリート層に対してさえ、そして我々の社会に対する背任行為」（シャクソン氏の英誌『エコノミスト』の発言）の進行のなか、先進国、途上国をまじえた世界的な高まりのなかで、多国籍企業金融資本家たちにも、新自由主義的なグローバリゼーションの時代が終わろうとしていることに気付かないわけにはいかなくなった。OECDでは、過度な節税を防ぐべく、国際共同調査政策を打ち出し、悪質なタックスヘイブンの該当する国・地域に制裁を課す方式（二〇一七年から実施）を決定し、七月の二〇ヵ国・地域財務相・中央銀行総裁会議でも承認され、この国際ルールには、シンガポール、香港、英領バミューダも加わって（約九〇ヵ国）スタートすることになった。

このようにして、OECDが中心となって、公正、公平、透明な国際課税システムの構築をめざすプロジェクトが進められても、改革は部分的にしか実施されていない。アップルはEUの追徴課税を「政治的たわごと」（クックCEO）として拒否し、米国政府と共同してたたかおうとしており、EUが調査中の数社も、アップル多国籍企業王国と並んでたたかおうとしている。アップルの納税スキームに取り込まれ抑圧下にある国はアイルランドだけでなく、さらに多数出現しようとしている。これらの国々は多国籍企業に課税主権の一部を譲渡しており、多国籍企業擁護の立場からEUの追徴勧告に反対している。そこでEUは、EU加盟国の法人課税ルール共通化（二〇一九年を目途にEU共通の課税ルール導入）に乗り出そうとしているが、巨大化した多国籍企業はこれともたたかおうとしている。独占と技術革新で既得権益を得た大企業が、租税拒否で国家や国家連合と長期にわたる闘争を行うようになれば、世界の資本主義は機能不全に陥るかもしれないという懸念が強まっている。★9

★9 "How to save capitalism from capitalist", by Philip Stephens, *Financal Times*, September 16, 2016.

それでも、パナマ文書の発祥地にして米国多国籍企業、米国億万長者が集中しているパナマは、ウォール街＝ワシントンの権力を背景に、国際ルール参加にはあくまで抵抗しようとしているが、世界的にオフショア・タックスヘイブンと国際金融システムの腐敗への糾弾が高まろうとしているなかにあって、パナマは米国多国籍企業の実態をさらに徹底的に暴露せざるをえなくなろうとしている。アメリカを「世界で最も重要なタックスヘイブン」に仕上げたウォール街とワシントンの連邦政府機関が、パナマに、もう一つの新たな秘密の法域を築いていることを明らかにする「第二パナマ文書」あるいは「バハマ・リークス」を出現させることになろう。

それは、グローバリズムと金融化の行きづまりを証明するものであり、現代資本主義と多国籍企業は深刻な矛盾のなかで劇的な修正と戦略的転換を迫られ、試練の歴史的段階に到達している。

奥村皓一（おくむら　こういち）
1937年岐阜県出身。早稲田大学政治経済学部卒。東洋経済新報社で中国問題、米欧多国籍企業・銀行担当の編集記者、編集局編集委員を務めた後に大東文化大学教授、関東学院大学教授を歴任。現在は公益財団法人・政治経済研究所主任研究員。1966年、博士・経営学（論文）。
主な著書に、『中国市場と日中台ビジネスアライアンス』（2014年、共著、文眞堂）、『海外進出企業の経営現地化と地域経済の再編』（2011年、共著、創風社）、『国際メガメディア資本 M&Aの戦略と構造（第3版）』（2010年、文眞堂）、『21世紀世界石油市場と中国インパクト』（2009年、共著、創風社）、『グローバル資本主義と巨大企業合併』（2007年、日本経済評論社）、『テキスト多国籍企業論』（2006年、共著、ミネルヴァ書房）、『マルチメディア・ビジネス』（1994年、東洋経済新報社）、『米国の企業買収・合併』（1987年、共著、東洋経済新報社）、『激動世界の銀行』（1984年、共著、東洋経済新報社）など。

米中（べいちゅう）「新冷戦（しんれいせん）」と経済覇権（けいざいはけん）

2020年7月10日　初　版

著　者　奥　村　皓　一
発行者　田　所　　稔

郵便番号　151-0051　東京都渋谷区千駄ヶ谷4-25-6
発行所　株式会社　新日本出版社
電話　03（3423）8402（営業）
03（3423）9323（編集）
info@shinnihon-net.co.jp
www.shinnihon-net.co.jp
振替番号　00130-0-13681

印刷　光陽メディア　　製本　小泉製本

落丁・乱丁がありましたらおとりかえいたします。

ISBN978-4-406-06483-5 C0033　Printed in Japan